法理學

丸山長渡著

明治三十二年出版

法理學

日本立法資料全集 別巻 1209

信山社

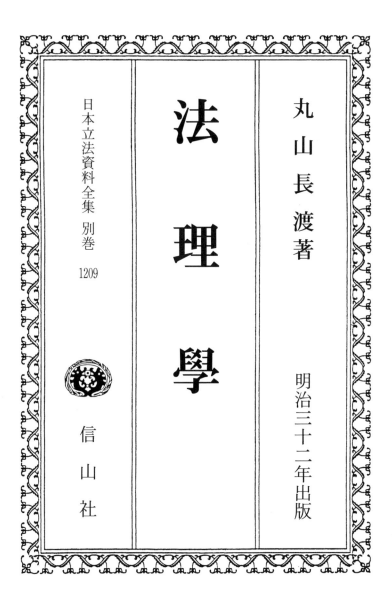

帝國百科全書

第廿七編

法學士丸山長渡著

法理學

明治卅二年三月出版

東京博文館藏版

法學士丸山長渡著

法理學

東京　博文館藏版

序

法理學ノ目的ハ法律顯象ニ關スル通素ヲ講究スルニアリテ其業ヤ甚タ至難ナリト雖𪜈從來坊間ニ鬻ク所ノモノハ多ク外國書ノ翻譯ニ過ギスシテ我國ノ法理ニ適セサルモノアリ何トナレハ法ハ人生ノ目的ニ合セルヲ以テ眞理トナスカ故ニ時代ニヨリ場所ヲ異ニシテ各々法理ノ存スルモノナレバナリ殊ニ近時ノ法律ハ凡テ人格ニ對スルモノナルヲ以テ此書ニ人格ヲ論セザルハ大ニ舊來ノ學者ノ誤リタルモノナリ是レ淺學薄識ノ余ヲシテ本書ヲ著作スルノ止ムコトヲ得サラシムルニ至ラシメタルモノナリ

明治卅二年三月

著　者　誌

法理學目次

法理學目次終

法理學

法學士　丸山長渡　著

緒言

抑モ事物ノ秩序ヲ研究セントスルニハ先ツ其事物ニ付範圍ヲ確定スルノ必要アリ蓋シ若シ之ニ付キ範圍ヲ定メサランカ爲メニ往々本幹ヲ失シテ岐路ニ亘ルノ恐アルモノナリ

然レ𪜈法理學ナルモノヽ範圍ハ如何ナルモノナルヤト謂フニ至リテハ學者ニヨリ各説ヲ異ニシ又既往ノ著述ニ考フルモ其ノ論スル所殆ント一定セサルニ似タリ然レ𪜈一々此等ヲ詳論スルハ甚タ困難ノ事業ニ屬シ却リテ得ル所尠ナキモノナリ故ニ只タ著者ノ所信ヲ示サントス蓋シ法理學ノ目的ハ人定法ノ研究ニアルカ故ニ

第一　人格論　第二　法律論

トシ此分類ニヨリ論述セント欲ス先ツ總論トシテ此學ノ定義及法理ナルモノヽ性質等ニ付端緒ヲ開カン

第一編　總論

第一章　法理學ノ定義

法理學ノ定義
（イ）法理學ハ一種ノ科學ナリ

法理學トハ法律規則ニ包含スル最高原理ヲ講究スル一ノ科學ナリ

第一　法理學ハ一種ノ科學ナリ

凡テ科學トハ事物ノ現象ニ干スル通素ヲ知ルコトヲ謂フモノニシテ物理的諸學科ナルト社會的諸學科ナルトヲ問ハサルナリ換言スレハ學問ナルモノハ一種ノ知識ヲ得ントスルモノニシテ之ニヨリ得ル知識ハ即チ事物ノ現象ニ干スル通素タルモノナリ然ルニ從來ノ學者多クハ形而下ノ諸學科即チ物理的學科ト人類的諸學科トハ各々性質ヲ異ニスルモノトナシ以テ前者ニハ一定ノ原則存スルモ人類ノ心裡的働作ニ關スル諸學科ニハ一定ノ法則ナキコトヲ主唱シ來レリ然リト雖モ此等ノ學者ハ人類ノ行爲ハ自由ニシテ毫モ一定ノ軌道ナキ

モノナルカ故ニ形而下ノ諸學科ニ於ケルカ如ク一定不變ノ通素アルコトナシトノ考ヘヨリ斯ク論斷スルモノニシテ大ニ其論據ニ誤謬ヲ包含スルモノナリトス何トナレハ彼等ハ單ニ人類ノ行爲ハ自由ニシテ一定ノ法則存セサルコトト主張スルモ何故人類ノ行爲ニハ一定ノ法則ナキヤヲ證明セサルヲ以テ未タ充分ナル立論ノ基礎トナス能ハサルナリ

蓋シ之ヲ哲理的ニ考フレハ容易ニ人類ノ行爲ニハ一ノ法則アルコトヲ發見スルナルベシ思フニ凡テ宇宙ノ森羅萬象ハ之ヲ研究スルニ於テハ一見秩序ノ井然タラサルカ如キ外觀アリト雖モ其實際ニ至リテハ必ス一定ノ法則アリテ之ヲ支配スルモノナリ唯タ普通人ノ其原因結果ノ關係ヲ識別スルノ明ナキニ外ナラサルニ過キス故ニ通常人ノ見テ以テ一定ノ準則アルコトヲ知ラサルモノト雖モ(物理學ノ如キ)或ル特別ノ知識ヲ具備スルモノニ至リテハ能ク之ヲ知ルカ如ク近世ノ人ノ見テ以テ發見スル能ハサルコトモ將來ノ人ハ之ヲ發見シテ其理ヲ推知シ得ルモノナリ例セハ古人ノ夢想タニセサル發明發見ヲ近世ノ人ニ至リ之ヲ爲シタルカ如ク比々皆然ラサルハナシ(電氣術蒸滊機關等)

由之觀之人類ニ付キテモ又右ト同シク一般ノ人ニ於テ其ノ原則ヲ知ラサルモ特定ノ人ハ之ヲ知ルコトアリ故ヲ以テ人類ノ働作ノ標準トナルヘキ法律規則ニ於テモ又一定ノ法則存在スルコトハ毫モ疑フヘカラサル所ナリ從テ之ニ干スル最高原理ヲ研究セントスルモノモ又之ヲ一種ノ科學トシテ論セサルヘカラス

斯ノ如ク法理學ヲ一種ノ科學トシテ研究スルモ此科學ハ他ノ形而下ノ學問ニ比シ其實質ニ於テ複雜ナルカ故ニ隨テ此科學ノ原理原則モ容易ニ發見シ能ハサルモノアリ又之ヲ發見スルモ其規則カ果シテ眞理ナルヤ否ヤハ大ニ識別スルコトニ苦シムモノナリ之レ蓋シ此科學ノ特質ト謂フヘキナリ何トナレハ總テ組織ノ簡單ナルモノハ觀察スルニ易ク其複雜ナルモノハ觀察スルニ難シ夫レ故ニ無機物ハ有機物ヨリ其組織單純ナルカタメ現象モ亦簡單ニシテ之レカ法則ヲ見出スコト極メテ易々タルモノナリ又無機物ト雖モ人類ニ至リテハ他ノ動物等ヨリ大ニ其組織複雜ナルカ故其現象及法則モ甚タ複雜ニシテ困難ナリ從テ一見人類ノ行爲中ニハ通素ナキノ觀アリト雖モ只之レ表面上見出スコ

ト能ハサルノミ

（ロ）
法理學ハ法律ノ原理ヲ研究スル學科ナリ

第二　法理學ハ法律規則ニ含有スル原理原則ヲ研究スル科學ナリ

原理トハ諸種ノ現象ノ通素ト云フコトナリ而シテ此通素ナルモノハ後ニモ述フルカ如ク自然ニ存在スルモノニシテ吾人ノ理性ニヨリ如斯ナカルヘカラスト認メラレタルモノナリ

斯ク論シ來レハ反對論者ハ必ス謂ハン即チ意思ニ活動ノ自由アル人類ノ行爲ニ一ノ理性的命令アリトナスハ自由ナル文字ニ牴觸スルモノナリト此言必ス一理ナキニアラス蓋シ反對論者ハ人類ノ心裡ノ働作ヲ自由ノ無限ナルモノトナスニアルモ是レ又思ハサルノ甚シキモノナリトス

何トナレハ吾人ト雖モ人ニ自由ノ働作アリトハ之ヲ認ムルモ其自由ナル者ハ反對論者ノ云フカ如ク無制限ノモノトナスニアラス故ヲ以テ吾人ノ所謂人ノ自由ナルモノハ一定ノ範圍內ニ於テ云フモノニシテ此制限モ人ノ爲サヽルヘカラサル命令モ共ニ自然ノ命令ニヨリ定マルモノニシテ毫モ相矛盾スルモノハニアラス此理性ノ命令即チ吾人ノナスヘキモノト認メラレタルモノハ即チ法

律規則ニ含有スル最高ノ原理原則タルモノニシテ知識ノ最モ高等ニ位スルモノナリ換言スレハ總テノ法律的諸現象ニ通スル原素ニシテ特別ナル哲學ノ一種ナリトス是レ此學ヲ稱シテ法律哲學ナル名稱ヲ付スル者アル所以ナリ

第二章　法理ノ性質

法理トハ大畧前章ニ於テ述ヘタルカ如ク法律規則ノ全躰ニ通スル原理ノ謂ニシテ自然ニ存在スルトコロノモノナリ、法理ナルモノハ法律的現象ニ通スル原素ナルコトハ別ニ評論スルノ要ナキカ故ニ本章ニ於テハ此原理原則ナル理性的命令ハ自然ニ存在スルモノナルヤ否ヤ又歷史的ナルヤ否ヤニ就キ聊カ論究ヲ試ミント欲ス

或ル學者ハ曰ク「法理ハ法術ノ結果ニシテ法律ノ發生ニ先ンスヘキモノニアラス故ニ法理ハ歷史ノ結果ニシテ自然ノ產物ニアラス」ト即チ此論ハ所謂歷史派ナルモノニ屬スルモノニシテ近時漸ク一般ノ學者ニ用ヒラレントスルノ勢アリ此說タルヤ蓋シ法理ハ法律規則ノ存在スルノ後學者カ其硏究ニ從事シ漸ヲ追ヒ發見セラルヘキモノニシテ史學ノ歸納的講究ニ外ナラストナスモノヽ如

シ次ニ他ノ學者ハ曰ハク

前說タルヤ未タ眞理ヲ得タルモノニアラス何トナレハ法理ハ一見法律ノ繼續的研究ノ結果ニシテ法律ノ發生ニ先ンツルノ理ナキニ似タリト雖モ歷史派ノ學者カ實際ヲ見ルニ偏倚シテ理論ヲ無視スルノ酷ニ過クルモノタルニ外ナラス何トナレハ苟クモ人ノ相集合シテ小ハ家族團結ヨリ大ハ國家社會ヲ形成シタル以上ハ此間ニ法律ノ必要ナルコトハ自然ニ定マル處ニシテ已ニ自然ニ定マル上ハ又之ニ自然ノ法理存在スルコトハ蓋シ疑フヘカラサル所ナリトス夫故ニ法理ハ未タ法律ノ存在セサル以前ト雖モ社會ノ性質ヨリ之ニ伴ヒ全時ニ存在スルモノナリト

此駁說ハ即チ自然法學者ノ主唱スル所ニシテ近時稍々其勢力ヲ失フノ形アリト雖モ前說即チ歷史派ニ比シ其立論ノ基礎ノ正確ナルコトハ吾人ノ認メテ賞揚スル所ナリ其理由ハ大畧前述セルカ如キモ少シク之ニ附言セントス即チ之ヲ例セハ建物ノ建築法ナルモノハ未タ建物ノ存在セサル前ト雖モ既ニ存在スルカ如シ勿論建物ノ存在シタル後益々其建築法ニ改良ヲ加ヘ發明又ハ發見ヲ

ナスカ如キモ是レ自然ノ法則ノ範圍内ニ於ケル發明タルニ過キスシテ自然ニ特立シテ存スルモノニアラサルナリ詳言スレハ其發見發明モ又自然ノ許與スル處ノモノナリ之ヲ學問ニ考フルモ人ノ知識ヲ得ル所以ハ附與的ニアラスシテ開發的タルコトヲ主張スルモノアルカ如キ是ナリ尚ホ之レヲ明ニセンカタメ民法ノ理論ヲ引證センニ吾人カ物ノ上ニ物權ヲ設定シ得ル所以ハ法律カ之レヲ許與シタルニヨルモノニシテ吾人ノミノ意思ニヨリ設定シ得ルモノニアラサルト仝一ナリ故ニ法律カ物權ナル制ヲ創設スルコトハ恰カモ自然カ法理ヲ作クリタルト同シク又吾人カ物權ヲ設定スルハ恰カモ國家カ法律ヲ發布スルト同一ナリ隨テ國家ニシテ法律ヲ作ラントシ吾人ニシテ物權ヲ設定セントスルモ若シ自然カ法理ナルモノヲ認メス又法律カ物權ナルモノヲ許與セサル時ハ到底其目的ヲ達スルコト能ハサルナリ否ナ法律ヲ作リ又ハ物權ヲ作ラントスル念慮ヲ生セサルヘシ是レ尚ホ吾人カ物權ヲ設定セサル前ニ物權制ナシト云フコトヲ得ルカ法律ノ發布ナキ以前ニ法理ノ存在セサルコトヲ謂フコトヲ許スカ何人ト雖モ必スヤ消極ノ答ヲナスヤ明ナリ是レ余輩カ近時歷史派ノ

勢力ヲ占メタルニ拘ハラス舊説ヲ維持セントスル所以ナリ
論述玆ニ至リ一言ヲ費サヽルヘカラサルモノアリ他ナシ法理ハ古代ヨリ將來ニ至ル迄及處ニ内外ノ別ナク凡テ一定ノモノナルヤ否ヤ是ナリ
或學者ハ之ヲ以テ時ニ古今ノ區別ナク地ニ東西ノ異ナルヲ問ハス凡テ一定ノ法則存スルモノナリト又或ル學者ハ時ノ異ナルニヨリ法理ノ區別アルヲ認ムルモ地ニ内外ノ區分ナシト論シ來レリ然レ𪜈余ハ二者共ニ未タ贊成ノ意ヲ表スル能ハサルナリ蓋シ法ハ人生ノ目的ニ從フヲ眞理トナストノ格言アルカ如ク法理モ亦之レト同一ニシテ人生ノ目的ニ隨伴スルコトヲ其性質トナスモノナルカ故ニ土地ノ異ナルニ隨ヒ各區別ナカルヘカラサルモノナリ況ンヤ時代ニ於テヲヤ蓋シ人類ノ相集リテ各々社會ヲナスヤ地形氣候其他人種及ハ文化ノ程度ニヨリ一律以テ之ヲ決スル能ハサルハ甚タ易々タルコトナレハナリ故ニ第一説ノ如キ第二説ノ如キ誤謬ノ最モ甚シキモノニシテ到底採用スル能ハサルノ説タリ玆ヲ以テ余ハ法理ハ時ニヨリ處ニヨリ實質ニ區別アルコトヲ疑ハサルモノナリ

以上ハ謂フ迄モナク法律規則ノ一般ニ通スル原理ナルカ故ニ特別ノ法理ノ存在スルコトヲ忘ルヘカラサルコトヲ要ス例ヘハ一般原理ノ外特別ノ原理トシテ憲法々理又ハ民法々理刑法々理ノコレアルカ如シ今一々此等ノ特別ノ理論ヲ講究スルハ各々別科ノ學問ニ屬スルヲ以テ茲ニ之ヲ論セサルハ蓋シ當然ノコトナレドモ讀者ノ誤解ヲ防カンカタメ一言ヲ附言スルモノナリ

第三章　法ト法理トノ區別

法理トハ前述ノ如ク法トハ第三編ニ於テ詳述スル處ナレドモ二者ノ區別ヲ明ニスルハ甚タ必要ノコトニ屬スルナリ

抑モ法理ト法律ノ區別タルヤ甚タ明ナルヲ以テ毫モ疑ヲ挿ムヘキ餘地ナキカ如キモ法理ハ自然ニ存在スルヨリ之ニ自然法ナル名稱ヲ付スルモノアリテ法理モ法律ノ一種カノ如ク論シテ顧ミサルモノアルカ故ニ茲ニ一言ノ勞ヲ取ラントスルモノナリ法理ナルモノハ自然ニ存在スルモ法律ニアラス法律ニ自然法ト人定法トヲ認ムル場合ト雖ドモ法理ト法律トハ各々相異ナルモノニシテ二者性質ヲ同シウセサルナリ況ンヤ今日ニ於テ法律ニ自然法アルコトヲ認メサ

ル時ニ於テヲヤ故ニ方今ニ於テハ法律ト法理トハ左ノ點ニ於テ區別アルモノナリトス

第一　法理ハ單ニ立法ノ準備ナルモ法律ハ權力ヲ以テ強制スルカ爲ノ準則ナリ是レ効力ニヨル二者ノ區別ナリ故ニ立法者ハ道義上法律ヲ制定スルニ於テ法理ヲ遵守スルノ責アリト雖モ吾人ハ法律上ノ責任トシテ法律ニ觸ルヽ能ハサル義務アリ即チ前者ハ強制スルコトヲ得サルモノニシテ後者ハ權力ニヨリ強制セラルヽモノタルノ區別アリ

法律ハ吾人ノミ之ヲ守ラサルヘカラサルニアラス國家即チ主權者ト雖モ自己ニ制定シタルモノハ之ヲ廢止變更スルコトヲ得ルモ尙ホ此ノ手續ヲナサヾル間ハ之ニ違フコト能ハサルモノナリ之レ國家カ法律上負フ所ノ責任ニシテ法理ニ對スルト同一ニ論スルコト能ハサルモノナリ

第二　法理ハ自然ニ存在スルモ法律ハ之ニ反ス　法理ノ自然ニ存スルコハ前段ニ於テ詳述シタル處ナリ又法律ノ人定タルヲ要スルコトハ本論ニ於テ論述スル處ナリト雖モ此ノ區別ハ法理ト法律トノ分界ニ於テ最モ重大ナルモノ

ナルヲ以テ茲ニ之ヲ附言スルモノナリ
之ヲ要スルニ法理ハ自然ニ存在シ別ニ法律ヲナスニアラサルヲ以テ人民ト國家又ハ人民相互ノ間ニ於ケル權利義務ノ標準トナルモノニアラスシテ單ニ立法者タルモノノ立法ノ標準即チ其羅針盤タルニ過キサルモノナレトモ法律ハ人定ニシテ自然ニアラス且ツ權力ニ伴フモノニシテ直接ニ威力ヲ以テ人民ニ望ムノ差アルナリ

第二編 人格論

第一章 總論

本編ニ於テハ凡テノ法律關係ニ至大ノ關係ヲ有スル人格ト權利トノ二者ヲ說述セントス
人格及ヒ權利ナル觀念ハ凡テ法律ノ作成ニヨルモノナルカ故ニ先ツ茲ニハ法律ノ如何ヲ論スルヲ正當トス然レトモ便宜ノタメ第一ニ人格ヨリ之ヲ論述スルヲ以テ法律ノ泉源タル權力ニ付キ少シク說明スル所アラントス

抑モ權力ノ如何ヲ詳細ニ論スルハ一ノ國法學ノ範圍ニ屬スレトモ左ニ些サカ之ヲ畧述セン

權力トハ如何ナルモノナルヤ之ヲ今日ニ於テ定義スルハ單ニ國家ニ屬スルノミナラス市町村ノ如キ地方團軆ニ於テ尙ホ之ヲ有スルナリ然リト雖𪜈國家ナル社會ニハ元來一個ノ權力シカ存在シ能ハサルモノナルカ故ニ之ヲ其起原ニ溯リテ考フレハ權力ハ一ニシテ二個アルニアラサルナリ而シテ此權力ナルモノハ絕對的ニ國家ニ屬シ且ツ最高ニシテ無限ノ力ヲ有スル威力タルモノナリ之ヲ形容シテ主權又ハ國權ト謂フ蓋シ總テノ權利又ハ權力ノ淵源ニシテ且ツ國家ノ有スル所ナレハナリ

權力ハ唯一ニシテ國家ノ有スル處ナルヲ以テ市町村ノ如キ地方團軆ニ存スル權力ハ國家ノ認許ニヨルモノニシテ一定ノ範圍ヲ有スルモノナリ而シテ此範圍ハ法律ノ力ニヨリ伸縮スルヿヲ得是レ固有最高ノ權力ニアラスシテ國家ノ附與物タル特性ニ基クモノナリトス而シテ地方團軆ノ如キモノヽ有スル權力ハ國家ノ法律ニヨリ與ヘタルモノナルカ故ニ其性質ニ於テ固有ニアラスト雖

𪜈國權ハ法ニヨリテ生シタルニアラス固有ニ存スルモノナリ蓋シ法ハ權力ノ行使ノ結果ニシテ權力ハ法ヲ創成スルノ根原タレハナリ又國權ハ無限ノ性質アルカ故ニ如何ナルヿト雖𪜈事實上ナシ得サルコトノ外凡テナシ能ハサルコトナシ此無限ナルト否トハ國躰ニヨリ區別アルヲ以テ或ル學者ハ之ヲ主權ノ要素トナサスト雖𪜈是レ外國ニ於テモ極メテ稀有ニ屬スル處ニシテ近世社會ノ複雜トナルニ隨ヒ漸ク發生シタル現象タルニ過キサルモノナリ况ンヤ此學ハ我國ノ法理ヲ説明スルニアルモノナルカ故ニ主權ハ無限ノ威力アルモノトシテ説明セサルヘカラス是レ複團組織ノ國家例ヘハ獨乙帝國等ト大ニ同シカラサル所ナリトス

又權力ナルモノハ權利ト異ナリテ平等ノ關係ニ存在スルモノニアラスシテ權力者ト無權力者トハ互ニ不平等ノ干係ヲ形チ造ルモノナリ故ニ權力ハ服從ニ相對スルモノニシテ權利ハ義務ニ對スル干係ナリ權力ハ服從ニ對スルト云フハ權利ノ如ク相手方ノ任意ノ履行ヲ俟ツモノニアラスシテ權力ハ直チニ相手方ノ自由ヲ檢束スルコトヲ得ルノ謂ナリ而シテ國權即チ國ノ權力ナルモノハ

以下述フル所ノ法律人格及權利ノ基礎ヲナスモノナリ故ニ主權ノ存在ナクシテ法律ノ發布アルコトナク權利人格ノ創成又タ見ルコト能ハサルモノナリ法律ハ何故權力ニ伴フコトヲ要スルヤ又人格權利ハ何カタメ權力ノ創成ニ係カルヤハ各々其章ニ於テ詳細ナル辨明ヲ與ヘントス

人格ノ定義

第二章　人格

第一節　人格ノ意義

人格トハ何ソヤ是レ又大ニ重要ノ問題ニシテ一々沿革ヲ追ヒ以テ詳細ノ説明ヲ下スコト能ハサルモ如何ナル有樣ヨリ近世ノ人格ナルモノカ發達シ來リタルヤニ付畧解ヲ與ヘントス

之ヲ十六七世紀ノ社會ニ溯リテ考フルニ當時ニ於テハ未タ人格ナル觀念全ク存在シタルコトナク只人ノ如何ナルヤニ付キ此學又ハ他ノ學問上ヨリ多少研究ヲ試ミタルモノアリ然リト雖𪜈此時ニ於ケル人ナル觀念ハ唯一ノ自然人ヲノミ意味スルモノニシテ此以外ニ人ナル觀念ハ全ク存在スルコトコレナカリキ

自然人ハ當時ニ於ケル唯一ノ權利主軆ニシテ人格ナル觀念發生セサルヘカラサルニ似タルモ深ク之ヲ研究スルニ於テハ容易ニ其然ラサル理由ヲ發見スルナルベシ蓋シ人格ノ觀念ナカリシトスルモ自然人ハ即チ人トシテ權利ヲ得此以外ニ權利ヲ有スルモノアラサリシナリ故ニ自然人ニ更ニ人格ナル名稱ヲ付セサルニ止マリ其實質ニ於テハ已ニ人格ナルモノ存在シタルモノナリ而シテ其自然人ナルヤ否ヤハ別段ノ學問上ニ於テ確定セシニヨリ殊更法律ノ上ニ之ヲ研究スルノ要ナキニアリトス是ヨリ以降社會ノ漸次開明トナルニ從ヒ經濟上ノ必要ニ伴ヒ自然人以外ニ權利主體ヲ認ムルニ至リ是ヨリ人格ナルモノ、如何ニ付キ學者ノ研究ヲ試ミル者發生スルニ至レリ

此自然人ノ外ニ人格ヲ認ムルニ及ヒ始メテ法人ナルモノヲ現出ス茲ニ於テカ自然人ハ當然ニ人格者タルカ如キ外觀ヲ呈スルト雖ヒ尙ホ法人ト同シク必ス法律ノ認許ニヨラサレハ人格者タルコト能ハサルナリ詳言スレハ自然人タルモノハ固有ノ目的ヲ有スルヨリ法律ノ規定ヲ俟タス直チニ人格タルカ如キモ法人ト同シク一ニ法律ノ力ニヨルモノニシテ固有ニ權利主軆トナルニアラス

又法人ノ財産又ハ人ノ集合ニ法律カ目的ヲ附與スルニヨリ人トナリ當然ニ法人テフ人格ノ存立スルニアラス法人カ法律ノ擬制ニヨリ人格ヲ得ルハ人ノ皆承認スル處ナルモ自然人ハ當然ニ人格ヲ有スト主張スルモノアリ是レ大ニ誤リタル說ニシテ半錢ノ價値タモコレナキモノナリ何故然ルヤト云フニ其詳細ハ後ニ至リ人格ノ要素ヲ說クニ方リ自カラ明白ナランモ一言以テ之ヲ辯解シ置カントス即チ凡テ法律學上ニ於ケル人格ナルモノヽ存在スルニハ第一其人格ノ根基タルモノ存在セサルヘカラス人格ノ根基トハ何ソヤト云フニ即チ自存獨立ノ目的是ナリ此自存獨立ノ目的トハ社會ニ生存シ自己ヲ中心トシ存在スルモノニシテ通常人類ノ自然ニ有スル所ロナリ而シテ自然人ナルモノハ性質上此目的ヲ有シ居ルモノナルカ故ニ自然ノ人類タルコトハ法律カ人格ヲ認ムル當然ノ原因トナルモノナリ反之法人格ナルモノハ自然人ト異ナリ當然ニ自主獨立ノ目的ナルモノヲ有セサルカ故ニ法律カ之ニ人格ヲ認ムルハ自然人ト異ナリ第一自主ノ目的ヲ或ル材料ニ附與シ而シテ後人格ヲ認メサルヘカラス換言スレハ自然人モ法人モ人格ノ承認ハ等シク法律ノ力ニアリト雖𪜈二者

ト相異ナル點ハ前者ニ至リテハ人格ノ材料ヲ自然ニ有スルモ後者ニ至リテハ是レ又法律ノ附與ヲ待タサルヘカラス夫レ然リ然ルニヨリ自然人ト雖モ法律カ人格ヲ附與スルニアラサレハ遂ニ能ク自己ノ力ニヨリテ人格者タルコトヲ得サルナリ之ヲ例セハ茲ニ紳士人格アリト假定セヨ而シテ所謂紳士タルノ條件ハ第一或ル額ノ富ヲ有シ第二ニ紳士登錄名簿ニ紳士タルノ登錄ヲ受クルコトヲ要ストセンニ………或ル金滿家ニシテ一定ノ額ヲ有スルモノアランカ此者ハ既ニ第一ノ條件ヲ有スルカ故ニ單ニ第二ノ條件即チ紳士ノ登錄名簿ニ自己ノ登錄ヲナスニ於テ茲ニ紳士タルノ地位(即チ人格)ヲ得有スルモノナリ然レモ金滿家ニアラサルモノヲ紳士トナサンニハ之ノ名簿ニ登錄スルニ先チ第一或ル額ノ富ヲ有セシメサルヘカラス從テ此貧人ヲ紳士タラシムルニハ第一或一定ノ富ヲ有セシヲサルヘカラサルコト恰カモ法人ナル人格ノ創設ニハ一定ノ目的ヲ附與セサルヘカラスト全一ナリ而シテ之ヲ名簿ニ登錄スルハ恰カモ法人カ人格ヲ承認スルヿト全一ナリトス、

斯ノ如ク自然人ト法人トハ各々人格者トシテ存在スルニハ多少ノ區別アリト

雖𪜈自己ノ力ニヨリ人格者タル能ハサルコト、全シク法律ノ認許ニヨルニアラサレハ能ハサルコト二者毫モ區別アルコトナシ故ヲ以テ假令自主ノ目的ヲ有スル自然人ト雖𪜈法律ノ認許ナキニ於テハ己レ人格者トシテ法律ノ前ニ權利ヲ有シ義務ヲ負擔スルコト能ハサルナリ是レ余輩カ例示セル或ル金滿家カ一定ノ富ハ之ヲ有スルモ紳士登錄名簿ニ紳士タル、ノ登錄ヲ得ルニアラサレハ未タ紳士タラサルト其理ニ於テ相異ナル所アルコトナシ之ヲ例ヘハローマニ於ケル奴隸ノ如キ即チ之レカ適例ナリ近世ニ至リテハ世界一般ニ奴隸制度ノ存留ヲ見止スト雖𪜈既ニ奴隸トシテ存在スルニ於テハ自己ニ權利ヲ有シ義務ヲ負擔スルコトナク只他人ト他人トノ間ノ權利行爲ノ目的トナリ又ハ他人ノ權利ノ目的トナリテ自己ノ自由意思ハ毫モ法律ノ上ニ於テ効力ナキモノナリ又例ヘ自己カ勤勞ノ結果トシテ他人ヨリ金錢其他ノ有價物ヲ獲得スルコトアリトスルモ奴隸ハ其上ニ權利ヲ有スルコト能ハス恰カモ吾人カ食物ヲ家畜ニ與タルト全シク有形上其家畜又ハ奴隸ニ於テ物件又ハ食物ヲ握持シ居ルモ亓ハ單ニ握持スルニ止マリ權利アリテ有スルニアラサルカ故ニ何時他人ヨリ之

ヲ取回スモ毫モ法律ノ禁セサル處ナリ

然ルニ或ハ奴隷ハ權利ヲ有スルコト能ハサルモ義務ハ尙ホ之ヲ有シタリト唱フルモノアリト雖モ彼等ノ所謂義務ナルモノハ果シテ如何ナルモノヲ意味スルヤヲ確決セサルヘカラス若シ此等ノ學者ノ所謂義務ナルモノヲ法律上所謂正當ナルモノヲ示稱ストセハ勿論余輩ノ贊同セサル處ナリ蓋シ義務ナルモノモ權利ト同シク其主格ハ必ス人即チ人格者タラサレハ之レカ責ニ任シ得ヘキモノニアラサルナリ況ンヤ權利ト義務トハ互ニ相對立スルモノニシテ權利ノ主躰ハ人格者タルコトヲ要スルモ義務ノ主躰ハ之ヲ要セスト云フ理由アルコトナキニアラスヤ從テ奴隷ノ義務ヲ負擔スル塲合アリト云フハ正確ナル意味ニ於テ之ヲ論スル時ハ其不當ナルコト素ヨリ喋々ヲ要セサルコトナリト信ス要スルニ奴隷ニ義務アリトノ說ハ如斯正確ナル意味ニ於テ述ヘラレタルニアラサルコト疑フヘクモアラス

一見スルトキハ奴隷ナルモノハ權利ヲ有シ義務ヲ負擔スルコト能ハサルヲ以テ實ニ謂フヘカラサル慘酷ナル法制ノ下ニ呻吟シタルモノナルカ如キモ之ヲ

其當時ノ社會ニ比シ考フレハ未タ斯ノ如ク論斷スルコト能ハサルナリ其故何ソヤ他ナシ當時ノ社會ハ一般ニ人心蠻勇ニシテ或ル部落カ他ノ部落ト鬪爭ヲナスニ於テハ捕虜ハ之チ慘殺シテ毫モ顧ミル所ナカリシモ社會カ稍々複雜トナルニ隨ヒ遂ニ捕虜ヲ殺害スルコトヲ止メ以テ牛馬ト同シク躰心ノ働キニ從事セシムルコトヽナレリ故ニ奴隷制度ナルモノハ一面ヨリ觀察シ來レハ是レ又社會開化ノ一徵候トソ見ルコトヲ得ルナリ之ヨリ以降社會ノ益文明トナルニ隨ヒ宗敎ノ觀念ト經濟ノ發達トハ大ニ奴隷制度ノ存在ヲ妨ケ宗敎ハ奴隷ヲ人道ノ常則ニ違フモノトナシ經濟ハ之ヲ生産業ノ進歩ヲ大ニ遲々タラシムルノ一原因トナシ又他方ニ法律學ハ之ヲ臣民平等ノ條理ニ背クモノトナシ百方此制度ノ存留ヲ否認シタリキ是レ此制度ノ今日ニ於テ其ノ跡ヲ絶チタル所以ナリ

上來論シタルカ如ク人格ナル觀念ハ自然人及ヒ財産又ハ人ノ集合躰ニ獨立ノ目的ヲ認メ或ハ之ヲ附與シタルニヨリ發生スルモノナルカ故ニ次節ニ於テ此ノ要素ノ詳細ヲ論セントス

第二節　人格ノ要素

人格ノ要素

人格ノ要素トハ自主ノ目的ト法律ノ認許シテ保護スルコト是ナリ　法律ノ認許又ハ保護ハ人格成立ノ形式上ノ要件ニシテ自主ノ目的トハ即チ實質上ノ要件ナリ而シテ其自主ノ目的トハ何ナリヤト云フニ意思ヲ有スルモノカ自由ノ活動ニヨリ或ル一定ノ方向ニ進ムトキハ之ヲ獨立自存ノ目的ト云フナリ今此意味ニ隨ヒ分析スレハ完全ナル自主ノ目的タルニハ

（イ）意思

第一　意思ナカルヘカラス　意思ナキモノハ目的ヲ有セス何トナレハ自主ノ目的トハ右ニ述ヘタルカ如ク自由意思ノ向フ所ナルヲ以テ自存目的ノ存在ヲ見ルニハ先ツ第一條件トシテ意思ノ必要ナルコトハ喋々ヲ要セサル所ナリ然ラハ意思トハ如何ナルモノナルヤト云フニ人ノ心神ノ發動スル所ヲ意思ト云フナリ故ニ人ニ心神ノ發動スル所ナクシテ目的ノ存スル能ハサルハ當然ノ事ニ屬ス然レトモ意思アリトテ常ニ其者ノ行爲ハ一定ノ目的ヲ有スルモノニアラス何トナレハ意思ハ常ニ間斷ナク活動スルモノニア

ラスシテ意思者ノ不知不識ノ間ニ或ル事柄ヲ發生スルコトコレナシトセス例ヘハ自然人カ熟睡中突然立テ他人ヲ殺害スルカ如ク又ハ自轉車ニ乘リテ市街ヲ通過セントスル者ニシテ天災又ハ地變ノタメ顛倒シテ路傍ノ他人ヲ傷ケタルカ如キ皆ナ意思ノ作用ニ基キタルモノト云フコト能ハス是一ノ事變ニシテ行爲ト云フヘカラサルナリ反之自己ノ獵銃ヲ彈丸ノ儘傍ラノ椅子ニ倚セタリトセン妾來リ之ヲ取除カントシテ手ニセシニ發火シテ遂ニ之ヲ傷ケタルカ如キ或ハ䖝藥ト信シ自己ノ尤モ愛スル傾世ノ疾病ヲ治セソカ爲メ之ヲ服用セシメタルニ何ソ知ラン立トコロニ顏色變シテ死亡シタルカ如キ一見前掲セル引例ト相似タルカ如キモ此場合ハ全ク意思ノアリテ生シタルモノニシテ前者ト大ニ相異ナル所アリ學者ハ通常此場合モ尚ホ一般ノ事變ト同一視シテ意思ノ支配ヲ受ケサルコトヲ主張スト雖モ是レ未タ深ク硏メサルノ誤リニ坐スルモノナリ而シテ此皮想ノ見解ハ一般ノ學者ノ唱道シ人ノ疑ハサル所ナルカ故ニ却リテ先入的ノ結果余ノ說ヲ疑フモノアランモ是レ又思ハサルノ甚タシキモノニアラス

ヤ之ヲ我國ノ刑法ニ例ヘハ其規定ノ結果ヨリ稍々明カナルコトヲ得即チ過失犯ノ規定是ナリ過失犯トハ通常所謂犯意ナルモノナキ犯罪ヲ云フコトハ更ニ余ノ言ヲ俟タストモ雖モ我刑法カ幼者瘋癲者等ノ如キ又ハ犯時知覺精神ノ欠缺セル者ノ行爲(嚴格ニ云ヘハ行爲ニアラス)ヲ犯罪トセスシテ過失ノ行爲ヲ犯罪トナスハ余カ前ニ述ヘタル例ト同シク幼者等ニハ意思ナキヲ以テ罪トセス反之過失ノ場合ト雖モ通常ノ機能アル者ノ所爲ハ意思アルヲ以テ罪トナスモノナリ是レ前者ハ自己ノ目的ヲ爲サントシタルニアラサルニヨリ苟モ法律タルモノ之ヲ罰スルコ能ハサルモ後者ニ至リテハ全ク意思ノ作用ニ基クモノニシテ法律ハ公益上ノ必要ヨリ之ヲ罰スルノ必要アリ現ニ或ル種類ノ行爲ハ罪トシ之ヲ規定セリ或學者ハ過失犯ヲ意思ニ基クトナシタルヲ不當ナリト批難スルモ此學者モ同穴ノ舊狸ニシテ堂々タル大厦ノ奥ヲ知ラサルノ輩ナリ何トナレハ抑モ過失犯ハ一ノ結果犯ニシテ結果ノ大小輕重ニヨリ罪質ヲ決定スルモノナリ且ツ他ノ犯罪ノ如ク積極的ノ意思ヲ要セサルモ(即チ刑法所謂犯意)消極ノ意思ナルコ

トヲ必要トスルモノナリ是レ余カ過失ヲ意思ニ基クモノト云ヒタル所以ナリ夫レ斯ノ如ク過失犯ナルモノカ人ノ意思ニ發スルコト前述ノ如ク又反之意思アルモノ、行爲ト雖ㇳ常ニ其行爲カ意思ニ關係ヲ有セサルコトノ存在スルハ事實ノ證明スル所ナリ

斯ノ如ク論シ來レハ法人ノ如キ又ハ意思機能ノ欠缺セル幼年者ノ如キ如何ニシテ此等ノ幼者又ハ法人ニ自主ノ目的アルコトヲ說明スルヤ是大ニ困難ナル問題ナリトス此事ニ關スル學說ハ之ヲ二大別スルコトヲ得

(甲)擬制主義　此主義ニヨレハ法人及幼年者ニハ事實上意思ナキモノナレトモ法律ノ假定ニヨリ恰カモ之ヲ有スルモノ、如ク見做スモノナリト云フニアリ而シテ此主義ニヨルモノハ更ニ說明シテ曰ク自然人ニシテ成年ニ達シ且ツ完全ノ者一時本心ヲ喪失スルコトアリトスルモ而カモ法律ハ之ヲ以テ瞬間タリトモ自主ノ目的ヲ失ヒタリト見做サス依然繼續シテ存在スル者トナセリ右ノ場合モ之ト同一ニシテ假令事實上意思ノ欠缺アリトスルモ法律ハ之ヲ毫モ缺乏セサルモノトスルモノナリト

次ニ

（乙）機關主義　ニヨレハ法人又ハ幼年者ハ本來意思ヲ有セサルモ機關ハ此等ノモノニ代リ法人又ハ幼年者ヲ代表シテ自己ノ意思ニヨリテ本人タル法人又ハ幼年者ノ行爲ヲナスモノナリ法律ハ人ニ意思アルコトヲ强ユルト雖𪜈法人又ハ幼年者自身ニ意思アルヿヲ强用セサルナリ故ヲ以テ法人等ハ或ル一定ノ機關ニヨリテ自己ニ代リ意思ヲ主張セシムルヿヲ得而ソ此機關ナル者ハ職務ノ範圍ヲ規定セルモノ例ヘ官制ノ如キ者ト一人又ハ數人ノ自然人ノ集合躰トニヨリ組成サルヽ者ニソ必ス一ノ意思ヲ具備スルモノナリ此意思ヲ事實上ヨリ見ル時ハ組成セル自然人其人ノ意思ナリト雖𪜈機關トソ發表スル處ハ本人タル法人又ハ幼年者タル意思不能力ノ意思ト假定スルモノナリ夫レ然リ從ツテ假令本人タル法人等ニハ意思ナシトスルモ他人ノ意思ヲ自己ノモノトシテ法律上有效ニ總テノ行爲ヲナスヿヲ得ルモノナリ然レ𪜈凡ソ機關ナルモノハ一定ノ權限ヲ有スルヲ以テ越權ノ行爲ハ機關トソノ行爲トシテ之ヲ認

メサルモノテリ故ニ假令法人ノ機關トシ或ル事ヲナスモ若權限ヲ超越スルカ又ハ法律ニ違フ處アリタリトセハ是レ單ニ自然人ノ行爲トシテ目スルニ止マリ決シテ法人其モノニ於テ本人タル責ニ任スヘキモノニアラス而シテ开ハ代理法理ナルモノヽ一大原則ニシテ總テノ機關制度ニ適用セラルヽ處ノモノナリ

然リ而シテ第一ノ擬制主義ハ一應理アルカ如キモ無法ニ極端ナル考ニ其基礎ヲ取ルモノニシテ未タ全然採用スヘキモノニアラサルナリ余輩ノ考フ處ハ第二ノ機關說ヲ以テ眞正ナルモノトナスナリ或ル學者ハ此說ノ正シキヲ是認シツヽ一ノ疑問トシテ左ノ言ヲナセリ曰ク若シ機關ノ意思ヲ以テ法律上本人タルモノヽ意思トセハ本人ノ意思ハ唯一ナルヘキカ故ニ互ニ矛盾スヘキ理由無キ所以ナレ𪜈數個ノ機關ヲ有スル場合ハ實際矛盾スル處アルハ大ニ機關主義ノ說明ニ苦シム處ナリト然レトモ余輩ハ却リテ此ノ學者ノ疑問トナストコロヲ疑フモノナリ思フニ此學者ハ一個ノ意思ハ矛盾セストノ先天的誤謬ニ陷タルモノナリト信

ス何トナレハ一個ノ意思ハ一見矛盾セサルカ如キモ是レ通常ノ場合ニ限ルモノニシテ絶對ニ然リト云フコト能ハサルナリ何ヲ以テ之ヲ云フカ他ナシ自然人ト雖モ能ク其言行ニ矛盾スルコトアルニアラスヤ敢テ喋々ノ辯ヲ費サヽルモ人ノ皆ナ實見セル所ニシテ極メテ容易ナルコトナリ況ンヤ事實上意思ヲ異ニスルモノヽ間ニ往々其言行ニ一貫セサル所アルハ當然ノコトニ屬スルナリ之レヲ以テ之ヲ見レハ機關ノ行爲ニ矛盾アルコトハ事實ナルモ之カタメ毫モ機關ノ意思ヲ以テ法律上本人タル法人又ハ幼年者ノ意思トナスニ不可ナル處ナキナリ

(ロ)意思ノ自由

第二　意思ノ自由的働作ナカルヘカラス意思アリト雖モ此發動ニシテ制限セラルヽコトアランカ其意思ノ向フ處ハ決シテ眞正ノ目的タルコト能ハサルナリ此原理ハ古代ニアリテハ充分ニ確カメラレサルヲ以テ往々學者ノ誤解ヲ引キタルコト少ナカラス其故如何ト云フニ概ネ古代ニアリテハ何國ト雖モ意思ニ重キヲ置カスシテ單ニ意思ノ外形ニ表ハレタル場合ニ法律ノ支配ヲ受クタルニ過キス而シテ意思ニ稍々重キヲ置キタルニ至リシハ

實ニ社會ノ開明ト殆ント正比例ヲナスモノナリ否ナ宗敎心ノ發達ハ假令古代ト雖𪜈大ニ自然人ノ意思ヲ支配シタルコトコレアリト雖𪜈开ハ短ニ宗敎ニ關スルノミニシテ法律社會ニ迄此觀念ノ發生シ居リタリト云フヿ能ハサルナリ勿論古昔ニアリテハ宗敎ト法律ト互ニ相混同シ居タルヲ以テ宗敎的意思ハ又法律ノ支配セサル所以ノ理無キカ如キモ宗敎ト法律トヲ今日ヨリ區別シテ考フレハ意思ハ宗敎ニ大ナル關係ヲ有シタリシモ法律ニハ些少タモ效力ヲ有セサルコトヲ知ルベシ

近世ニアリテハ大ニ進歩シテ人類ノ意思ハ總テノ行爲ノ根源ナルニヨリ可成之レヲ尊重セサルヘカラサルヲ唱フルニ至レリ何トナレハ前段ニ於テモ説述シタルカ如ク人ノ法律上責任ヲ負擔スルニハ其根基タル行爲不行爲ハ眞正ニ自己ノ意思ノ發動ナラサルヘカラサルハ一般ニ學者ノ承諾シ居ル如ク其人ノ行爲ハ決シテ輕視スヘキモノニアラス故ヲ以テ其行爲ノ眞正ヲ得ンニハ第一行爲ノ原因タル意思ノ發動ニ大ニ注意セスンハアラサルナリ意思ノ發動ニ注意ストハ其行爲ハ果シテ瑕瑾ナキ意思ナルヤ

否ナヲ審査スルニアリ若瑕疵アリトセハ其行爲タル未タ或人ノ行爲トシ充分ナル法律上ノ効果ヲ付スヘカラサルナリ是レ自主ノ目的ト云フトキハ其向カハントスル意思ハ必ス自由ナル無制限ノモノナラサルヘカラサルヲ要スル所以ナリ之ヲ例セハ茲ニ一人ノ男アリ手ニ銃ヲ持チ將ニ空中ノ飛鳥ヲ捕ヘントセシニ他人其筒先ヲ握リ突然通行人ニ擬シ遂ニ人ヲ殺傷セシメタリトセンカ刑法ハ之ヲ問フニ過失犯ヲ以テスルカ余輩ハ斷然其不論罪タルヿテ信スルナリ(勿論他ニ毫モ過失ナキモノトシテ)何トナレハ人ノ害ヲ被リタルハ全ク他人ノ行爲ニシテ自己ノ意思ハ毫モ之ニ向ハサルモノナリ換言セハ男ノ行爲ニ原因スルニアラスシテ他人ノ所爲ニ基スルモノナリ又之ト同シク人ニ捕縛セラレ外國ニ送ラルヽモノアリトセンカ被捕縛者ハ現ニ外國ニアリト雖圧其渡航ナルモノハ何人ノ所爲ナルヤ多少被捕縛者ニ意思ノ自由アリトスルモ其自由ニシテ完全ナラサル塲合ハ此渡航ヲ目シテ被捕縛者ノ自主ノ獨立ナル目的ト云フコト能ハサルナリ即チ被捕縛者ノ航海ハ他人ノ行爲ニ基クモノニシテ自己ノ自由ナル

意思ニヨリ生シタルモノニアラス而シテ此原則ハ絶對ノモノナリ勿論法律學ノ範圍ヲ超越シテ尙ホ適用スルコトヲ得ルナリ見ヨ渺々タル海水ノ常ニ風神ノ爲メ動搖シテ止マラサルモノ之ヲ目シテ自主ノ目的アリトナスカ柳樹ノ軟風ニ從ヒ恰カモ髮ヲ櫛ルカ如キモノ之ヲ目シテ自由ノ働作ナリト云フコトヲ得ヘキ乎素ヨリ水及樹木ハ無機物ニシテ意思ノ存在ナキモノナルカ故ニ人類ト同一ニ之ヲ論スルコト能ハサルハ甚タ見易キコトニ屬スト雖モ假リニ意思アリトスルモ其動搖スルコトノ他ノ力ニヨリ發生スルモノナルトキハ勿論自主ノ目的アリト云フコトヲ得サルナリ從テ自然ノ人類ト雖モ其意思ノ活動ニシテ本條件ヲ具備スルニアラサレハ未タ之ヲ獨立ノ目的アルモノト云フコトヲ得サルナリ

形式上ノ條件トシテハ國法ノ認許又ハ附與アリテ之レヲ保護スルニアルモノナリ認許トハ自然人ノ人格ニ付テ云フモノニシテ附與トハ無形人ノ人格ニ付テ云フモノナリ而シテ自然人ハ內國人タルト外國人タルトヲ問ハス一般ニ人格ヲ有スルヲ原則トナスカ故ニ法律カ一般ニ之ニ人格アルコトヲ認メアルヲ

以テ認許ノ方法ニ種々アラスト雖トモ法人ニ付テハ自然人ニ對スルト異ナリ目的ヲ認與シテ之ヲ保護スルノ形式必シモ一樣ニアラサルナリ例ヘハ商事會社ノ如キハ一定ノ準則ニ隨ヒテ即チ法人タルコトヲ得ルモノアリ又公益法人ノ如ク主務官廳ノ許可ヲ得サル上ハ其成立ヲ認メサルモノアリ故ニ古來ヨリ法人ノ設立ニ關シテ左ノ二三ノ主義アリ

（甲）國長特許主義　國長特許主義トハ單ニ其國ノ長タルモノヽ任意ニヨルモノニシテ法則ニヨリ一定ノ條件ヲ具ヘタルモノハ忽チ法人タルコトヲ得ト云フモノト全一ニアラサルナリ此主義ハ絕對ニ行ハルヽモノニアラスト雖ㇼ財團法人ノ如キ若クハ公益上ノ社團法人ノ如キ此方法ニヨルモノ往々アリトス我國ノ主務官廳ノ許可ヲ要スルトナシタルモノ即チ此主義ニ則リタルモノナリ

（乙）自由設立主義　此主義ハ極メテ便宜ナルカ如キモ却ツテ弊害ヲ流出スル憂アリトス故ニ各國トモ此主義ニヨルモノナシ蓋シ法人ナルモノハ多數ノ人類ヨリ成立スルモノナルカ故ニ如何ナル結果ノ重大ナルコトヲ釀

造シテ國家社會ノ不利益トナルヤモ難計ケレハナリ此故ニ法人ノ認許ハ不許ヲ原則トシ種類ヲ限リ或ハ國長ノ許可ニヨラシメ或ハ認可ヲ受ケシムル方治政ノ宜シキヲ得タルモノナルヘシ

（丙）準則主義及ヒ認可主義　此二主義ハ極メテ近世ノ思想ニ叶フモノナリ若シ之ヲ絶對ニ國長ノ許可ニヨラシムル片ハ權力亂用ノ弊アリテ社會ノ進歩ヲ妨害スルコトアリ又之ヲ自由タラシメンカ前號ニ於テ述ヘタルカ如ク社會ノ秩序ヲ危フスルコトナキ能ハス故ニ此二者ノ極端ナル主義ヲ避ケテ一定ノ法人ニ限リ或ル準則ニ隨フ時ハ法人タルコトヲ得トセルハ大ニ社會ノ必要ニ應スルノ方法タルモノナリ故ヲ以テ我國ニ於テモ商事會社又ハ營利ヲ目的トスル法人ハ凡テ此規則殊ニ準則主義ニヨルコトトナセリ

以上何レノ主義ニヨルモ法人ヲ創造スルニ於テ異ナルコトナシ然レ𪜈法人トナルト否トハ其利害大ニ第三者ニ關係スルモノナルカ故ニ今日一般ノ慣例ハ第三者ニ對スルノ條件トメ登記ナル公示方法ノ手續キニヨルコ

トトナセリ論述茲ニ至リ一言スヘキコトアリ即チ外國法人ノコト是ナリ抑モ外國法人ナルモノハ直接間接ニ我國ノ法律ノ許與ニヨリ人格ヲ主張シ能フヘキモ其ノ成立ハ外國法ノ擬制ナルヤ將タ内國法ノ擬制ナリヤト云フニ或ル論者ハ之ヲ以テ内國法律ノ直接ノ結果ナリト云ヘリ而シテ其理由ハ外國法ハ内國ニ及ハサルニヨルヲ以テ外國ニ迄テ法人ノ擬制ヲナスコト能ハサルナリ

此レ誤リナリ勿論外國法ハ内國ニ効ナシト雖モ若シ其擬制ヲ許可シタルトキハ論者ハ如何ニ辨明セントスルカ余ハ此法人ハ依然外法ニヨリ成立シタルモノト見ルナリ何トナレハ我國ニ於テ外國法ノ効力ヲ認ムルニ於テ毫モ不可ナクレハナリ故ニ其結論トシテ右ノ場合ト雖モ二箇ノ人格存在スルモノト見ルニアラス只其範圍ヲ擴張シタルニ過キサルモノナリ

第三節　人格ノ範圍

人格ノ範圍トハ普通ニ所謂人格ノ分類ヲ包含スルモノナリ先ツ普通ノ範圍ヨリ之ヲ説明セントス

人格トハ前述ノ如ク國法ノ認許又ハ附與ニヨリテ發生スルモノニシテ獨立シテ存在スルモノニアラサルナリ故ニ其範圍ハ國法ノ定ムル處ニヨルモノトス隨テ法律ノ變更ハ自カラ人格ノ範圍ニ影響ヲ與フルモノナリ然レ𪜈人ハ之ニ對抗シテ人格ノ剝奪又ハ範圍ノ制限ヲ拒ムコトヲ得ス是レ人ハ國權ニ服從スルヨリ來ル當然ノ結果タルト仝時ニ又人格ハ國家カ其獨立ヲ計ルコトヲ得ル限リニ於テ附與シタルニヨルモノナリ

人格ヲ分類シテ公人格及私人格トナスハ從來ノ學者ノ採ル所ノ主義ナリト雖𪜈此觀念ハ未タ正當ナルモノニアラス何トナレハ人格ハ一ニシテ公私ノ區別アルニアラス只見方ノ異ナルニヨリ一方ヨリ觀察シテ或ハ公法上ノ人格ト云ヒ或ハ私法上ノ人格ト云フニ過キサルナリ之レヲ市町村ニ例フルモ元來市タリ町村タルモノハ一箇ノ人格者ニシテ二樣ノ活動ヲナスコトヲ得ルニ外ナラサルモノナリ即チ或ル場合ハ權力ヲ行使シテ町村ノ住民ニ命令シ或ル場合ハ權利ヲ行使シテ一箇人ト法律上ノ行爲ヲナス是レ蓋シ市町村ノ人格ハ他ノモノニ比シ人格ニ廣狹ノ差アルニ過キサルナリ今市町村ノ人格ノ範圍ヲ見ルニ

人格ヲ假リニ權力的人格公權上ノ人格及私權上ノ人格ノ三個ニ分別スル時ハ何レノ人格モ之レヲ合スルモノナリ又一箇人ニ付テ謂ヘハ町村ノ如ク權力ヲ行使セサルカ故ニ此種ノ人格存在スルコトナシ然シ均シク公權上ノ人格ト雖モ同一ノ範圍ヲ有スルモノニアラサルヲ以テ人ニヨリ又異ナル範圍ノ人格ヲ有スルモノナリ

要之人格ノ範圍ナルモノハ一ニ法律ニヨリ定マルモノニシテ時々法ノ變更ニヨリ其範圍ニ伸縮ヲ生ズル者ナリ故ニ人格ノ範圍ハ現行法ノ規定ノ如何ニヨリ之ヲ知ルヨリ外ニ途ナキモノナリ而シテ此人格ノ範圍ナルモノヽ廣狹ハ大ニ吾人ノ利害ニ至重ノ關係アルモノナルカ故ニ若シ他人又ハ行政官府ノ不當處分ニヨリ毀損セラレタル塲合ハ之ヲ主張シテ救濟ノ法ヲ講スルコトヲ許サヽルベカラス公權ノ訴訟タルモノナリ此人格ナルモノヲ國法ノ上ニ認メ且ツ之ヲ侵害シタル塲合ニ一定ノ官廳ニ訴ヲ提起シ由リテ以テ人格ノ安全ヲ主張スル所以ハ蓋シ立憲ノ美果ノ一ニシテ吾人臣民ノ安全幸福ハ之ニヨリ滿全ナルコトヲ得ルモノナリ

第三章　權利

第一節　權利ノ意義

抑モ權利ナルモノハ社會ノ生存ノ一要件トシテ人格ト同シク發達シ生長シタルモノナリ凡ソ人類ノ多數相集合シテ玆ニ家族ヲナシ又ハ社會ヲ成立セシムルニ於テハ吾人ノ自由ハ往々他人ノ自由ト衝突シテ充分ナル意思ノ主張ヲナスコト能ハサルナリ大古草昧ノ時代ハイサ知ラス稍々人類ノ集合カ複雜トナルニ於テハ同一ノ土地ニ數人ノ意思ヲ主張スルコトアリ盖シ人ハ天然的ニ自己ノ利益ヲ計ルニ汲々タルモノニシテ道義心ノ發動ハ極メテ勢力ヲ缺クモノナルカ故ニ毫モ一歩ヲ讓ラサルヲ常態トナセハナリ自己ニ於テ斯ノ如クナルモノナルヲ以テ他人モ亦其欲スル所ヲ主張スルモノナリ故ニ强者ノ弱者ヲ仆シテモ尚之レヲ顧ミルコトナク世ハ遂ニ憐ムヘキ常態ニ進行スルモノナリ是レ豈ニ社會生活ノ本旨ナランヤ抑モ亦人類ノ常則ニアラサルナリ之レヲ近ク我國ノ歷史ニ考フルモ忽チ想像スルコトヲ得ルナリ蓋シ足利氏ノ末世以來武人各其慾望ヲ全クセンカタメ征討征伐是レ事トシ德川氏ノ江戶ニ幕制ヲ布ク

權利ノ意義ニ關スル學說

ニ至ル迄ハ殆ント世ハ所謂暗國時代ニシテ強者ハ兵力ヲ專ニシテ毫モ顧ミル處ナク權威ヲ弄シ反之弱者ハ一日モ安スル日ナク今日ノ所領モ明日ハ他人ニ強奪セラレ殆ント猛獸ノ原野ニ於ケルカ如キアリテ權利ナル觀念ハ毫モコレナカリシ故ニ苟シクモ社會ニ多少ノ秩序的觀念發生シタル時ニ於テハ未タ國家ヲナサストスルモ權利ナルモノノ類似ノモノ存在セサルヘカラス是レ今日ノ國家社會ニ權利制度アリテ各人ノ生活ヲ保護シ各一定ノ範圍內ニ於ケル充分ナル目的ヲ達セシメントスル所以アリ換言スレハ權利ハ文明ナル社會生活ニ必ス要スヘキ一ノ手段トメ認メ得ラルヽモノナリ茲ヲ以テ吾人カ或ル權利ヲ有スル時ハ此範圍ニ他人ノ意思ノ主張ヲ許スヿナク自己ノ自主タル目的ヲ達スルコトヲ得ルナリ要之權利ナルモノハ社會ノ全躰ヨリ之レカ創造シタル所以ヲ見レハ實ニ生存ノ要件ノ一ニシテ個人ノ目的ヲ標準トメ觀察スル時ハ又一種ノ手段タル性質ヲ有スルモノナリトス以下權利ニ付其意義ヲ說明セントス欲ス但シ權利ノ意義ニ付テハ數多ノ異ナル學說アルヲ以テ先ツ此學說ヲ擧ケテ其當否ヲ論究セン

第一說　強制主義　此主義ニヨレハ權利トハ强行シテ自己ノ滿足ヲ得ルノ方便タルモノナリト云フニ在リ

此說ハ一見明瞭ニシテ通常人ニ分明シ易キカ如シ然レ𪜈此主義ハ權利ト國權ノ保護トヲ混同スルモノニシテ法理上正解ヲ得タルモノト謂フヘカラサルナリ何トナレハ權利ハ國家ノ附與スル所ニカヽルヲ以テ其權利ノ滿全ヲ得セシムルタメ個人ノ請求ヲ俟ツテ國權ニヨリ强行シテ義務ノ履行又ハ其他ノ滿足ヲ與フルヲ常トスルモ是レ權利ノ活動ニアラズ國家權力ノ活動ニヨリ個人ノ權利ノ保護ヲ充分ナラシムル方法タルモノナリ故ニ此保護アルカタメ權利存スルニアラスシテ權利アルカタメ此保護アルモノナリ從テ權利ト權利ノ保護トハ之ヲ區別シテ論セサルヘカラス

要スルニ此主義ハ實際ノ現象トシテ民事ノ强制執行等アルヨリ之ニ由リ以テ立言シタルモノニシテ分析シテ推考スルニ於テハ未タ正鵠ヲ得タルモノト謂フヘカラサルナリ

其ノ二

第二說　持分說　此主義ニヨレハ權利ハ個人生活ノ資料トシテ有スル一定ノ持分ナリト云フ然レトモ持分トハ如何ト云フニ甚タ漠タル見解ニ基クモノナリ故ニ法理ノ說明トシテハ此主義未タ完全ナルモノニアラス勿論權利ハ一定ノ持分タルニ外ナラスト雖モ權利ハ單ニ持分ナリト云フハ其何ノ意ナルカ之ヲ他人ニ他ノモノト區別シテ知得セシムルコトヲ得サルナリ

其ノ三

第三說　利益說　此主義ハ極メテ近世ノ學說ニカヽレリ此說ニヨレハ權利トハ法律ノ保護ニヨリ主張スルコトヲ得ル利益ナリト云フニアリ故ニ此說ニヨレハ權利ノ要素ヲ利益ニ採ルモノナリ然レトモ此利益ノ觀念ハ主觀的ノモノナルカ故ニ一人ノ權利トスルモノ必スシモ他人ニヨリ權利タルコト能ハス是レ此說ノ缺點ナリ加ノミナラス利益ナルモノハ權利ノ實質ニアラサルテフ學說ノ大ニ勢力ヲ占メタルモノアルニ於テヲヤ

最良定義

第四說　意思說又ハ自由說　此說ニヨル時ハ權利トハ國法ノ保護ニヨリ主

張スルコトヲ得ル意思ノ情態ヲ謂フモノヽ如シ此說ハ學者ニヨリ半錢ノ價値ナキモノトシテ輕視セラルルヿアリト雖モ能ク權利ノ性質ヲ論究スルニ於テハ却ツテ此右ニ出ルモノナカルヘシ請フ左ニ少シク之ヲ詳述セシメヨ

第一ニ此說ニ批難ヲ容ルヽモノハ意思ノ點ニアリ權利ハ意思ノ或ル情態ニ存スト云フニアルヲ以テ意思ノ存在ヲ缺クモノニ付テハ如何ニ之ヲ說明スヘキカト是レ最モ意思說ヲ主張スルモノヽ敗北ヲ見ル所ナリ通常ノ意思學者ハ種々ナル說ヲナシテ或ハ意思ハ權利ノ發生ニハ必要アルモ其存續ニハ之ヲ缺クモ不可ナシト謂フ或ハ現ニ意思ナキモ一定ノ場合ニ之ヲ主張スルコトサヘ得ルニ於テハ毫モ權利ノ存在ニ影響ヲ與フヘキモノニアラスト云ヘリ然レモ是レ甚タ理由ナキノ說ニシテ我ト主義ヲ同シクスルモノヽ（即チ意思主義）常ニ利益主義其他ノモノニ敗北ヲ見ル所ナリ

茲ニ於テ乎或ル學說ハ尙ホ意思主義ヲ辯護シテ意思ハ權利ノ要素ナリト雖モ此意思ナルモノハ常ニ積極的ニ活動スルコトヲ要セサルナリト而シテ其消極的ノ意思トハ如何ト云ニ至リテハ何等ノ解釋ヲ與ヘサルカタメ毫モ見ル可ヘキノ値ナキナリ

然レモ著者ハ右ノ如キ理論ニヨリ意思主義ヲ採用シタルモノニアラス故ニ意思ニ消極ト積極トヲ區別スルノ要ナク又權利ノ獲得ト行使トヲ區別スルノ必要ナキナリ然ラハ如何ナル論法ヲ以テ勝旗ヲ飜スヘキ乎ト云フニ

曩ニモ述ヘタルカ如ク權利ハ法ノ保護ニヨリ主張シタル意思ノ情態ヲ云フカ故ニ意思ハ絕對ニ之ヲ必要トスルモノナリ左ニ其理由ヲ說明セン抑モ法律カ人ニ權利ナルモノヲ認タルハ其人ノ獨立ノ目的ヲ達セシメンカタメニ外ナラス而シテ其獨立ノ目的ノ主躰ハ人格ニシテ人格ニハ必ス意思能力ノ付隨スルモノナリ故ニ人格者ハ其意思ニヨリテ權利ヲ有シ又ハ之ヲ行使スルモ

ノナリ從テ更ニ此ノ處ニ意思ノ有無ヲ論スルノ必要ナキナリ若シ此場合ニ意思ナキコトヲ主張セハ人格ノ議論ニ溯ラサルヘカラス然レトモ人格ニ意思ヲ要件トスルコトハ一般ノ學者ノ是認スル所ナリ然ルニ尙是ヲ喋々セントスルハ甚タ矛盾シタル說タルヲ自稱スルモノナリ豈奇ナラスヤ

左レハ殊更說明スルノ要ナキニ似タレ𪜈少シク意思ノ擬制ニ付權利ノ觀念ヲ明ニスルタメ說述セン

蓋シ國法カ人ニ人格ヲ認ムルハ茲ニ人ノ獨立ノ目的ヲ許與スルニアルモノナリ幼者又ハ法人ノ如キ事實ニ於テ自己ノ目的ナシト雖𪜈法律ハ之ヲ推測シ又ハ創造シテ之ヲ附與スルニアルカ故ニ其行爲ノ中ニ意思アルコトハ包含スルモノナリ何トナレハ目的ハ自由意思ノ發動スルニ生スル現象ナルヲ以テ目的ヲ與ヘテ意思ノ存在ヲ擬制ニヨリ認メサルハ既ニ矛盾スルノ行爲タルモノナリ故ニ茲ニ目的ヲ附與スルトキハ其手段ハ問ハスシテ自カラ

存在スルモノト謂ハサルヘカラス

從テ右ノ理ヲ應用シテ權利ヲ考フルニ前提ニ示スカ如ク權利ハ法律ノ保護ニヨル個人ノ意思ノ情態トシテ毫モ不都合ヲ見サルモノナリ蓋シ事實上ニ於テ各場合ヲ想像スルトキハ成年者カ一時知覺精神ヲ失ヒタル時又或ハ法人ノ理事ニ欠缺ヲ生シタル爲メ後任者選擧迄ノ間ハ權利コレナシト云ハサルヘカラス然レ𪜈何人ト雖𪜈斯ノ如キ場合ハ依然トシテ權利ノ消滅セサルコトヲ主張スルナルヘシ尙ホ好適例アリ即チ彼ノ相續財産是ナリ相續財産ハ一ノ人格トシテ之ヲ認ムルハ近世一般ノ法理ノ許ス所ナリト雖𪜈事實上ニ於テ意思能力ノナキコトハ何人モ爭ハサルナリ然カモ權利ヲ有シ義務ヲ負擔スルコトヲ非認セス是レ豈ニ法律ノ假定ナリト謂ハサルヲ得ンカ

論シテ玆ニ至レハ全然意思説ニ反對スルモノニ於テ意思アリトナス人格者ニ事實上意思ナキコトアルハ右ノ如クニシテ尙ホ之

ニ意思アリト謂フハ如何ニト論者ハ危辯ヲ弄スルモ法律ノ假定ニ基クト謂ハサルヘカラス果シテ然リトセハ法律ノ擬制ニヨリ意思ヲ人ニ與フハ甚タ必要ノ事柄ニ屬シ人格成立ノ一要件ヲナスモノタラスンハアラス
故ニ法人未成年ニシテ二三歳位ノモノハ事實上意思ナシト雖モ法律ノ假定ハ之ニ意思アルモノトナスヲ以テ此假定ノ意思ニヨリ權利ノ性質ヲ説明シ得ルモノナリ
茲ニ全シク意思説ヲ主唱スル者ニ於テ左ノ如キ説ヲナスモノアリ曰ク幼者法人等ニハ事實上意思ナキト雖モ幼年者ハ後見人法人ハ理事等ノ機關ニヨリ意思ヲ主張スルモノナリ此後見人タリ又タ理事タルモノハ元來自然人ニシテ自己固有ノ意思ヲ以テ主張スルモノナルモ其主張スル所ハ他人格者ノ代理人トシテ行フ所タルヲ以テ法律ハ之ヲ幼年者又ハ法人ノ意思ト見做スモノナリト然レモ此説ハ後見人又ハ理事等ノ欠缺ノ場合ヲ如何ニ説明

セントスルカ大ニ差支ヲ生スルモノナリ盖シ其說ク所一片ノ理由ナキニアラス然レ𪜈法理ノ推定ト事實上ノ議論ヲ混仝スルモノニシテ正當ナルモノニアラス何ヲカ法理ノ推定ト云フヤ他ナシ人格ノ認與ハ意思ト目的トヲ兩々不分的ニ人ニ許與シタルコトヲ謂フモノナリ勿論實際上ニ於テハ後見人又ハ理事等ニヨリ行ハサルヘカラス是レ前說ノ如ク說クノ優レルニ如カサルナリ

以上ハ主觀的ニ權利ヲ觀察シタルモノナリ若シ之ヲ客觀的ニ觀察センカ權利ハ自由ナリト謂フコトヲ得ヘシ勿論茲ニ所謂自由ナルモノハ通常ニ所謂廣大無制限ノ性質ヲ有スルモノヲ意味スルモノニアラス此注意ニヨリ權利ノ自由ナルモノヲ說明センニ元ト此自由ナル文字ハ不自由ナル文字ニ對峙シテ唱ヘラル丶モノニシテ主張スル意思ニ毫末ノ制限ナキ狀態ヲ稱シテ客觀的ニ之ヲ自由ト云フモノナリ學者或ハ私權ノ實質ハ利益ニシテ公權ノ實質ハ自由ナリト雖𪜈權利ノ實質ニ公權タルト私權タルトニ

ヨリ區別アルノ理ナク又自由トハ右ノ如ク客觀的ノ狀態ヲ云ヒ表スモノニ外ナラサルカ故ニ之ヲ以テ權利ノ實質ナリト云フハ誤謬モ甚タ大ナルモノナリ

權利ハ法ノ保護ニヨリ主張スルコトヲ得ル意思ノ情態ナリト云フハ是ヲ實質ニヨリ定義シタルモノナリ而シテ此定義ノ分析ニ付テハ次節ニ於テ詳細ナル說明ヲナサン然レヒ世ニ往々權利ノ定義ヲ實質ニヨリテノミ觀察スルヨリ之ヲ誤認シテ權利ヲ人生ノ目的トナセリ是レ豈ニ注意セサルヘカラサルコトナリ

抑モ人ハ社會ニ權利ヲ有スルノ目的ヲ以テ生存スルモノニアラス必スヤ他ニ至大至高ノ目的存在スルモノナリ此至大至高ノ目的ハ或ハ固有ニ有スルモノヲ法律ニヨリ認許セラレ又法人ノ如ク假定ノ人格ハ始メヨリ法律ノ附與スル所ナリ而シテ此等ノ目的ヲ發達セシカタメ國法ハ又權利ナル一手段ヲ認許スルモノタリ例ヘハ吾人カ一種ノ目的タル代議士トナリテナス處アラント

スルカ其代議士トナリテ自己ノ抱負ヲ吐露スルヲ目的トセハ此目的ヲ達セシカタメ議場ニ發言ヲ試ミントスル權ヲ與フルナリ目的ト手段トハ互ニ相對的ノモノナルカ故ニ一躰ニ論スルコト能ハサルモ抱負ノ吐露ヲ目的トスルニ於テハ議場ニ發言ヲ試ミントスルノ意思ノ活動ハ即チ一種ノ手段トメ存スルモノニシテ是レ權利ナリ又私法上ノ權利ニ付テ設例セハ吾人カ債權ニヨリ自己ニ財產ノ利益ヲ得ルヲ目的トセハ其利益ハ債權ノ目的ナリト雖ヒ債權其モノハ財產上ノ利益ヲ得ヘシトスルノ手段タルニ過キサルナリ故ニ權利ヲ目的ト相對シテ定義スレハ正ニ左ノ如ク謂フヲ得ヘシ即チ權利トハ法律ノ保護ニヨリ各自ノ獨立ノ目的ヲ遂行セントスル唯一ノ手段ナリト

由是視之權利ノ實質ヲ利益ナリト云フハ目的ト手段トヲ區別セサルノミナラス權利ハ人生ノ目的ナルカ如キ觀念ヲ想起セシムルノ缺點アリトス

以上ノ定義ニヨリ之ヲ見ルニ最終ノ說ハ極メテ眞理ヲ得タルモノナルカ如シ故ニ著者ハ此定義ニ隨ヒ次節以下之ヲ論明セン左ニ右ノ要點ヲ表メ以テ示セハ權利ハ左ノ二方面ヨリ觀察スルコトヲ要ス

定義
- 權利ノ實質ヨリ之ヲ定義スレハ下ノ二ニ分ル
  - 主觀的　權利トハ法律ノ保護ニヨリ主張スルコトヲ得ル意思ノ常態ヲ云フ
  - 客觀的　權利トハ法律上ノ自由ナリ
- 權利ヲ目的ニ對シ定義スレハ……權利トハ法律ノ保護ニヨリ自主ノ目的ヲ達セントスル手段ナリ

第二節　權利ノ要素

以上述ヘタルカ如ク實質上ノ主觀的權利定義ハ普通ニ學者ノ唱道スル所ニ係リ又極メテ必要ナルカ故ニ本節ニ於テハ之ヲ分析シテ權利テフ觀念ニ必至缺クヘカラサル要件ヲ説明セン

而シテ其要件ノ第一ハ主格ニシテ此主格ハ權利主格ト義務主格トニ分ル第二ハ意思ニシテ權利ノ實質ヲナスモノナリ第三ハ法律ノ保護ニシテ第四ハ人ノ行爲不行爲即チ是ナリ

要素ノ其一

第一　意思カ權利ノ實躰的要素トシテ必要ナルコトハ更ニ喋々ヲ要セサルヲ以テ之ヲ説クコトヲ止テ直チニ第二以下ノ要件ヲ説述セン

其ノ二

第二　國法ノ保護　國法ノ保護ニハ數多ノ形式アリ左ニ是ヲ説明セン

（甲）　法律ノ反射ニヨル保護

法律ノ反射ニヨル保護トハ例ヘハ軍事上ノ必要ヨリ或ル地方ニ於テ高閣ナル建築ヲ禁シタルニ其法律ノ反射ニヨリテ其附近ナル住民ハ事實上或ハ種々ノ眺望ノ利益ヲ保護セラル丶カ如シ

（乙）　積極的ノ保護

此積極的ノ保護ト云フハ被保護者ノ獨立ノ目的ヲ認メ其目的ヲ達セシメンカ爲メ特ニナス所ノ保護ニシテ前者ト大ニ異ナル所アリ要スルニ權利ノ形式的要件トメ必要ナル國法ノ保護トハ即チ此積極ノ保護ヲ指スモノナリ彼ノ反射ニヨル保護ナルモノハ未タ之ヲ純然タル保護ト謂フコトヲ得サルナリ或ハ之ヲ以テ反射權ナリトシテ主張シ以テ權利ノ一分類トナスト雖𪜈正當ナルモノニアラス蓋シ權利ノ形式的要件トシテ積極的保護ヲ要スル以上ハ反射ニヨル保護ニテ權利ノ要件ヲ充スコト能ハサルカ故ニ權利以外ニ置クヘキモノナリ只其結果上ヨリ觀察ヲ下スハ多少相似タル點アルニ過キス

又或ル論者ノ如キハ訴權ヲ與ヘサレハ權利ヲ成立セシムルコト能ハスト然レ𪜈若シ此説ニヨル時ハ今日ニ存スル公權ノ大部分ハ訴權ナキノ故ヲ以テ權利ニアラスト云ハサルヘカラス訴權ナルモノハ權利ヲ保護スルモノニシテ訴權アリテ權利ヲナスモノニアラサルコトハ特ニ注意ヲ要スヘキコトナリ故ニ今日民事裁判ノ制ナシトスルモ民

法ニシテ存在シタランニハ吾人ハ所有權其他ノ權利ヲ有スルコトヲ妨ケサルモノナリ

其ノ三

第三　主格ニハ權利主格ト義務主格トノ二ツアリ

(甲)　權利主格

抑モ權利ハ吾人カ或ル目的ヲ達センカタメ有スル處ナルカ故ニ權利ノ存在スルニハ玆ニ權利主格ナカルヘカラス而シテ權利主格トハ即チ人格ノ謂ヒニ外ナラス從テ人格ニハ自然人格及法人格ノ二者アルコトヲ知ラサルヘカラス又人格ト權利トハ各別ニ存在スルコトヲ得サルモノニシテ人格ハ權利ノ本軀タルモノナリ故ニ此所ニ人格ノ區別ヲ畧述セン

(一)　自然人格　自然人格トハ肉軀ヲ具備スル人類ニ法律カ自存ノ目的ヲ認メテ之ヲ保護スルニヨリ成立スルモノナリ自然人ヲ人格者トナスニハ人格ノ條下ニ詳述シタル所ナルヲ以テ之ヲ論セス玆ニハ只自然人タルノ要件ヲ說明スルニ止メン

人格ヲ有シ得ル自然人タルニハ

第一　出生ノ完成スルコトヲ要ス　出生トハ母胎ヨリ迸出シタルコトヲ謂フ故ニ臍帶ハ之ヲ切ラサルモ既ニ人類トナルナリ然シ或ル場合ハ尚ホ胎内ノ兒ニ人格ヲ認ムルコトアリ

第二　出生後生存スルコトヲ要ス　死シテ出生シタルモノハ人格ヲ有セス然レ𪜈出生後獨立ノ生存ヲ保ツノ時期ノ長短ハ之ヲ問フノ必要ナシ

第三　流産ニヨリ生セサルコトヲ要ス　流産ニヨル場合ハ未タ人躰ヲ構成セサルカ故ニ又權利主躰タルコトヲ得サルナリ右ノ外羅馬法ハ小兒ノ鬼子ナラサルコトヲ要スト雖𪜈是レ果シテ人類ナルヤ否ヤハ醫師ノ鑒定ニヨラサルヘカラサルヲ以テ事實ノ問題トスルノ外ナシ

（二）　法人格

法人トハ肉躰ヲ具備セサルモノニシテ法律ノ假定ニヨリ權利義務ノ主格トナルモノナリ法律ノ擬制ノ如何ナルヤハ人格ノ

章ニ於テ之ヲ論シタルヲ以テ茲ニハ只其種類ノ重要ナルモノヲ例記スルニ止メン

第一　公法人格　公法人格トハ地方團躰ノ如キ公ノ資格ヲ有スル法人ヲ云フ市、町、村、ノ如キ又之ニ同シ

第二　私法上ノ人格　私法上ノ人格トハ目的ノ公益ニアルト然ラサルトヲ問ハス凡テ私ノ資格ヲ有スル法人ヲ謂フモノニシテ社團法人及財團法人ノ二種アリトス

（乙）義務主格　前段ニ同シ

凡テ權利ハ以上說明シタルカ如ク一定ノ人（即チ之ヲ權利主格ト云フ）ヲ有スルモノニシテ法律ノ保護ニヨリ意思ヲ以テ主張スルコトヲ得ルモノタリ故ニ一方ニハ必ス其對抗ヲ受クヘキ一定ノ人（即チ之ヲ義務主格ト云フ）ナカルヘカラス從テ權利ナルモノハ人ト人トノ平等ナル間ニノミ存在スルモノナリ若シ一方ニ於テ其對抗ヲ受クルモノナカリセハ權利ハ存在スルコト不能ナリ故ニ純然タル權利ナルモノハ債權ノ一種ニ

シテ物權其他版權特許權ノ如キ總テ權利ニアラサルナリ何トナレハ物權版權等ノ如キモノハ權利ノ最モ重要ナル義務主格ヲ欠缺スルモノナレハナリ換言スレハ直ニ有形無形ノ物ノ上ニ行ハル丶モノニシテ他人ノ此間ニ存在スルコトヲ要セサルモノナリ茲ニ於テカ通常ノ學者カ物權ノ要素ヲ掲クルニ義務主格ヲ除キ之ニ代ユルニ物(有形無形)ナルモノヲ以テセントセリ

又次節ニ於テ分説セントスル公權ナルモノモ其要素ニ至リテハ物權ト同一ナリ蓋シ公權ノ存在ヲ見ルニハ義務者ノ必要ナクレハナリ故ニ著者ハ純正ナル理論トシテハ權利ハ常ニ人ト人トノ間ニノミ存在シ自己ノ意思ニヨリ相手方ノ行爲ヲ要求スルコトヲ得ルニ過キサル對人的ノ性質ヲ有スルモノニ過ギサルコトヲ信スレトモ大方ノ學者ニハ斯ノ如キ説ヲ信スルモノナキカタメ一歩ヲ讓リ公權モ物權ナルモノモ凡テ權利ノ一種トシテ便宜上茲ニ論述セントス

故ニ公權及ヒ私權中ノ物權ナル者ヲ權利トシ論スル時ハ右ニ述ヘタル

其ノ四

（イ）權利主軆及ヒ
（ロ）意思
（ハ）法律ノ保護
（ニ）物
ノ四要件ニテ成立スルモノナリ權利主格、意思、法律ノ保護ノ三條件ニ付テハ別ニ說明セス物ノ有形ナルヲ要スルヤ否ヤニ付多少ノ議論アリト雖モ公權及物權中ノ或ル物ハ常ニ有形物ノ上ニ行ハルヽモノニアラス故ヲ以テ物ヲ有形ニ限ルハ甚タ理由ナキコトナリトス斯ノ如ク公權及物權ノ如キハ人ニ對スルニアラスシテ有形無形ノモノヽ上ニ行ハルヽヨリ其關係ハ權利ニ於ケルカ如ク平等ニアラスシテ不平等ナリ何トナレハ人ト物トノ關係ナレハナリ玆ニ於テ乎物ナル觀念ニ付詳細ノ辨明ヲナス處ナレモ物ノ如何ハ特ニ民法ニ於テ一般ノ概念ヲ養フヲ以テ之ヲ說明スルコトヲナサス

第四　行爲　行爲トハ積極ノ行爲ト消極ノ行爲トヲ包含スルモノナリ而シ

テ此行爲ナルモノハ所謂純正ナル權利ニノミ要件タルヿヲ注意スヘシ何トナレハ私權ノ物權及公權ノ總テハ其目的ヲ物ノ上ニ取リテ他人ノ行爲ヲ必要トセサレハナリ從テ義務主躰タル要件ハ玆ニ必要ヲ見サルナリ而シテ此行爲(不行爲ヲ含ム)ナルモノハ債務者ノ働クヘキモノニシテ權利者ニ屬セス必ス義務者ノ任意ノ履行ニ任セサルヘカラス若シ不當ニモ義務者ニ於テ義務ノ履行ヲナサヾルトキト雖𪜈權利者ハ直チニ義務者ニ威力ヲ加フルコト能ハスシテ必ス之ヲ平等ノ關係ニ於テ處理セサルヘカラサルナリ是レ純正權利即チ所謂債權ナルモノヽ物權等ニ比シ安固ナラサル所以ノ原因トス但シ國家ハ法律ヲ設ケ裁判所ヲ設備シテ債權者保護即チ法律ノ保護ニ任スルヲ以テ又道義ノ活動ハ常ニ權利者ノ不利益トナルモノニアラサルナリ

時ニ權利ハ物品ノ引渡ヲナスコトアルヨリ物ヲ以テ純正權利ノ目的中ニ附論スルモノアリ然レ𪜈尚此ノ塲合ト雖モ行爲中ニ包含セラルヽカ故ニ特ニ之ヲ論スルノ要アラサルナリ

第一　公權及私權

以上述ヘタルカ如ク著者ノ所信ハ公權及ヒ私權中ノ物權其他版權專賣權等ヲ純正ナル權利トナサヾレトモ假リニ一般ノ學者ノ説ニ從ヒ第三節ニ於テ之ヲ權利トナシ以テ分類ヲナスナリ

第三節　權利ノ分類

權利ノ分類ハ學者ニヨリ各々異ナルト雖トモ就中理論ニ相合セルモノヲ揭ケテ之ヲ説明セン

第一　公權及私權

公權及私權ノ區別ニ關シテハ種々ナル學説アリト雖トモ其重要ナル者ヲ擧レハ

第一　ハ法律ニ於テ公權ト定メタルモノヲ公權ト云ヒ私權ト定メタルモノヲ私權ト云フニアリ故ニ此説ニヨレハ例ヘハ現行刑法ニ於テ國民ノ特權官吏ト爲ルノ權勳章年金位記貴號恩給ヲ有スルノ權外國ノ勳章ヲ佩用スルノ權兵籍ニ入ルノ權裁判所ニ於テ證人トナルノ權後見人トナルノ權分散者ノ管財人トナルノ權會社及共有財產ヲ管理スルノ權學校長及敎師學監トナルノ權等ヲ公權ト謂ヒ其他ノ者ヲ凡テ私權ト云フニ歸着ス然レトモ右ニ列擧シタルモノハ

何故公權ナリヤト云フニ至リテハ未タ何人モ明解ヲ與ヘタルモノナキナリ論者或ハ刑法等ニ公權トシタルモノハ公益ノタメ制定シタル權利ナルカ故ニ之ヲ公權ト云フニアリ故ニ公權トハ國法カ認メテ公益ノタメ設定セラレタル權利ヲ云フモノナリト雖モ是レ盡サヽル所アリ勿論權利ハ直接ニ間接ニ公益ノ目的ヲ出テサルハナシ然ルニ是ヲ以テ公益ノタメ設ケタルモノト否ラサルモノト區別スルハ甚タ理由ナキコトニ屬スルナリ若シ之ヲ區別スルニ多少ノ理由アリトナスモ未タ權利ヲ公權私權ト分類スルノ必要ナキナリ彼ノ刑法カ公權トシテ國民ノ特權以下數個ノ權利ヲ認メタルハ或ハ論者ノ説クカ如キ利益ヲ標準トナシタルニアラン然レモ法理ノ説明トシテ既往制定ノ法律ニ覊束セラルヽハ甚タ不可ナル所アリ

第二　ハ主躰ニヨリ區別スルモノ即チ公ノ資格ヲ有スルカ其公ノ資格ニ於テ享有スルモノヲ公權ト云ヒ私人又ハ公人カ私ノ資格ニ於テ有スルモノヲ私權ト云フモノナリ此主義ハ經濟學者カ普ク唱道スル所ニシテ國家ノ主權ノ作用ヲ公權的作用ト云ヒ私人ノ資格ニ於テ有スルモノヲ私權ト云フ然レモ是レ一

個ノ學説トシテ聞クニ止マリ重要ノ區別ニ云フコトヲ得サルナリ

第三　ハ廣ク政治社會ニ用ヒラル、所ニシテ此説ヲ採ルモノハ臣民カ國ノ政治ニ參與スルノ權ヲ總稱シテ政權又ハ公權ト云ヒ其他ノモノヲ私權ト云フニ在リ而シテ此説ハ尙ホ公權ノ要素トメ公權ハ臣民タル資格ニ隨伴スルモノナレトモ私權ハ人カ社會的生活ヲナスニ由リテ享有スルヿヲ得且ツ內外人ノ區別ヲナサヽルモノナリト云ヘリ然レトモ臣民カ政務ニ參與スルハ果シテ權利ナルヤ否ヤ蓋シ疑ハサルヘカラサルモノナリ玆ニ於テ平論者ハ是ヲ辯解スルタメ公權ノ特質ハ義務ヲ包含スルモノトナセリ詳言スレハ私權ハ純然タル權利ナレトモ公權ハ多少之ニ義務ノ分子ヲ交ユルモノナリト云フニアリ是レ豈ニ奇論ト云ハサルヘカラス勿論權利ヲシテ個人ノ目的ニ合セシムルヲ要セストセハ又論スルコトナキモ苟モ前述セル權利ノ定義ニヨリテ其ノ當否ヲ判定セハ權利ニ義務ノ隨伴スル混合ノモノアリト云フコトヲ得ルカ大ニ不當ノ見解ト云ハサルヘカラス是レ此説ノ不可ナル所以ナリ

第四　ハ實質ニヨリ區別スル説ナリ勿論此論者ノ所謂權利ノ實質ナルモノハ

著者ノ見解ト同一ニアラス曰ク公權トハ自由ノ權ニシテ私權トハ財產上ノ權利ナリト蓋シ公權ハ其實質ヲ自由ニ採リ私權ハ其實質ヲ利益ニ採ルニアルナルヘシ而シテ此說ヲ採ルモノハ說明シテ曰ク人格トハ自主ノ權能ニシテ人カ法律ニ依リ意思ヲ以テ之ヲ主張スルニヨリ發動スル權利ナリ而シテ人ノ意思ヲ以ヲ人格ヲ主張スル所以ハ畢竟人格ノ自衞ノタメニスルモノナリ從テ公權ハ或ル方面ヨリ觀察スル時ハ人格自衞ノ權ナリト謂フコトヲ得ヘシ反之私權ハ單ニ個人ニ財產上ノ利益即チ生活ノ資格ヲ與ヘルタメノ權利ナリト云ヘリ勿論此說ヲ唱フルモノハ前ニモ述ヘタルカ如ク余ト相異ナル所ヨリ公權私權ノ區別ニ至リテモ亦其全一ナラサルハ或ハ至當ナリト雖モ私權ノ範圍ヲ單ニ財產上ノモノニ制限シタルニ至リテハ又多少異論ヲ試ミルノ點アリ何トナレハ後ニモ述フルカ如ク著者ノ見解ニヨル時ハ私權ナルモノヲ物質上ノモノニ限ラサルカ故ニ右ノ說明ハ其範圍ニ於テ少シク狹隘ナル恐アルナリ又公權ヲ自由權ト云ヒ私權ヲ財產權ト云フニ至リテハ大ニ其不當ナルコトヲ主張セサルヘカラス

何トナレハ總テ公權ト私權トヲ問ハス權利ノ實質ハ意思ナリトスルヲ以テ正當ナリトスレハナリ其何故ナルヤハ第一節ニ於テ詳述シタル所ナルカ故ニ讀者之ヲ參照セラルヘシ況ンヤ公權ト私權トノ實質ヲ異ニスルニ於テヲヤ公權ヲ權能ノ發動ナリトスルハ權能ノ觀念ノ異ナルニヨリ斯ク論定スルニアルヲ以テ强テ之レヲ批難スルニ於テハ又タ人格論ノ問題ナルカ故ニ是ヲ玆ニ評論セス直チニ著者ノ所信ヲ陳述セン

要之第一説ヨリ第三説迄テ各其説明スル所ニ於テ多少ノ理由アリト雖氏又各多少ノ缺點アリテ未タ全部ヲ上クテ賞揚スルモノナシ故ニ以下最モ正當ナリト信スル所ヲ述ヘンニ公權トハ人格者カ意思ヲ主張スルニヨリテ發動スル權利ニシテ私權ハ人カ意思ニヨリ主張スル事ヲ得ルモノナリ故ニ公權ハ畢竟スルニ人格ノ自衛ニアリテ是ニヨリ益其安全ヲ致スモノナリ即チ前説ニヨレハ公權ハ同シク人格ノ自衛ナリト雖氏人格即チ權能ヲ主張スルト否トニ於テ別アルナリ詳言スレハ前者ハ意思ヲ以テ權能ヲ主張シテ權能ヲ保護スルニアレ氏後者ハ意思ヲ主張シテ權能ヲ保護スルニアリ是レ蓋シ一方ハ人格ヲ自主ノ

權能トスルモノニシテ他方ハ自主ノ目的ノ主躰ヲ人格トナスヨリ來ル差異ナリトス然ラハ公權ト私權トハ如何ナル點ニ於テ判然タル區別アリヤト云フニ即チ前ニ少シク説キタル如ク公權ハ意思ニヨリ目的ヲ主張スルニ方リ發動スル權利ニシテ通常吾人カ生存ト同時ニ之ヲ保ツモノナリ反之私權ナルモノハ通常ノ塲合ハ法律行爲ニヨリ發生スルモノナリ從テ私權ノ活動ハ人カ意思ヲ以テ其私權ヲ主張スルニ於テ其目的ヲ達スルモノナリ此故ニ公權ト人格トハ之ヲ分離シテ別個ニ觀察スルコト甚タ困難ナリト雖モ私權ニ至リテハ斯ノ如ク密接ノ關係ナキカタメ之ヲ區別シテ説明スルコトヲ得ルナリ從テ公權ノ侵害ハ人格ノ消長ニ重大ノ影響ヲ與フルモ私權ノ侵害ハ單ニ權利ノミノ傷害ニ過キスシテ人格ニ毫末ノ影響ヲ及ホサヽルモノナリ

然レ𪜈余ハ權利ノ實躰ニ至リテハ公權ト私權トヲ區別セス同シク意思ヲ以テ全部ヲ貫徹スルモノナリ又單ニ私權ノ範圍ヲ財産權ニ限ラサルモノナリ故ニ假令物質上ノ權利ニアラサルモ之ヲ私權ト云フニ於テ差支アラサルナリ例ヘハ吾人カ他人ト公園ニ散歩スルコトヲ約シタル塲合ノ如キ此種ノ債權ハ毫モ

金錢ニ見積ルコト能ハスト雖トモ尚ホ權利トシテ認許スルコトヲ得ルモノナリトス而シテ此私權ヲ細分スルトキハ又種々ニ區別スルコトヲ得

（一）物權トハ吾人カ直接ニ物ノ上ニ行使スル權利ニシテ財產權ノ重要ナル地位ヲ占有スルモノナリ前ニモ述ヘタルカ如ク之ヲ純理上ヨリ見ルトキハ勿論權利ノ一種ニアラスト雖トモ假リニ權利トシテ論スルモノナリ故ニ物權ハ次ニ述フル所ノ債權ト異ナリ權利者ト物トノ間ニ一定ノ人アルコトヲ要セサルナリ故ニ物權ニアリテハ債權ニ於ケルカ如ク債務者ナキカタメ義務違犯者タルモノ存スルコトナシ若シ第三者カ不當ニ吾人ノ所有物又ハ其他ノ物上ニ傷害ヲ加ヘタルトキハ是レ義務ノ違犯ニアラスシテ本分ヲ守ラサルニ外ナラス

然ラハ本分ト義務トハ如何ナル點ニ於テ區別アリヤト云フニ義務ナルモノハ即チ權利ニ相對シテ發生スルモノニシテ權利者ト義務者トハ兩々相對峙シテ當事者タルモノナリ從テ義務ナル觀念ハ確定セル一定ノ範圍ニ存在スルモノナリ反之本分ナルモノハ義務ト異ナリテ毫モ確定セル人ノ

負擔スル處ニアラサルナリ

(二)債權トハ一人ヨリ他ノ一人ニ對シ或事ヲ要求スル所ノ權利ニシテ余ノ所謂純然タル權利ニ屬スルモノナリ而シテ此權利モ其大部分ハ財產權ノ一部分タリト雖モ亦之ニ屬セサルモノアリ

債權ハ即チ純然タル權利ナルカタメ第二節ニ於テ說明シタル所ノ權利ノ要素ハ凡テ之ヲ必要トスルモノナリ從テ債權者ナルモノハ其意思ヲ主張スルニ於テ必ス債務者ニコレヨラサルヘカラス夫レ故ニ若シ債務者カ其義務ノ履行ヲ怠リタル時ハ玆ニ義務違犯ナル一種ノ法律事實ヲ發生スルニ至ルモノナリ是レ物權ノ塲合ト相同シカラサル點ナリトス

是レ蓋シ物權ハ直接ニ物ノ上ニ行ハルヽ權利ナルモ債權ハ他人ノ行爲不行爲ヲ要求スルニ過キサル所ヨリ發生スル所ノモノナリ

玆ニ於テ乎學者大ニ喋々ノ議論ヲナシテ物權ハ對世權ノ性質ヲ有ストナシ債權ハ對人權ノ性質ヲ有スルトナシ以テ囂々ノ奇論ヲ見ルニ至レリ論者ハ說明シテ曰ヘラク凡ソ對世權ナルモノハ凡テ物權ニ限ルニアラス

ト雖𪜈物權モ亦此一種ニ屬スヘキモノナリ何トナレハ物權ナルモノハ單ニ權利者ト物トノ二要素ヨリ（勿論意思及ヒ法律ノ保護ハ必要ナリ）成ルモノニシテ人ト物トノ中間ニ他人ノ介在スルヲ要セサルモノナリ否ナ介在セザルコトヲ其要件トナスモノナリ隨テ物權者ハ直接ニ其物ノ上ニ權力ヲ實行シ得ルモノナリトス此ヲ以テ他人ハ凡テ不作爲ノ義務ヲ負擔シ毫モ權利ニ干涉スルコト能ハサルモノナリ故ニ權利者ハ單ニ物ノ上ニ物權テフ權利ヲ行使スルヲ得ルノミナラス又他人ニ對シ不作爲ノ義務ヲ要求スルコトヲ得ルモノナリ之ヲ物權ノ對世權ト云フ

例ヘハ前例ニヨリ甲ナルモノ或物ヲ所有スルトセンカ甲ハ物權ナル權利ヲ直接ニ其所有ノ目的物ノ上ニ行使スルモノニシテ他人ノ行爲ヲ毫モ要セサルモノナリ又他人ハ凡テ甲ノ所有權ヲ侵害スヘカラサル不作爲ノ義務ヲ負擔スルモノニシテ若シ何人ト雖𪜈其權利ヲ害シタルキハ不作爲ノ義務違犯トシテ損害賠償ノ責ニ任セサルヘカラサルモノナリ斯ノ如ク物權ナルモノハ何人ニ對シテモ對抗スルヿヲ得ルモノナリ然レ𪜈債權ハ是

ト異ナリ單ニ他人ノ行爲ヲ要求スルニ過キサル權利ナルヲ以テ此權利ハ一定ノ人即チ當事者タル義務者ニ對スルノ外何人ニモ權利ヲ主張スルコト能ハス故ニ之ヲ對人的ノ權利ト云フモノナリ

例之債權ハ甲ナル者ヨリ乙若クハ丙ナル特定ノ人ニ對シ或ル事ヲ請求スルニ過キサルヲ以テ甲者ハ決シテ乙若クハ丙ナル者以外ニ權利ヲ主張スルコト能ハサルモノナリ何トナレハ元債權ナルモノハ一定ノ人ヨリ他ノ一定ノ人ノ行爲不行爲ヲ要求セントスルニアルヲ以テ其特定セル人以外ニ權利ヲ主張スルコト能ハサルハ極メテ見易キノ理ナリトス從テ其特定ノ人以外ノモノヨリ義務ノ違犯ヲナサントスルモ其本來ニ於テ義務ヲ負擔セサルカ故ニ義務違犯ノ場合ヲ生スルコトナシト

此論一見甚タ理アル如キモ決シテ然ラス

何トナレハ前例ノ場合ニハ論者ハ尙ホ義務違犯ナリト云フト雖モ是レ誤リタル說ナリ蓋シ物權ニハ義務者ナキカ故ニ義務違犯ノ場合ヲ發生スルコトナシ然レトモ第三者カ若シ人ノ物權ヲ害シタルトキハ是レ義務ノ違犯ニアラスシテ

不作爲ノ本分ヲ盡サヾルモノト謂フヘキモノナリ又債權ハ債務者以外ノ他人ニ對抗スルコト能ハサルカ如ク說明スト雖モ是レ又誤謬ノ見解タラスンハアラス勿論債權者カ債權ヲ主張スルニ付テハ債務者以外ニ其効力ヲ主張スルコト能ハサルモ權利トシテ他人ニ不可侵ノ本分ヲ强ユルコトヲ得ルハ又當然ニ權利ノ本質トシテ有効ナルモノナリ

以下少シク之ヲ辨明セントス即チ權利ナルモノハ第一節ニ於テ詳述シタルカ如ク法律ノ保護ニヨリ主張スル了ヲ得ル意思ノ力ナルヲ以テ公權タルト私權タルトヲ問ハス又物權タルト債權タルトヲ論セス總テ完全ナル自由意思ノ主張ニヨリ完全ナル利益ヲ收得シ能フモノナリ勿論債權ハ特定ノ人ニノミ對シ或ル事ヲ要求スルニ止マリ義務者以外ノ他人ニ向ヒ權利ヲ主張スル能ハスト雖モ然レモ第三者ハ之ヲ害スルコトヲ得ルニアラス若シ夫レ然ラサランカ債權モ物權モ只タ名義上權利トシテ存在スルニ止マリ殆ント其効用ヲ缺クモノナリ蓋シ甲者アリ債權者トシテ乙ナル債務者ニ對シ一定ノ行爲ヲ要求シ得ルトスルモ若シ乙以外ノ他人ニ甲者ノ債務ヲ害スルコトヲ禁セサランカ此場合

ハ甲ニ權利アリト云フモ是レ名義上ノミニテ毫モ實用ヲナサヽレハナリ夫レ故ニ法律カ債權又ハ物權ヲ特定ノ人ニ附與シタル時ハ法律ハ同時ニ第三者ニ他人ノ有スル權利ヲ害スルコトヲ得サラシムルモノナリ換言スレハ權利ハ法律ノ保護ニヨリ意思ヲ主張スルコトヲ得ルト云フハ同時ニ其範圍內ニ於テ他人ニ此權利ヲ侵害セシメサルコトヲ包含スルモノナリ然レ𪜈之ヲ誤解シテ權利ハ一般ニ對抗シ得ヘシト解スヘカラス殊ニ物權ハ只タ物ノ上ニ權利ヲ行使スルコトヲ得ルニ過キスシテ毫モ他人ニ權利ヲ主張スルコトヲ得サルモノナリ又タ債權モ一般ニ對抗シ能ハスト雖𪜈特定ノ人ニ對シテハ之ヲ主張スルコトヲ得ルナリ然レ𪜈何レノ場合ト雖𪜈第三者ハ法律ニ對スル本分トシテ物權ヲ害シ又ハ債權ヲ妨クルコト能ハサルモノナリ要スルニ對世權及對人權ナルモノヲ主張スル學者ハ權利ノ効力ト權利制度ノ効果トヲ區別セサルノ誤リニ坐スル者ナリ即チ權利ノ効力トシテハ物權ハ直接ニ物ノ上ニ行ハレ債權ハ特定ノ人ニ對抗スルモノナレ𪜈權利制度ノ効果トシテハ一般ニ社會ノ人民ニ不作爲ノ本分ヲ負擔セシムルモノナリトス

第三編　法律論

第一章　法律ノ起源

抑モ法律ノ起源ニ關スル學說ノ如何ニ關シテハ古來ヨリ其數甚タ少ナカラストモ雖モ一々此等ノ學說ヲ揭載スルハ一小冊子ノ能ク爲ス能ハサルトコロナルヲ以テ只余輩ノ所信ヲ說述スルコトニ止メントス余ノ考フルトコロニヨレハ法律ナルモノハ實ニ人類自然ノ特性ニ基因ストナスモノナリ人類自然ノ特性トハ何ソヤ他ナシ人ノ此世ニ生息スルヤ孤立シテ生存ノ目的ヲ達シ得ルモノニアラス否ナ孤立シ得ヘキモノニアラサルナリ相倚リ相助ケ以テ各己ノ目的ヲ達スル所以ノモノ蓋シ人ノ人タルトコロニシテ人爲ノ如何トモ爲スヘカラサル所茲ニ於テカ英、蘭、獨、伊ノ學者ニシテ有名ナルホッブスグロチエスルーソー等ハ一種ノ民約說ヲ唱道シ盛ンニ國家社會ヲシテ契約ヨリ成立スルヿヲ唱ヘタリ此說ハ當時大ニ勢力ヲ有シタリシモ今日ヨリ之ヲ見ルトキハ其誤謬ナルコト喋々ヲ要セス近世ニ於テ此說ヲ主張スルモノナキハ當然ノコトナリ何トナレハ前ニモ述ヘタルカ如ク人類ノ相集リテ家ヲ爲シ國ヲ爲シテ一大團結ヲ形成スル所以ノ理由ハ天然自然ノ必要ニヨリ自カラ相結合スルモノニシテ決シテ人意ノ創成ニ係ルモノニアラサルナリ若シモルーソー等一派ノ主張スルカ如クセハ人類ノ各己ハ孤立シテ尙ホ生存ノ目的ヲ達スルコトヲ得トノ斷定ヲ採ラサルヘカラス然レ𪜈人類ハ決シテ孤立シテ能ク生存シ片時モ過キ行クコトヲ得サルナリ是レ人カ社會的動物ノ動物タルニヨルモノニシテ人爲ノ創成ニヨリ然ルニアラス法律ノ性質ノ如何ニ付テハ次欵ニ於テ詳述スルヲ以テ玆ニ述フルコトヲ省クヘキモ本書ニ於テ論スヘキモノハ人定法中直接間接ニ主權者ヨリ出ツルモノニアリテ此外ニ亘ラサルコトヲ勉ム何トナレハ法律上ヨリ法ノ如何ナルヤヲ論スルニハ必ス人定法中ノ主權者ノ命令ヲ指稱スルモノニシテ人類相互ノ間ニ行ハルヽ諸種ノ規約又ハ國際相互ノ間ニ存在スル條約ノ如キモノヲ含マサルナリ而シテ此法律ハ前述シタルカ如ク人類社會ノ缺クヘカラサル條規ニシテ人ノ人タル自然ノ必要ニ發生スルモノナリト雖𪜈幵ハ只法ノ人類社會ニ必須缺クヘカラサルノ謂ニシテ當然ニ主權者ヲ離レテ

存在スルコトヲ意味スル者ニアラス自然法主義ノ學者ハ法律ハ自然ニ存在シ立法者ノ制定ヲ俟タスシテ人類ハ之ニ羈束セラルヘキコトヲ主唱シ自然法ト命令法トハ互ニ併立スルモノトナスカ如シ此派ノ説ク所一理ナキニアラス然レトモ嚴然タル法理學ニ於テ正當ニ所謂法律ナルモノト自然ニ存在スル法則トヲ同一視スルコトヲ許スヘカラス故ニ法理學上正當ニ法律ト稱スル時ハ次ニ述フルカ如ク必ス法律ハ一ノ權力ニ伴フ豫定的命令ナリト云フコトヲ注意セサルヘカラス右ニ述ヘタルカ如ク法律ノ起源カ人類社會ノ必要ニ應シテ存在スルカ如ク國家ナル一種特別ノ人格者モ之ト同一必要ニ責メラレテ存立スルモノナリ既ニ法律ノ存スヘキコトヲ述ヘタルヲ以テ國家ノ其以前ニ存在スルコトハ更ニ喋々ヲ要セサルモ余輩ハ注意ノ爲メ國家ノ成立カ恰カモ法律ノ社會ニ必要ナルカ如ク人定ノ制定ニアラスシテ自然ノ勢力ヨリ發生シタルコトヲ示サンカタメナリ而シテ國家カ人類社會ノ必要ニ生出シテ且ツ發達シ或ハ命令シ或ハ處分シ依テ以テ變動極リナキ社會ヲ統理スル所以ノ目的ハ抑モ何人ノ有スル處ナルヤト云フニ此目的ノ主格タルモノハ或ハ人類ノ全躰ニアリ

ト云ヒ或ハ主權者其人ナリト云フモノアリ人類ヲ以テ此種ノ目的ノ主格ト云フモ主權者ヲ以テ主格トナスモ只觀察ノ方面ノ異ナルニ過キサルモノナリ一見此種ノ目的ハ人民ニアリト云フ說ノ不穩ナルカ如キモ余ノ玆ニ人民ト云ヒシハ目的ノ主格ヲ間接ニ見タルモノナリ法律ヲ制定シテ命令シ以テ人類社會ノ安寧ヲ維持シ幸福ヲ增進セシムルハ實ニ國家ノ目的ニシテ政務刷新ノ實効ヲ收メントスルハ國家當然ノ職務ナリ

法律ノ起源及ヒ法律ノ大躰ノ觀念概ヲ上來述ル所ノ如シ余ハ上意ヲ受ケ法律ノ發達ニ大ナル關係ヲ有スル羅馬法律學ノ大畧ヲ說明セントス

第一期ハ羅馬ノ建國ヨリ帝國ノ初期ニ至ル迄ヲ云フモノニシテ此時代ニ於テハ未タ眞正ナル法律學ノ發達セルコトナクシテ所謂法術ノ時代トモ云フモノナリ然レ𪜈法律學ノ萠芽ハ實ニ此時ニアリト云ハサルヘカラス而シテ羅馬法律學ノ根據トナリタルハ夫ノローマノ神務官ナリ神務官トハ神祇ニ奉仕スルノ職務ヲ有スルモノニシテ又當時ニ於ケル神法即チ普通法ト並存スル一種特別ノ法則ノ解釋及ヒ適用ヲ司掌シタリ此故ニ神務官

ノ職ヲ奉スルモノハ自カラ法律解釋ノ術ニ長シタリ加フルニ又當時ノ社會ニ於テハ神法ヲ以テ規定セルモノ甚タ多ク且ツ或ル事柄ニ付テハ普通法及神法ノ双方ニ關係ヲ有スルモノアリシカ故又自然ニ法律上ノ知識ヲ養成スルニ至レリ之ニ加フルニ當時ノ訴訟手續ハ概ヲ皆宗敎ニ關係ヲ有セルヲ以テ神務官ノ外ハ何人モ之ヲ知得セサリシ

要之當時ノ羅馬ニ在リテ法律家ト稱スルモノハ單ニ神務官ニノミ限リ而シテ其神務官ハ訴訟ニ關スル方式幷ニ裁判所ノ開廷期限ノ如キ事項ヲ帳簿ニ記載シテ之ヲ其子孫ニ傳ヘ他人ヲシテ之ヲ窺知スル能ハサラシメタリ然ルニ紀元前三百四年ニ至リテフラビアスト云フモノアリ此神務官ノ帳簿ヲ得テ之ヲ世上ニ公ニセショリ始メテ一般人民カ法律ニ關スル事務ヲ知得スルニ至リ茲ニ法律學發生ノ原因ヲ與ヘタリ殊ニ紀元前二百四十五年ニ至リコラレカニヤスナルモノ平民ヨリ出テヽ神務官トナリ一般人民ニ對シテ法律事件ノ鑒定ニ應シタルコト大ニ羅馬法律學ノ發生ヲ誘導スルニ於テ與テ太甚力アリシ

斯ノ如クナルカ故ニ法律ニ關スル著書モ亦此時ヨリ漸次續出スルニ至レリ最初ニ紀元前百八十年ニ於テエーリヤスノ著述ニ係ル十二銅標ノ解釋出ツ又此時代ヨリシテ希臘ノ文學カローマニ輸入セラレタルカ故ニ其影響トシテ法律ヲ研究スルモノモ漸々ニ增加シ自カラ有益ナル著書ヲ出スニ至レリ而シテ其ノ尤モ重ナルモノハ紀元前一百年頃スキボヲト稱スル學者カ羅馬ノ國民法ニ關シテナシタル著述ニシテ其著書ハ十八卷ノ大部ヲナシ秩序正シク羅馬ノ法律ヲ說明セリローマノ法律カ眞正ニ一種ノ科學トナリタルハ全ク之レニ基クナリ

右ノ外尙ホ當時ノ法律家ノ職務ハ亦法律學ヲ進步セシムルノ原因トナレリ即チ當時ノ法律家ノ職務ハ訴訟ニ付キ訴狀ヲ作成スルノ外又各種ノ法律上ノ問題ニ付テ鑒定ヲナスニアリシ而シテ此鑒定ハ始メハ只神務官ノミニ限ラレタリト雖モ共和政治ノ末ヨリシテ一般ノ法學者モ又此鑒定ヲ爲スニ至リ其後帝國ノ初メニ至リテハオーガスタス帝ノ勅令ニヨリ鑒定ヲナスニハ凡テ帝王ノ許可ヲ要スヘキモノトシ而シテ此特許ヲ得タル學

者ノ鑑定ハ法律上一種ノ効力ヲ有スルコトヽナセリ此等種々ノ原因ヨリシテローマノ法律學ハ第一期ノ末ニ及ンテ漸ク隆盛ニ赴キタレヒ此時代ニ於ケル法律學ハ未タ之ヲ眞正ノ學問ト稱スルコト能ハサリキ

第二期ハ羅馬帝國ノ初ヨリハドリアン帝ノ時ニ至ル即チ此時ニ於ケル羅馬ニ於テ眞正ナル法律學發生シ學者各其研究ニ從事シタリシ而シテ其結果羅馬ノ法律家ノ間ニ二個ノ相異ナリタル黨派ヲ發生スルコトニ至リキ此事タルローマノ法律學ヲ旺盛ナラシメタル一原因ニシテ法律學史上最モ著大ナル事實ナリトス其一ヲサヒニアン派ト稱シ他ヲプロキユリアン派ト名ク第一ノモノヽ始祖ハカピトニシテプロキユリアン派ノ始祖ハラヘヲト云フモノニシテ各々門戸ヲ構ヘテ法律學ノ研究及教授ニ從事シ相互ニ議論ヲ上下シ初メハ甚シキ懸隔モナカリシニ後世ニ至リ氷炭相容レサルノ有樣トナレリ

左ニ今差異ノ主ナルモノヲ擧レハサヒニアン派ハ守舊主義ニシテ法律上ノ問題ヲ解釋スルニ方リテモ舊來ノ慣習ヲ墨守シテ新説ハ常ニ之ヲ排斥

セントナシプロキユリアン派ハ反之大ニ進歩主義ヲ取リ終始斬新ノ理論ヲ以テ法律ヲ解釋セルカ故ニ從テ理論ニ精密ナリシモ實際ニハ往々疎遠ナルノ傾向アリシナリ

第三期ハ所謂法學隆盛ノ時代ニシテローマノ法律學モ隆盛ヲ究メ稱シテ黃金時代ト云フ此時代ニアリテ法律學ノ隆盛ヲ極メタル所以如何ト云フニ二個ノ原因アリテ存ス(イ)ハドリヤン帝ノ時代ヨリシテ前陳二派ノ相容レサル學說ノ調和ニ勗メ終ニ其効果ヲ奏スルヲ得タリ而シテ之ヲ企圖シタル卒先者ハセルサスニテジユリアス又大ニ勉メタリ(ロ)ハドリヤン帝ノ時代ヨリシテ法律學者ヲ優待シテ帝王ノ顧問官ニ任用シ而シテ凡テノ法律上ノ問題ヲ斷定セシメタリ此二個ノ原因ヨリシテ倍々法律學ノ進歩ヲ誘致シ遂ニ全盛ヲ極ムルニ至リローマ第一ノ大家タルパピニヤン等モ此時代ニ出ツルニ至レリ

第四期ハカラカラ帝以降即チ法學衰退ノ時代ナリパピニヤン死シテ以後羅馬ノ法律學ハ漸次衰退ニ赴ケリ蓋シ法律上ノ事業ハ既ニ成就シテ學者ノ義

務殆ント絶無ニ至リシニヨルモノナリ然𪜈當時尚ホ著明ナル學者ハ全クナキニアラズポールノ如キ其時代ノ學者ニシテ其後モレテスイナスノ如キ學者モ輩出セリト雖モローマノ法律學ハ既ニ衰退シテ法律編纂ノ時代トナリ二三ノ法典編纂ノ後チヤスチニヤン帝ハ此法典編纂ノ事業ヲ大成メ法律全典ナル者ヲ制定セシヨリ法律學ハ到底回復ス可ラサル衰態ニ陥リ且ツ法律ニ關スル著述等ハ戰亂ノタメ兵燹ニ罹リタルニヨリ終ニ法律學ハ近世ニ於ル法律學ノ再降ヲ見ルニ至ル迄ハ全ク跡ヲ絶ツニ至レリ

以上ニテ本章ヲ終リ直チニ法律ノ性質及其意義ノ説明ニ移ラン

第二章　法律ノ觀念及意義

法律ノ觀念及意義

第一　法律ノ觀念　法律ニ關スル觀念ハ古來世ノ進化ト共ニ異動變遷アリタルモノナレバ時世ノ異ナルニ従フテ其説ノ種々アルハ又止ムヲ得ザル者ナリ然𪜈余輩ハ之ヲ分チテ左ノ四主義ニ分説スルモノナリ

第一　神意主義

第二　人意主義

神意主義

神意主動主義

第三　自然主義

第四　自由主義

第一　神意主義

神意主義トハ法律ハ神ノ意志ニ出デタルモノナリト爲スモノヲ云フ

抑モ古昔ハ人文未ダ開ケズ宇内萬般ノ現象ヲ考査スルコト極メテ淺薄ニシテ今日ノ如ク學理ノ志想ナク隨テ原因結果ノ如何ナル關係ヲ有スルカハ古人ノ研究ニ出デタル所ナリ故ニ事々物々ノ解釋ニ苦ムノ結果遂ニ一種ノ靈妙不可思議ノ能力ヲ具フルモノアリト想定シ之レヲ神ト稱シ彼ノ人類ノ解釋ス可カラザルモノハ皆神ノ支配スルモノトセリ例バ古昔ハ地震暴風雨等ハ是レ地神又ハ風雨神ノ怒ナリ戰爭ハ神ノ命ナリ疾病ハ神ノ行フ罰則ナリト云ヘルガ如キナリ斯ノ如キ有樣ニ於テ神ナル一種ノ不可思議物ヲ製出スルニ至レリ而シテ古昔人ハ勿論今日ノ文明人ニ至ル迄尙ホ其存在ヲ信シテ疑ハザルナリ而シテ此神意主義ハ亦タ左ノ二種トナスヿヲ得

(一)神意主動主義　此主義ニ於テハ法律ハ神ガ自ラ進ンデ人間ニ告知シタルモ

ノナリトス例バマホメット、ライカルカスガ神使ニヨリテ法律ヲ授ケラレタリト云フガ如ク要スルニ法律ハ神ヨリ傳ハレリト爲スモノナリ其正否ハ姑ク措キ此主義ハ極メテ上古ノ時代ニ行ハレタルモノトス而シテ其當時ニ行ハレタル理由ハ一ニ主權者ノ政畧ニ出デタルニ外ナラズ即チ法律ヲ以テ神意ニ由來セルモノトナシ以テ人民ヲ籠絡スルノ方便トナセルモノナリ此策略ト人民ノ迷信トハ相合シテ此主義ヲ確立スルニ至リタルモノトス

(二)神意客動主義　此主義ニ於テハ法律ハ直接ニ神ノ命令スル處ニアラザルモ總テ神ノ意思ヨリ出デタルモノトナシ立法者ハ自己ノ意思ニヨリ法律ヲ設定スルモノニ非ズ神ノ意思ヲ受ケテ編制スルモノナリ即チ立法者ハ斯ノ如キ丁ハ必ズ神ノ意思ナラン或ハ斯ノ如キ丁ハ必ズ神ノ意思ニ協ヒタルナラント神意ノアル處ヲ推斷シテ規定スルモノナリ要スルニ此主義ハ法律ノ設定ハ必ズ神意ノ範圍ニ於テセサル可カラズ立法者ハ自己又ハ人民等ノ意思ニヨリテ法律ヲ制定スルコト能ハズトノ考ニ出テタルモノニシテ近世ニ至リテハ此主義ヲ採用スルモノ殆ンド皆無ノ有樣タルナリ

余輩ハ此主義ヲ以テ餘リ正鵠ナルモノト云フ能ハザルナリ何トナレバ本主義ノ主體タル神ハ全ク前述セル如ク一種想像ノ結果ヨリ推定セルモノニシテ果シテ神ナルモノハ其想像スル如ク眞ニ存在スルモノナルヤ尙ホ存在スルト假定スルモ意思ナルモノヲ有スルヤ或ハ人間以上ノモノナルヤ又ハ人間カ神ノ意志ヲ遵守セザレハ如何ナル効果ヲ生スルヤハ神學者ニ非ル予輩ノ到底斷定スルヿ能ハサル所ナレバナリ

人意主義

第二　人意主義

人意主義ヲ細別スレバ次ノ三種ト爲スコトヲ得命令主義民約主義及人民總意主義是ナリ

命令主義

(一)　命令主義

命令主義ノ始祖ヲ英國ノホッブス氏トス曰ク法律ナルモノハ權力ヲ有スルモノガ或事ヲナシ又或事ヲ避クルヲ其配下ニ命令スルモノナリト次テ此主義ヲ主唱セシモノハオーステン氏ニシテ其説明スル處ニヨレハ政治上ノ優者ガ政治上ノ劣者ニ下シタル命令ニシテ制裁ヲ附シテ施行スルモノナリト

而シテ其主義ノ盛大トナリタルハ實ニオースチン氏ニ始マレリト云フ可キナリ氏ハ命令ヲ分析シテ

第一優者ト劣者トノ區別

第二優者ノ意思ノ發表

第三其意思ノ發表ハ劣者ニ關ス

第四劣者ガ優者ノ意思ニ服從セザルトキハ報ヲ蒙ラシムト云フ非常權ヲモ包含スト云ヘリ

優者ト劣者トハ命令者ト被命令者ナリ命令ト云フ意義ノ内ニ此二者ノ區別ヲ含ムト云フ例バ主人ノ命令ト云ヘバ優者タル主人劣者タル僕婢ノ二者ヲ包含セルナリ命令ニハ優者ガ命令スル事項ヲ外部ニ發表セサル可カラズ只心中ニ企望スルノミニテハ命令トハ爲ラサルナリ次ニ優者ハ劣者ニ對シテ或ル事ヲナシ又爲サシメサル可キ意思ヲ發表スルト雖ドモ若シ强制ス可キ手段ナカリセバ一ノ忠告又ハ懇願ニ過ギス然レドモ若シ劣者ガ優者ノ意思ニ服セザレハ劣者ニ惡報ヲ蒙ラシム可ク隨テ劣者ハ止ヲ得ズ優者ノ意思ニ從ハ

サルヲ得「サルナリ其惡報ヲ名ケテ制裁トハ云フナリト

此主義ノ正當ナルヤ否ヤハ法律ニ强行力ヲ必要トスルヤ否ヲ研究スルニ非レバ明ニスルヿ能ハザルナリ何トナレバ右ニ述ベタルガ如ク命令ト云ヘバ其語辭ノ中ニハ强行ノ意義ヲ含有スレバナリ我國人ハ一般ニ法律ハ命令主義ニ基クルモノナルコトヲ信スルモノヽ如シ然レ𪜈之ガ反對主義ヲ採用スルローレンス氏ノ如キハ曰ク「法律ニハ權力ノ觀念ヨリモ寧ロ秩序ノ觀念多シト」即チ吾人ガ法律ニ服從スルハ强行力アルガ爲ニ非ズシテ社會ノ秩序ヲ保持センガ爲メナリ故ニ吾人ガ人ヲ殺サヾルハ人ヲ殺セバ死刑ニ處セラルベキ制裁ヲ蒙ルヲ恐ルヽニ非ラスシテ徧ニ社會ノ秩序ヲ紊亂セサランコトヲ慮ルニアルモノナリト而シ此ノ駁論モ又予輩ノ甘心スル所ニ非ラサルナリ故ニ予輩ハ次ノ方法ニヨリテ命令主義ノ正當ナルヤ否ヤヲ研究セントスルモノナリ

（第一）法律ハ主權者ノ命令ナリト雖𪜈主權者ハ必シモ命令ヲ爲スモノニ非ズ法律ハ命令ナリトノ說ハ專制君主國ニ於テ或ハ適當ナル可キモ我立憲

政體及民主政體國ニ於テハ適當ナラズ若シ夫レ命令ハ法律ナリトセバ共和政體ノ國ニ於テハ法律ナシト云ハサル可カラズオースチン氏ト雖モ恐クバ斯ノ如キ議論ヲバ爲シ能ハサルナリ要スルニ命令ハ單ニ法律ノ一原因ニ過キズシテ命令ハ即チ法律ナリト云フ能ハサルナリ

(第二)法律ヲ以テ主權者ノ命令ナリトセバ是レ歷史ニ背反スルモノナリ何トナレバ前ニ述ベシ如ク上古ニ於テハ法律ハ神ノ意思ナリ或ハ正義ノ發表ナリトノ觀念ナリシカ故ニ此等ノ時代ニ於テハ法律ナカリシト云ハザル可カラズ是レ云フ可クシテ云フ能ハサルモノナリ

(第三)法律ヲ以テ主權者ノ人民ニ對スル命令ナリトセハ憲法ノ或部分及行政法ノ或部分ハ法律ニ非ストノ論決ヲ生セサルヘカラス蓋シ憲法及行政法中ニハ人民ニ命令スルモノ多シト雖モ又國家自躰ノ行爲ヲ規定スルモノナキニ非ス例ヘハ條約ヲ締結スルハ天皇ノ大權ニ屬スト規定シ若シクハ裁判所ノ構成ヲ規定スルカ如キ決シテ人民ニ對スル命令ニアラスビンチング氏ハ一ノ新シキ命令說ヲ立テヽ憲法及行政法ヲモ含蓄セシメント

シテ曰ク法律トハ國家カ國家ニ命令スルモノナリト然レ𪜈理論上自己ガ自己ニ命令スルヲ了解シ得ルヤ凡ソ命令ト云フトキハ自己以外ノ者ニ對スル場合ナラサル可カラス又自己ト他ノ者トノ存在ヲ要ス加之國家カ國家ニ對スル命令ヲ法律ナリトセハ國家カ人民ニ對スル命令ハ之ヲ何ト稱ス可キヤサレハ此説ハ斬新ナルモ而カモ價値ナキモノト謂フ可シ

(第四)法律ハ命令ナリト云ハヽ是レ習慣法ヲ法律ト認メサルモノト謂ハサル可カラス何トナレハ成文法ハ主權者ノ命令ニ出デタルモノナリト雖モ慣習法ハ元來人民ノ間ニ慣行セルモノヲ主權者カ承認シタルニ過キス而シテ命令ト承認トハ全ク其性質ヲ相異ニスルモノナレハナリ然ルニ慣習法ヲ認メテ法律ト爲ス以上ハ命令以外ニ又法律アリト謂ハサル可カラサルニ似タリ

(第五)若シ命令カ法律ナリトセハ法律ハ權利本位タルコトヲ得ス何トナレハ命令ハ服從ノ關係ヲ生シ服從ハ義務ノ關係ヲ生スルモノナレハナリ然ルニ現今何レノ邦國ト雖モ權利本位ヲ採ラサルハナシ故ニ命令主義ハ少

クトモ現今ノ開明社會ニハ適當ナラサルモノト謂フ可シ

(二) 民約主義

民約主義ヲ唱フル者ハ曰ク法律ハ人類相互ノ契約ニ因リテ生スルモノニシテ專制國ノ君主共和國ノ大統領カ法律ヲ制定スルハ是皆君主又ハ大統領自身カ固有ノ權力ニ依リテ制定スルニ非スシテ君主又ハ大統領ト人民トノ間ニ存在セル契約ニ基キ法律ヲ制定スルモノナリ故ニ人民カ法律ニ違背スルニ及ンテ國家カ之ヲ罰スルハ國家ニ刑罰權ナルモノヽ存在スル爲メニアラスシテ人民カ當初ノ契約ヲ履行セサルニ因ルモノニシテ自己ヨリ刑罰ヲ導クモノナリ而シテ國家ハ素君主ト人民トノ契約ニ基キ成立セルモノナルカ故ニ若シ君主ニシテ其契約ニ違反スルトキハ國家ハ解散スルカ又ハ其君主ヲ排斥スルヲ得ルモノニシテ君主ニシテ其排斥ヲ容レサルトキハ人民ハ之ニ拮抗スルコトヲ得ルカ故ニ君主ヲ弑シ或ハ革命ヲ起シ以テ其君主ヲ交迭セシムルハ國家ノ成立上ヨリ至當ノ事ナリト此民約主義ノ我國躰ト相容レサルコトハ勿論ナルノミナラス法理上ヨリ論スルモ妥當ナラス何トナレハ

國家ニシテ契約ニ因リテ組織セラレタルモノト爲サンカ國家又ハ人民ハ其契約ノ解除ヲ爲スコトヲ得ヘク又其ノ契約ノ解除ニヨリテ國家ノ消滅ヲ來タスト云フカ如キ近世ノ國家法上奇怪ナル結果ヲ現出スルノミナラス若シ果シテ國家カ契約ニヨリテ組成セラレタリトセハ沿革上ノ理由ヲ擧ケテ歷史上ノ事實ヲ證明セサルヘカラス然ルニルーソー一派カ民約說ヲ唱ヘテヨリ諸ノ學者ハ之ニ左袒シ英國ノジヨンロツク、リチヤドフーカー以太利ノベツカリア獨乙ノプーフエンドルフ等ノ如キハ熱心ニ此說ヲ主張ス殊ニジヨンロツク氏ノ如キハ人類ハ總テ平等ナリ君主ト人民トノ間ニ毫モ區別ナシト云フカ如キ極端ナル學說ヲ唱ヘテ法律モ亦君主ト人民トノ契約ヨリ生スルモノニシテ決シテ君主固有ノ權力ニ基因スルモノニアラスト云フニ至レリ然レトモ此民約主義ノ今日實際ノ狀態ニ適合セサルハ勿論我國法ヲ論スルニ當リテハ一文半錢ノ價値ナキナリ

(三) 人民總意說

人民總意說ハ獨逸學者間ニ多ク唱道セラルヽモノニシテ殊ニ歷史派ノ學者

ハ最モ此說ヲ愛ス人民總意說ヲ唱フル者ノ要旨ハ法律ハ人民ノ總意ヲ或形式ニ依リテ外部ニ發表セラレタルモノナリ例ヘハデルンブルヒ氏ハ法律トハ一般ノ意思ニヨリ保障セラルヽ人民生活關係ノ秩序ナリト云ヒサビニー氏ハ法律ハ其如何ナル方式ニ依リテ發表セルモ其根據ハ人民ノ總意ヲ外部ニ發表シタルモノニシテ權利關係ヲ規定セルモノナリト云ヒヘーゲル氏ハ法律ハ無形ナル人民ノ總意ヲ表彰シタルモノナリト云ヘルカ如キ只語調ヲ異ニスルノミニシテ其主意ニ至リテハ同一ナリ

民主國ニ於テ人民總意說ヲ唱フルハ其緣由遠キニアラサルモ君主國ニ於テ此說ヲ容ルヽヿヲ得サルハ當然ノ事ニシテ別ニ論スル迄モナキコトナリ然ルニ以上論スルカ如ク此學說カ多ク獨逸學者間ニ採用セラルヽハ抑モ如何ナル理由ノ在リテ存スルヤ余輩之ヲ發見スルニ苦シム若シ人民總意說ノ趣旨ニシテ歷史的ニ確定セル人民ノ慣行ヲ君主之ヲ認メタルモノナリトノ趣旨ナレハ敢テ强固ナル非難ヲ免ルヽヿヲ得サルニアラサルモ若シ果シテ人民總意說ノ趣旨ニシテ然リトセハ此說ハ法律ノ全躰ニ通スル學說ニアラス

シテ法律ノ一部タル慣習ニ付テノミ云ヘルモノトナルカ故ニ狹義ニ失スルモノト云フヘシ反之此說ハ法律ノ全般ニ通スルモノトナサンカ法律ハ必シモ人民總躰ノ意思ニ適合スルモノニアラス却テ人民ノ意思ニ反スルコト往々是アリ此ノ如キ塲合ニ於テハ此說ハ殆ント價値ナキモノト云ハサル可カラス殊ニ法律ハ君主ノ制定ニ係ルカ故ニ如何ニ善良ナラサル法律ト雖モ亦法律ニシテ人民ノ總意ニ依ルト否トハ以テ法律ト否ラサルモノトヲ區別スル標準タルヲ得サルナリ故ニ此說モ亦當ヲ得タルモノニアラサルヤ明カナリハイリンゲル氏ハ法律ハ人民中ノ有力ナル者ノ意思ノ發表ナリト云ヒ以テサビニー氏カ法律ハ權利ニ關スル人民ノ總意ヲ發表シタルモノナリト云ヘルニ反對スルモ此說亦當ヲ得タルモノト云フヲ得サルヤ明カナリ何トナレハ氏カ人民中ノ有力ナル者ト云ヘルハ蓋議會ノ議員ヲ指シテ云ヘルモノナルヘシト雖モ法律ハ議會ノ意思ノ發表ニアラサルコトハ別ニ辨明ヲ要セサル所ナレハナリ

第三　自然主義

此自然主義ヲ唱フル者ノ論旨ヲ要約スレハ法律ナルモノハ社會一般ニ自然ニ存在スルカ又ハ人生自然ノ情性ニ基キ一般各人ノ脳裡ニ伏在スルモノナリト云フニアリ而シテ此主義ニモ亦三個ノ學說アリ

（一）理性主義

理性主義

カント及ヘーゲル氏ハ曰ク「理性ニ適合スルコトヲ爲スハ即チ法律ナリ」ト人間果シテ理性ナルモノヲ有スルヤ否ヤノ心理學上ノ問題ハ暫ラク措キヘーゲル氏ハ人民ノ總意ハ理性ニ適合シタルモノナラサル可カラスト唱ヘ人民總意說ヲ唱フルト共ニ此主義ヲ主張セラル而シテ此主義カ正義主義ト異ル點ハ正義主義ニアリテハ正義ナルモノハ人生先天的ノモノニシテ後天的ニ其理性ヲ枉クルコトヲ得ストスルモノナルモ理性主義ニ依レハ世人ノ行爲カ正義ニ適合スルヤ否ヤハ總テ理性ニ依リテ判斷セラルヽモノニシテ先天的ニ正義ナルモノト雖モ後ニ至リ理性ノ判斷ニ由リテ正義ニ非スト斷定セラルヽコトアルヲ免レサルナリ

（二）正義主義

正義主義

正義主義ヲ採用スル學者間ニ於テモ種々ノ異説アリ左ニ重ナル學説ヲ掲ケテ終リニ之カ批評ヲ概論セン

一説ピタゴラス氏曰ク法律ハ立方體ナリ

二説チエルヅス氏曰ク法律ハ善良及公平ナル技術ナリ

三説プラトー氏曰ク政治、法律ハ德義ノ一部分ナリ

四説プーム氏曰ク法律トハ社會ニ生存スル人類ニ附與スルニ外部ニ對スル或權力ヲ以テスル道德上ノ規則ナリ

以上四説ハ正義主義ヲ採レルモノヽ重ナル學説ナリ然ルニピタゴラス氏カ法律ハ立法躰ナリト云ヘルハ如何ナル意味ナルカ余輩其了解ニ苦シムチエルヅス氏ハ法律ヲ以テ善良且公平ナル技術ナリト云ヘリ其所謂技術トハ如何ナル意義ナルカ實ニ曖昧ナリ文字的解釋ヲ採ルトキハ氏ハ法律ト法律ノ適用其者トヲ混合シタルモノヽ如シ故ニ獨逸ノヴインドシヤイド氏ハ此説ヲ駁シテ曰ク技術トハ理想ヲ以テ實際ニ行フヿヲ意味スルモノナルカ故ニチエルヅス氏ノ考案ニ依レハ法律ヲ實際ニ適用スルヿ即チ法律ニシテ法律其

者ハ法律ニアラスト云フカ如キ矛盾ヲ來タスヘシト實ニヴインドシヤイド氏ノ非難ハ至當ナリ第三説第四説ニヨレハ法律ハ必ス道德ニ適合セサル可カラス道德ニ適合セサルモノハ總テ是レ法律ニ非スト云フノ結果ヲ生スルニ至ル可シ蓋シ道德上ヨリ觀察スレハ此主義大ニ可ナルカ如シト雖𪜈亦缺點ナキ能ハス何トナレハ正義ニハ其制裁ノ存スル所最モ不確定ナルモノナルヲ以テ若シ法律ヲ以テ正義ナリトセンカ其制裁ノ存在ヲシテ確然タラシムルヲ得サルニ至ルヘシ加之正義ヲ以テ直ニ法律ナリトナサンカ法律ニシテ正義ニ反シタルモノアランカ裁判官ハ其法律ヲ適用スルノ義務ナキモノトナリ爲ニ國家ノ秩序ハ維持スルヲ得サルニ至ラン何者正義ハ即チ法律ナリトセハ正義ニ適ハサル法律ハ法律ニアラスト云ハサルヲ得サレハナリ此等ノ諸説ハ皆正義ヲ以テ根據トスルハ同一ナリト雖𪜈其所謂正義トハ如何ナルモノヲ云フカ又正義ト否ラサルモノトハ何人カ何等ノ標準ニ依リテ之ヲ決スルヤ正義ナル觀念ハ時處ニヨリ變遷スルモノニ〆昔日君父ノ仇ヲ酬ヰルハ大ニ奬勵贊美セラレシ所ナルモ今日之ヲ見レハ必シモ人倫ニ適合ス

ルモノト云フヘカラス法律モ亦之ヲ禁ス又東西地ヲ異ニスルニヨリテ人情ヲ異ニスルヨリ正義ノ觀念ニ於テモ亦多少ノ異ナル所ナキニアラス人ヲ殺スハ正義ニ反ストセハ之ヲ殺サヾルハ何故ニ正義ナルカ此等ノ問題ハ何人ノ斷定スヘキヤ蓋其實躰法上ニ關スル事ハ尙決定スルヲ得サルニアラストスルモ手續法上ニ關スルコトハ殆ント其正義ナルヤ否ヤヲ斷定スルニ苦シマサルヲ得サルヘシ何トナレハ之ヲ民事訴訟法ニ於テ例ヘンニ反訴ヲ起サヾルハ何故ニ正義ニアラサルカ何故ニ正義ナルカ是レ到底此主義ノ應用ヲ以テ斷定スルヲ得サル所ナリ

今日諸種法典總テ正義ニ合スルモノニアラス正義ノ命スル所法律必シモ之ヲ命令セス正義ノ禁スル所法律必シモ之ヲ禁制スル所ノモノニアラサルハ明瞭ナル事實ナリ是レ余カ此主義ヲ採ラサル所以ナリ

(三) 純粋自然法主義

此主義ハ正義主義ト殆ント同一ナルモ只其語調ヲ異ニスルニ過キサルナリ即チ一ハ正義ヲ以テ法律ナリト云ヒ一ハ自然ノ法律アリト云フモノナルカ

純粋自然法主義

故ニ自然法主義ヨリ云ヘハ正義必シモ自然法ニ適合スルモノニアラスト云フ點ニ於テ二者ノ異同アルヘシト雖モ其大躰ノ觀念ニ於テハ同一徹ニ出ツ要スルニ此主義ハ自然ニ適合スルモノヽミヲ以テ法律ナリト云ヒ自然ニ適合セサルモノハ法律ニ非スト云フニアリ

純粹自然法主義ハ希臘ニ於ケル萬有哲學派ノ重ニ採用スル所ニシテ其説ク所亦種々ニ分ル

第一説ハ自然法ヲ以テ動物界ヲ支配スト云フニアリロートマノヴルピアン氏此説ヲ主張シテ曰ク法律ハ自然カ總テノ動物ニ與ヘタル法ナリト

第二説ハ自然法ヲ以テ人類ノミヲ支配スト云フニアリ而シテ此説更ニ二派ニ分ル左ノ如シ

(イ)人類ヲ支配スルハ純粹ナル自然法ニ依ルモノナリ

(ロ)自然法ハ人類ノ性情ニ附着スルモノナリ

人類ハ社會的動物ニシテ法律ハ此社會的動物タルノ性質ヲ有スル人類ノ共同生存ヲ完全ナラシムルモノナリ而シテ其自然法ニ適合シタルモノヲ以テ

眞正ノ法律トナストハ希臘ノアリストートル及クラウゼーノ唱フル所ニシテ後說ヲ採リタルモノナリ然レトモ余ヲ以テ之ヲ見ルニ社會ニ自然ノ存スルコトハ疑ハサルモ其所謂自然法ナルモノヽ果シテ存在スルヤ否ヤ大ニ疑ハサルヲ得ス草木ノ成育地球ノ廻轉皆是レ自然ナリト雖モ個人ノ生存上ニ於テ一定ノ自然法ナルモノアリヤ余未タ之ヲ知ルヲ得ス殊ニ今日成文法ノ存在スルニ不拘自然法ナル者ヲ認ムルノ餘地ナキヲ如何セン是レ現今學者カ自然法ノ存在ヲ認メサル所以ナリ若シ社會ニ自然法ナルモノ存在ストセンカ社會ノ事物ハ此自然法ニ適合スルト否トニヨリテ急激ナル變動ヲ來タスノ結果ヲ生スルモノト爲サザル可カラス然レトモ社會ノ事物ハ決シテ急激ノ變化ヲ來タスモノニアラスシテ漸次進化スルモノナリ佛國ノ大革命ト雖モ原因結果ノ理法ニ依リタルモノニシテ一時ノ現象ヲ以テ因果ノ關係ヲ蔑視スヘキモノニアラサルナリ

第四　自由主義

カント氏曰ク法律トハ自由ノ通則ニ從ヒ各人ノ專横ヲ以テ他人ノ專横ト調和

スヘキ條件ノ總躰ナリト故ニ此主義ニヨルトキハ一方ノ專横ヲ抑ヘテ以テ他方ニ自由ヲ得セシムルモノヲ以テ法律ト爲スト云フニアリ然レトモ此說ニモ亦二ノ缺點アリ

(第一)法律ハ各人ノ自由ヲ制限スルコトアルヘシト雖モ各人ノ自由ヲ制限スルモノヲ以テ直ニ法律ト爲ス可カラス法律ハ必シモ各人ノ自由ヲ制限スルヲ以テ其目的トナサス法律ハ各人ノ自由ヲ制限セスシテ却テ各人ノ自由ヲ伸張セシムルヲ以テ目的トスルコトアリ

(第二)此說ニ依レハ一方ノ自由ハ一方ノ自由ヲ壓制スルコト丶ナルモ法律ハ必シモ各人ニ自由ヲ與フル爲メニ各人ノ自由ヲ制限スルモノニアラス法律ハ一般人民ニ自由ヲ與フルト同時ニ一般人民ニ或制限ヲ爲スコトアリ法律カ自由ヲ與フルハ必シモ或一部ノ人民ニ對シテ自由ノ制限トナラサルノミナラス毫モ制限ヲ加ヘス一般ニ平等ナラシムルコトアリ

由是觀之此主義モ亦妥當ナルモノニアラサルヲ知ルヘシ

第五　狹義ニ於ケル法律ノ觀念

以上論スル所ノ諸主義ハ一般法律ノ觀念ナリト雖トモ總テ一長一短アリ是ヲ以テ直ニ法律ノ意義ヲ論定スルヲ得ス殊ニ立憲政躰ニ於ケル法律ノ觀念ハ特別ノ意味アルモノナレハ余ハ是ヨリ立憲政躰ニ於ケル法律ノ觀念ヲ論シ次ニ法律ノ意義ヲ論定セントス換言セハ狹義ニ於ケル法律ノ觀念ヲ述ヘントス

歐洲ノ憲法ニ於テ法律トハ普通法ヲ意味シ普通法ハ國ト共ニ存在シ政府ノ定ムル法令ハ政府ノ權力ニ依ルモノニシテ國家ニ固有ノモノニアラサルカ故ニ歐洲ノ沿革上ニ於テ法律ト命令トノ區別ハ國ノ固有法即チ普通法ト時ノ君主ヨリ發スル命令トノ區別ナリシカ立憲政體ニ於テ法律トハ君主ト國會ノ意思ノ合致シテ定ムル所ノモノヲ云ヒ命令トハ君主又ハ政府ノ發スルモノヲ云フニ至レリ是レ法律ノ觀念及ヒ法律ト命令トノ區別ニ就テノ法史上ノ一大變動ナリ未タ立憲政躰ノ行ハレサル以前ニ於テ法律ト云フトキハ必ス法則ヲ意味スルヿナリシモ此法史上ノ變動以來ハ法律ノ意義ヲ解スルニ當リテ其實質ノ法則ナルト否トヲ問ハス只君主ト國會トノ意思一致シテ發表シタルモノハ總テ之ヲ法律ト云フニ至レルカ如キ全ク從來ノ觀念ト一變セルモノナリ

佛國派ノ憲法ニ於テハ右述ヘタル法律ノ觀念ニ付キ起レル變動ノ旨趣ヲ最モ極端ニ貫徹シ法律ヲ以テ一ノ約束ノ如ク見做スニ至レリ法律ト約束トハ全ク其性質ヲ異ニスルモノナルニモ拘ラス立憲政躰ノ憲法ヲ論スル者カ法律ヲ目シテ約束ナリト云フニ至レルハ全ク立憲政躰ニ於テハ君主ト國會トカ相結ンテ各々相守ル外形ノ狀態ヨリ來レルモノナリ蓋シ中世ノ國會ニ於テハ其國ノ豪族ト國君ト相會シテ約束スルノ狀態ナリシヲ以テ其議決モ亦約束ト云ヘリ故ニ右ノ觀念ノ生シタルモ根據ナキニアラス實際名實共ニ約束ト云フヘキ時代アリタルモノナリ然ルニ近世ニ至リテハ國會ハ臣民全躰ヲ代表シテ行ハルヽニ至レルヲ以テ法律憲法トモニ君主カ臣民ト相約シテ制定セルモノナルカ故ニ法律ノ効力ヲ發生スル上ニ於テモ獨リ君主ノ權力ニ基クモノトナサスシテ人民ノ代表者モ其制定ヲ承諾シタルモノナルカ故ニ人民一般ニ遵守スヘキモノナリト云フ觀念ヲ起サシムルニ至リ法律ノ効力ハ君主ノ絕對的威力ニ依ルニアラスシテ國民カ自己ノ自由ナル意思ヲ以テ承諾ヲ與ヘタルニ基因スルモノナリトセリ故ニ其君主ト人民トカ相約スル事項ハ法則ナルヤ否ノ問題ハ

措テ之ヲ論セス法律ノ觀念ハ國會ト君主ノ一致シタル意思ノ發表ト云ヘル外形ノ意味トナリ其實躰ノ如何ヲ問ハサルコト、ナルニ至レリ故ニ法律ハ必スシモ單ニ各人ノ權利義務ノミヲ規定スルモノニアラスシテ各人ノ權利義務ニ關セサル事ト雖𪜈亦法律タル形式ヲ具備スル𬼂ハ猶之ヲ法律ト云フニ躊躇セサルコトトナレリ此ノ如ク國會ノ議決シタルモノハ總テ之ヲ法律ト云フニ至レルヲ以テ從來ノ如ク命令ノ意味ヲ失シ事實ノ宣言道德上ノ事項其他如何ナルモノヲ問ハス法律トナルニ至リ例ヘハ佛國ノ法律憲法ニモ善良ナル人民ハ善良ナル親ナリ善良ナル子ナリ善良ナル兄弟ナリト云ヘルカ如キ又日本ニ於ケル敎育ノ勅語ニ親ニ孝ニ朋友ニ信ニ云々ト宣ヘルカ如キ事項ト雖モ之ヲ國會ニ於テ議決スル𬼂ハ之カ法律ト云フヲ得ルカ如シ又英獨ニ於テ行ハルル法律ヲ以テ軍人ノ戰功ヲ謝スルト云フ如キハ國會ニ於テ議決シ以テ其戰功ヲ謝スルカ故ニ外ナラサルナリ

歐洲ニ於ケル立憲政躰ノ觀念ヲ以テ法律ハ國民ノ意思ナリト云フ主義ハ國民全躰カ之ヲ欲シタルニヨリ法律ナリト云精神ニ基ク者ニシテ法律ハ約束ナリ

ト云フ觀念ニ伴フモノナリ法律ハ一般人民ノ意思ナリト云ヘル其意ハ法律ハ一般ノ意思ナルモ命令及其他ノモノハ一般ノ意思ニアラスシテ特別ナル局部ノ意思タリ故ニ一局部ノ意思ヲ一般ノ意思ニ比較スルトキハ一般ノ意思ハ局部ノ意思ヲ制スルコトヲ得ルモノナリ而シテ其一般ノ意思トハ治者ト被治者トノ意思ノ合致シタルモノニ外ナラス法律ハ國會ノ協賛ヲ經タルモノナルカ故ニ一般ノ意思ナルモ國會ノ協賛ヲ經サルモノハ一般ノ意思ニアラズ何トナレハ國會ハ一般ノ意思ヲ法律上有効ニ發表スル機關ナレハナリト云ニアリ此主義モ亦前述セル所ノ法律ハ君主ト臣民ノ約束ナリト云フ精神ト其根據ヲ同一ニスル者ナリ此等種々ノ沿革上ノ觀念ニヨリテラバンド氏ハ立憲政體ニ於ケル法律ヲ精密ニ論定シ以テ獨逸憲法上ノ解釋トシテ又實際上問題ニ就テ大裨益ヲ與ヘタリ今左ニ氏カ論スル所ノ大要ヲ説明スヘシ

ラバンド氏ハ立憲政體ニ於ケル法律ナル語ハ形式的ノ觀念ナリト説明シ法則ナル觀念ニアラサルコトヲ辨明セリ而シテ全氏ノ説明ニヨルトキハ法律ニハ二樣ノ主義アリテ形式的ニ法律ト云フトキハ君主ト國會トカ合議シ以テ制定

セルモノヲ云ヒ實質的ニ法律トハ國家ノ權力ヲ以テ人ノ自由ヲ制限シ權利義務ノ標準トナルベキ法規ヲ云フモノナリ故ニ諸國ノ憲法法律ハ單ニ其ノ力ヲ異ニスルモノナリトノ旨ヲ說明セラレタリ例ヘハ普國其ノ他ノ憲法ニ於テ豫算ハ法律トナスヲ以テ豫算ノ法律タルコト疑ナキナリ然ルニ之ニ反シテ政治家及ヒ一方ノ學者カ疑ヲ挿ミ相爭フ所以ノモノハ法律ヲ其實質ト形式トニ區別シテ觀察セサルノ誤謬ヨリ來ルモノナリ豫算ハ假令國會ノ議決ヲ經テ法律トナスモ其實質ニ於テ法規タルニアラサルカ故ニ法規タルノ効力ヲ有スルモノニアラス即チ其實質ハ歲計ノ見積ニシテ各人ノ權利義務ノ標準トナルモノニアラサレハナリ形式的ニ於ケル法律ハ實質的法律ト其効力ヲ異ニスルモノナリ

以上ハ法律ニ關スルラバンド氏ノ說明スル所ニシテ採リテ以テ直ニ我憲法上ニ於ケル法律ノ觀念トナスヲ得サルモ我國ニ於テモ法律ナル觀念ハ形式的ノ意味トナリ所謂法則ナル意味ニアラサルコトナルハ同一ニシテ立憲國ニ於テ殆ント普通ナル觀念トナレリ法律ハ君主ト人民トノ約束ナリトノ觀念ハ我國

ノ憲法上採用スヘカラサルモノタルハ今更辨明スルノ要ナキ所ニシテ我カ憲法ハ法律ナル用語ヲ形式的ト實質的トニ混用シタルニアラス即チ法律ト命令トノ區別ハ法規タルト否ラサルトニヨリテ決スヘキモノニアラスシテ只國會ノ協賛ヲ經ルト否トニヨルモノナリ然レトモ我憲法上國會ノ協賛ヲ經タルモノハ總テ之ヲ法律ナリト云フニアラス歐洲ニ於ケル論爭ニ鑑ミ豫算ハ國會ノ協賛ヲ經ルモ之ヲ以テ法律トナサヾルナリ(反對論ナキニアラス)

法律ノ意義

法律ノ意義　法律ノ觀念ニ廣義ニ於ケルモノト狹義ニ於ケルモノアルニヨリ意義ニ於テモ亦廣狹ノ二義アルハ免レサル所ナリ余ハ左ニ項ヲ分テ論セントス

廣義ニ於ケル法律ノ意義

第一　廣義ニ於ケル法律ノ意義

前項ニ於テ述ヘタル四主義即チ神意主義、人意主義、自然主義、自由主義ハ各缺點アリ其一ヲ採リテ直ニ法律ノ意義ヲ論スルヲ得ス故ニ余ハ各四主義ノ長短ヲ取捨補足シテ茲ニ廣義ニ於ケル法律ノ意義ヲ論スヘシ

法律トハ人類團躰ヨリ制定若クハ認知セラレタルモノニシテ人類團躰カ共

同生活ノ目的ヲ遂クル行爲ノ規則ナリ
宗敎道德ノ如キ人類共同生存ヲ爲スノ關係ヲ定ムト雖モ宗敎道德ハ孤立的棲息ヲ爲ス塲合ニ於テモ其必要ナキニアラス是法律ト異ル所ニシテ法律ハ必ス共同的生存ノ關係アルヿヲ要スルモノトス否共同的生存關係アルカ故ニ法律ノ制定又ハ認知アルモノトス故ニ法律ハ團躰ヲ離レテ存在スルモノニアラス然ルニ宗敎又ハ道德ハ共同的關係ノ存在ヲ必シモ必要トスルモノニアラサルコトハ既ニ述フル所ナリ而シテ法律ニハ一定ノ行爲ニ對シテ必ス一定ノ結果アルヲ要スルモ宗敎道德ニハコレアルコトナシ是亦法律ト宗敎道德トノ異ル所ニシテ一ハ規則タルモ一ハ否ラサルカ故ナリ法律ヲ以テ行爲ノ規則ト云ヘルハ行爲ノミニ關スル規則ト云フ義ナリ行爲トハ外形上ノ動作ヲ云フモノニシテ法律カ吾人ノ行爲ニ對シテ一定ノ制裁ヲ與フルニハ必ス一定シタル外形上ノ動作アルヲ要スルモノニシテ意思ノミニ對シテ法律ノ適用アルコトナキナリ而シテ其行爲タルヤ意思ニ基キタルモノナラサルヘカラス只例外トシテハ意思ナキ行爲ト雖モ責任ヲ負フヿナキニアラ

サルモ宗教道德ノ如ク人ノ意思ニ立入リ又ハ意思ナキ行爲ニ迄モ關與スルモノニアラサルナリ此ノ如ク法律ハ人類團躰カ共同生存ヲ爲ス爲メニ吾人ノ行爲ニ關シテ規定スルモノニシテ然カモ人類團躰ノ制定又ハ認知シタモノナラサル可カラス茲ニ團躰ノ制定又ハ認知ト云ヒシハ國際法ヲ包含セシムルノ目的ヲ以テ云ヒシモノナリ學者或ハ强制力ヲ以テ法律ニ唯一ナル要素トナシ國際法ニハ强制スル力ナキヲ以テ法律ニアラスト云フ者ナキニアラサルモ余ハ後ニモ論スルカ如ク國際法モ亦廣義ニ於ケル法律ノ一種トナスモノナルカ故ニ特ニ茲ニ之ヲ包含セシメタル所以ナリ從來ノ學者カ法律ノ定義ヲ下シテ法律トハ國民的行爲ノ規則ニシテ制裁ヲ付シタルモノナリト云ヘルハ當ヲ得ス何者法律ハ必シモ制裁アルテ必要トセス又法律ハ總テ國民カ國家ニ對スル行爲又ハ人民相互間ニ於ケル行爲ノミヲ規定スルモノナニアラス例ヘハ憲法行政法ノ如ク多クハ國家自身ノ行爲ヲ規定スルモノナルモ之ヲ以テ法律ニアラスト云フヲ得サルハ何人モ疑ハサル所ナリ

第二　狹義ニ於ケル法律ノ意義

狹義ニ於ケル法律ノ意義

法律ニハ主觀的及客觀的ノ觀念ヲ包含ス即チ主觀的ニハ各人ノ行爲ヲ覊束スル法則ヲ云ヒ客觀的ニハ權力者カ非權力者ニ命令スルトコロノモノヲ云フ此ノ二個ノ意味ハ法則ナル觀念ニ伴フモノニシテ法律ハ主權者ノ命令ナリト云ヘルカ如キ是ナリハーゲルルーフ氏等カ法律ハ一般ノ意思ナリト云ヘルカ如キハ主トシテ命令ノ要素ニ付テ定義シタル者ナリ又サビニー氏カ法律ハ尚ホ國語ノ如シト云ヒ社會組織ノ結果トシテ自然ニ發生シ自然ニ變遷スト說明スルハ主トシテ法ハ人生ノ規則ニ依ルト云ヘル考ヨリ成レルモノナリ之ヲ以テ歷史派ノ法理論ト哲學派ノ法理トハ其主義相反スルモノト云フハ誤ナリ其一方ヲ以テ他ヲ排斥スルノ主旨ニアラサルナリ二者兩立スルコトヲ得ルモノナリ故ニ現行ノ法律ノ意義ニハ二要素アリ一ハ法律ノ內容一ハ法律ノ形躰ヲ爲スモノ是レナリ而シテ此ノ內容ト形躰ト相合シテ法律ノ要素ヲ成スモノトス獨逸ノ學者ハ此兩要素ヲ示スニ形式的法律及實躰的法律ナル語ヲ用井ラル然ルニ此獨逸學者カ所謂形式的法律實質的法律ヲ誤解シテ法律ニ二種アルカ如ク云フハ大ナル誤謬ナリ法律ノ種類ニアラス

シテ法律ノ要素ヲ分析シタルモノナリ而シテ此二要素ノ一ヲ缺クトキハ法律ニアラス勿論歐洲ノ實例ヲ見ルトキハ法律ノ實質ナクシテ法律ノ名稱ヲ與ヘタルモノアルハ已ニ之ヲ述ヘタル所ナリ然レトモ此ノ如キ法律ハ法則タルノ効力ナキナリ即チ人ノ行爲ノ準則ヲ定ムルモノニアラサレハナリ余ハ公布式ノ名義ニヨリテ法理學ニ所謂法律ノ意義ヲ定ムルモノニアラス法律ノ効力ハ其形式ト實質トニヨリ定マルモノナリ例ヘハ豫算ヲ法律トシテ公布スルトキハ形式ニ於テハ法律タルノ効力アルモ之ヲ法律トシタルカ爲メニ豫算ノ性質カ變更スルモノニアラスシテ豫算ハ素ヨリ歳入歳出ヲ豫メ計算スルモノナルカ故ニ之ヲ法律トシテ公布スルコトアルモ之ヲ以テ租税法ヲ變更シ又ハ一個人ニ權利ヲ與ヘ又ハ義務ヲ負ハシムル効力ヲ生セス是其實質カ吾人ニ對シ權利義務ノ標準トナルモノニアラサレハナリ又例ヘハ條約ヲ法律トシテ公布スルモ其性質ハ國家ト國家トノ約束ナルカ故ニ契約當事者ヲ束縛セラルル外ニ何等ノ効力ヲ生スルコトナシ勿論條約其者ヲ法律ヲ以テ締結シタルニアラスシテ條約ヲ締結シタルカ故ニ一般人民之ヲ遵

奉スヘシトノ命令ノ公式ニ依リテ法律ト爲スニ於テハ其法律ハ實質的ノ効力ヲ生スヘシ只條約カ國會ノ議决ヲ經タルノ故ヲ以テ條約ノ性質ヲ變スルモノニアラサルナリ要之狹義ニ於ケル法律ノ意義換言スレハ立憲國ノ下ニ於テ法律トハ帝國議會ノ協賛ヲ經タル君主ノ命令ナリト云フヲ得ヘシ

第三章　法律ト宗教道德及經濟トノ關係

第一　法律ト宗敎トノ關係

余輩ハ先ツ祖先敎ハ如何ナル有樣ニ發達シタルカヲ說明シテ其法律ニ及ス關係ヲ說明セントス抑モ人類ガ團體生活ヲナスノ始メハ其血統ヲ基礎トナスノ外別ニ依ルベキモノナシ故ニ往古ハ同シ血統ヲ有スルモノ相集リテ一ノ部落ヲナシ相救ヒ相助ケテ漸次發達進化シ來レルモノナリ然ルニ此血統ノ關係ナルモノハ時ト共ニ其範圍ヲ廣フシ初メハ親子ノ關係ニ止ルモ子孫繁殖スルニ從ヒ兄弟ノ間柄トナリ尙續テ祖父母子孫又ハ伯叔父母姪甥等ニ至リ年ト共ニ其同一血統ノ下ニ於ケル人數ヲ增加シテ共同生活ノ範圍ヲ廣フスルモノナリ而シテ其漸ク廣マルニ從ヒ其團躰員ノ間ニ存スル血統關係ノ觀念自然ニ薄弱

トナルハ理ノ然ラシムル所ナリ是ヲ以テ其血統關係ノ觀念ヲ强ク有セシムルノ必要ヲ生ジ祖先ヲ祭ルノ慣習起リ小ニシテハ一家ノ先祖大ニシテハ一族ノ先祖ヲ祭ルニ至レルナリ

要スルニ祖先ヲ祭ルノ觀念ハ團體員ノ增加ト其社會ノ發達トニ從フテ必要ナルモノナレバ何レノ國ニ於テモ祖先ヲ祭ルノ例アラザルナシ即チ我神武天皇中州ヲ平定シテ帝都ヲ大和ニ遷スニ及ビテ先ツ天祖ヲ祭リ或ハ年始每ニ皇祖ヲ祭リ神祇官ヲ太政官ノ上ニ置キ政治部上ニ付テハ先ヅ神宮ノヿヲ奏スル等皆祖先敎ニヨルニアラザレバ國ノ成立スルヿヲ得ザルノ點ニ基ケリ斯ノ如キハ支那ニ於テモ歐洲文明諸國ニ於テモ又各其例アリ我ガ國ノ古代ニ於テ神別皇別蕃別等ノ如ク種族ノ階級アルハ畢竟祖先ヲ祭ルノ團體ノ區別ヲ示セルモノナリ而シテ此等ノ團體ハ一致團結ヲ堅フシテ同ジ血統タルモノニ非レバ其團體ノ人民タルヿヲ許サヾルナリ故ニ古代支那朝鮮人我ガ國ニ來歸スルモ我國ヨリ姓ヲ賜ハリタルモノニ非ラザレバ互ニ交際スルヿヲ禁シタルカ如シ斯ノ如ク團體ハ各々强硬ナル主義ヲ以テ存在スルガ故ニ各團體ハ必ズ衝突ヲ生

シ遂ニ强ハ弱ヲ合セ大ハ小ヲ呑ミ以テ生存競爭ノ結果此等ノ現象ヲ呈スルニ至ル依テ其征服セラレタルモノハ戰勝者ノ血統ニ屬セルモノナリトセラレ即チ一族ヲ擧ケテ戰勝者ノ血統ニ歸化シ戰勝者ノ姓ヲ受クルモノナリ而シテ祖先敎ハ實ニ此等ノ團體ノ上ニ屹立シテ支配スルモノナリ

余輩ハ是ヨリ此祖先敎カ法律ノ各部ニ就テ如何ナル關係ヲ有スルカヲ說明セントス

(一)祖先敎カ憲法行政法ニ對スル干係　國ハ祖先ヲ祭ルニ始ル以上ハ如何ナル國ニ於テモ其君主ノ大權ハ始メハ氏ノ長者タルモノヽ權利ナリ氏ノ長者ノ權利ハ其血統ノモノ之ヲ繼承スルモノナリ之ヲ我國ニ於テ云ヘハ天皇ハ氏ノ長者中ノ長者ニシテ最上長者ナリ蕃別即チ歸化人ノ如キ者ニ對シテ戰勝者トナリ姓氏ノ授與者トナルナリ而シテ天皇ノ大權ハ御一身ノモノナラズシテ皇統タル皇太子ニヨリ繼承セラルヽモノ即チ帝國憲法第一條ニ規定セル所ナリ

其臣民タル資格モ亦是ヨリ出ヅ即チ前ニ述ブル如ク古來日本國民ハ神別皇

別蕃別ノ三ニ分レタリ其初ニ於テハ皇室ノ祖宗ヨリ出デタルモノアリ或ハ皇室ヨリ其血統ニ準スルガ如ク姓氏ヲ賜ハリタルモノアルナリ而シテ臣民ノ籍及臣民ノ行政區別ニ關スルヿハ祖先ノ血統ニヨリテ分ル丶モノナリ即チ祖先ノ祭祀ニ關シ血統ヲ基礎トセルモノナリ

抑モ今日ノ宗教ハ其種類十數ヲ以テ數フ可シト雖圧皆其基因トスル處ハ祖先ヲ祭ルノ關係ヨリ來レルモノニシテ皆ナ祖先教ヲ以テ論ズルヿヲ得而シテ此等ノ宗教ハ古代ハ全ク法律トシテ幾多ノ團體ヲ支配セルモノナリ例バ耶蘇教ノ歐洲全國ヲ支配シ佛教ノ東亞ヲ支配セルガ如シ然レ圧社會ノ進化ト共ニ宗教ガ國家治署ノ絕對的要具タルヿ能ハザルハ言ヲ待タザル所ニシテ寧ロ或點ニ於テハ宗教其モノ丶爲メ國家ノ公安ヲ害スルナキヲ計ラレズ故ニ我憲法ハ第二十八條ヲ以テ「日本臣民ハ安寧秩序ヲ妨ケズ及臣民タルノ義務ニ背カザル限ニ於テ信教ノ自由ヲ有ス」ト規定セルナリ

(二)祖先教ガ民法ニ對スル關係　民法ニ於テ戸主權ハ祖先教ニ基因スルヿ論ナシ何ントナレバ戸主タルモノハ家族ヲ一統シテ祖先ヲ祭ルノ權利ト義務

トヲ有スルモノナレバナリ婚姻ハ男女兩性間ノ性理上ノ關係ニ屬スルモ法律ガ之ヲ認メタル主タル理由ハ祖先ノ祭祀ヲ續カシムル爲メナルニアリ何トナレバ子孫ハ夫婦アルニアラザレハ生ズルコトナケレバナリ故ニ原始社會ニハ子ヲ擧グルニ非レバ夫婦ナラズトスルモノ多ク或ハ懷姙スルヲ始メテ結婚ナリトスル國少ナカラズ要スルニ子ヲ擧ゲ祖先ノ祭ヲナスヲ得ルニ至ラシムルコト婚姻ノ法律上ノ目的ナリシナリ土地所有權ノ始メハ部落共有ノ有樣ニテアリシナリ部落共有トハ或ル土地ヲ一族ガ所有スルノ意味ナリ而シテ共有ノ區域ハ一ノ祖先ヲ祭リ一ノ血統ヲ有スル者カ共同ニ土地ヲ有スルノ有樣ナリキ故ニ其領分ノ氏子即土地共有者ト氏神乃チ祖神ノ保護ヲ受クルモノナリ又一方ヨリ見レバ其地所ハ恰モ祖神ノ神領ト云フ可キナリ又相續法ニ至リテハ祭祀相續家督相續財産相續等アリテ皆ナ祖先ノ祭祀ヲ繼受スル必要上ヨリ起レルモノナリ

(三) 刑法其他ニ付テノ關係　凡ソ罪アルモノハ其姓ヲ奪フノ規定アル國アリ或ハ其姓ヲ改メシムルノ規定アル所アリ或ハ除籍追放ノ規定アリ此等ハ

皆國民タルノ權利ヲ剝奪シ祖先ノ祭祀ニ預ルコトヲ禁ズルモノニシテ所謂私通罪ノ如キハ其血統ヲ亂スヲ以テ祖先敎上深ク戒ムル所ナリ訴訟法ニ關シテハ原始社會ニ於テハ裁判官ハ氏ノ長者ニシテ一族間ニ爭アル𪜈ハ其一族ノ主長ニ訴フルコト各國皆此例アリ而シテ皆其歸スル所ハ祖先祭祀ノ圓滿ニ行ハレンコトヲ望ムニ外ナラザルナリ其他各種ノ法則ニ對シテ祖先敎ハ著シキ關係ヲ有スルモノニシテ一々說明スルノ遑アラサルナリ

第二　法律ト道德トノ關係

凡ソ人ハ一ノ動物トシテ此世ニ生存スル事ヨリ論スレハ如何ナル欲望ヲ有スルモ如何ナル善行惡行ヲ爲サントスルモ只意ノ向フ所ニシテ他人ノ干涉ノ如何ヲ問ハザルナリ斯ノ如ク人ハ內外トモ無限無疆ノ自由ヲ有スルモノナリト雖𪜈人ガ團體的動物トシテ社會ニ生存スル以上ハ此無限ノ自由ヲ擅ニスル能ハザルモノナリ即チ天性人間止ヲ得サルノ通義ニ從ハザルヲ得ザルモノナリ例バ惡逆ヲ企ルモ他人ヲ欺カントスルモ或ハ人ヲ殺スモ人ヲ毆打シテ傷ルモ絕對自由的動物トシテハ如何ナル制裁ヲモ受クルコトナキ

モ此ノ如キノ自由ヲ以テ社會ニ立タンカ世ハ全ク腕力社會ト變ジテ強者ハ弱者ヲ殺戮シ大ハ小ヲ滅ボシテ鬪爭ノ止ムトキアラザル可ク隨テ社會ノ存立スル能ハザルコト明ナリ故ニ人ニハ自然ニ其絕對的自由意思ト絕對的自由行爲トヲ制裁スルノ義務アリテ存ス卽チ前者ニ對スルモノヲ內義務ト云ヒ後者ニ對スルモノヲ外義務ト云フナリ而シテ內義務ノ敎ユル所ハ所謂道德ナルモノニシテ外義務ノ敎ユル所ハ法律是ナリ

抑モ內義務卽チ道德ノ敎ユル所ノモノハ人類ノ常ニ有セザル可カラザルモノナリト雖モ之ヲ行フハ唯タ其人ノ心ニ在テ存スルノミ或ハ警官或ハ獄吏ノ如ク公力ヲ用ヒ強テ之ヲ行ハシムルコト能ハザルナリ故ニ之ガ制裁力ハ冥々ノ內ニ存スルモノニシテ宗敎ノ所謂因果應報トシテ天ノ司ル所ノモノナリ故ニ道德上敎ユル所ノモノハ無慾節儉ヲ勸ム可シ恩義ヲ忘ル丶勿レ人ヲ恨ム勿レ等ノ如ク皆ナ其常經ニシテ之ニ背クモノアルトキハ天ノ罰スル所アルノミ人ノ罰スル能ハザルモノナリ故ニ一ニ之ヲ不充分ノ義ト云フナリ何トナレバ我レ如何ニ內義務ヲ盡サズトモ人我ヲ強ヒ必ズ行フ可シト要

求スルノ權利ヲ有セス我ハ內義務ヲ盡スノ義務ヲ有スルモ之ヲ盡スト盡サザルハ我ガ心ノ儘ナレバナリ
外義務ノ敎ユル所即チ法律ナルモノニ至テハ彼ノ道德上ノ常經トハ自然ニ異ニシテ人類ガ社會的動物トシテ生存スル以上ハ必ズ盡サズンバアル可カラサルナリ故ニ此義務ヲ盡サヾランカ社會ハ公力ヲ以テ之ニ制裁ヲ附シ強行的ニ盡サシムルモノナリ故ニ人若シ自己ノ自由ヲ全フセンガ爲メ他人ヲ傷ケ或ハ殺スノ行爲アレバ社會ハ必ズ之レニ干涉シテ此ノ如キ惡弊ヲ除カンガ爲メ或ハ死刑ニ處シ或ハ獄舍ニ投ジテ之ニ惡報ヲ施シ尙ホ悔過遷善セシメント欲スルモノナリ因テ之ヲ名ケテ法律上ノ義務及充分ノ義務ト云フ乃チ負債ハ之ヲ返濟セサル可カラズ賭博ハ之ヲ爲ス可カラズトハ即チ法律上ノ義務ニシテ其他法律ノ各部ニ規定スル所ノモノナリ故ニ人ニシテ前記ノ義務ヲ盡サザレバ債主ハ債權ヲ以テ之ヲ要求シ國家ハ公力ヲ以テ賭博者ヲ罰スルモノナリ
右ニ述ブル所ニヨリ余輩ハ道德ト法律ハ如何ナル相違アルカヲ推知スルコ

ト離カラズ即チ道德ハ人ノ意思ノ方向ヲ支配スルモノニシテ法律ハ人ノ行爲ヲ支配スルモノナルヤ明ナリ而シテ道德ハ意思ノ方向ヲ定ムルモノナレバ其意思ノ働キテ或ハ善事ヲナシ或ハ惡事ヲ爲シタルトキモ勿論之ヲ支配スルモノナレ𪜈既ニ行爲トシテ顯ハレタルトキハ法律之ガ責ヲ負フテ干渉支配スルモノナリ

法律ト經濟トノ關係

第三　法律ト經濟トノ關係

世運ノ進歩スルニ從ヒ社會經濟ノ諸問題總テ多少其國ノ法律ノ問題トシテ關係ヲ有セサルモノナシ例ヘハ租稅法ヲ初メトシ鐵道規則、復本位、兒童、勞働ニ關スル法律ノ如キ殊ニ商法ノ規定ノ完否ハ最モ經濟上ニ重要ナル關係アルモノトス反言スレハ法律ハ各人ノ權利義務ノ標準ヲ規定シ以テ各人相互ニ相犯スコトナク社會ノ安寧公衆ノ幸福ヲ維持スルヲ以テ目的トスルモノニシテ一國一社會ヲ組織スル各人民ハ必ス其支配ヲ受ケサル可カラス而シテ社會ノ經濟ハ常ニ法律ノ範圍內ニ於ケル社會人民ノ行爲ニ基キ變動ヲ來スコト多キカ故ニ法律ノ規定スル所ノ如何ニヨリ社會經濟ニ影響ヲ及ホスコトアルハ數ノ免レサル所ナリ若シ商業上ニ直接又ハ間接ノ關係ヲ有スル法律ニシテ確乎トシテ整頓セサランカ安全ニ諸般ノ業務ヲ處理經營スルコト能ハス爲メニ社會經濟ノ目的ヲ達スルコト能ハサルニ至ルコトアラン又夫ノ婚姻法ノ如キモ間接ニ重要ナル關係ヲ經濟社會ニ波及スルモノナリ何者若シ此法ニシテ宜シキヲ得サランカ或ハ猥ニ人口ノ增殖ヲ來タシ其極社會公衆ヲシテ活路ヲ失ハシメ路頭ニ彷徨セシムルノ結果ヲ呈スルニ至ラン或ハ爲メニ人口ノ減少ヲ來タシ國ノ生產力ヲ減少セシメ資本ヲ蕩盡セシムルノ惡結果ヲ招クニ至ルヿアルヘシ由之觀之國家經濟ノ發達ハ法律ノ發達如何ニ相伴フト云フモ不可ナカルヘシ

第四章　法律ノ淵源

法律ノ淵源トハ法律組織ノ原因ヲ云フ凡ソ法理ハ成文ノ法則及ヒ之ヲ構成スル法ノ原則若クハ不文ノ法則等ヨリ成立スルモノニシテ必シモ成文法ノミニ止マラス法ニ缺點ナシトノ格言ハ獨リ裁判上ノ格言タルニ止マラス總テ法理ヲ說明スルニ於テ法ハ完全ニシテ抵觸ナシト云フ推測ヲ以テスルニアラサレハ到底完全ナル說明ヲ爲ス能ハス然レトモ成文ノ法律ハ不備ナルコトアリ又

相抵觸スルコトアリ成文法ナキカ故ニ法理ナシト云フ可カラス又成文ノ法則ナキカ故ニ法理ハ抵觸スルモノナリト解釋スルヲ得ス是實際上成文法ノ逐條的解釋ノミヲ以テ法理ヲ辨明スルヲ得サル所以ナリ又法理學ハ國法ヲ解釋スルニ最モ必要ナルモノニシテ法ノ原則ヲ闡明シ區々ノ法則ヲ一定ノ原則ヲ以テ貫ヌキ成文法ノ缺點ヲ補フノ用ヲ爲スモノナリ法律ノ淵源ニ關シテモ亦タ之ヲ論スル人ニヨリテ幾多ノ差異アリ然レトモ余ハ今玆ニ各説ヲ羅列スルコトヲ止メ自己ノ所信ヲ掲ゲテ順次項ヲ分ッテ論究セントス余ハ法律ノ淵源ヲ左ノ八種ニ限ルト信ス

第一、成文法

第二、學説

第三、條理

第四、條約

第五、宗教

第六、慣習

第七、外國法

第八、判決例

第一　成文法

成文法ハ勿論國法ノ淵源ナリ憲法行政法ノ構成ハ主トシテ成文ノ法令ニ依ルモノナリ國法ハ總テ成文法則ノ解釋ナリト論スル學者多キヲ見ルモ成文法カ法律ノ淵源タルコト明カナリ現今ノ國法ニ於テ成文法ハ法律命令ノ二種ニ分チ法令ノ規定スル所ニ依リテ憲法及ヒ行政法ノ法理ハ決定セラルヽナリ

歐洲ノ學者中ニ於テ特ニ法律ノ形式ヲ具フルモノヽミヲ以テ法理ノ効力アルモノニシテ命令ハ法規ヲ解釋シ執行シ又ハ適用スルニ止マリ獨立ノ法源ヲ爲サスト論スル者アリ蓋此ノ如キ說明ヲナス者ノ國ノ歷史ニ於テハ國ノ普通法ハ國家ノ生存ト共ニ發達シタルモノニシテ政府ノ命令ヲ以テ變更スルコトヲ得ス故ニ若シ普通法ヲ變更セントスルトキハ國民議會ノ議決ヲ要スト云フ主義ハ日耳曼人建國以來ノ精神ニシテ法ナル觀念ハ普通法及ヒ國

會ノ議決シタル法律ニ止マリ國家機關ノ發スル命令ハ新ナル法規ヲ制定スルモノニアラストノ主義ヲ採レリ然レトモ近來立憲政躰ノ實行セラルヽニ當リ總テノ法規ハ必シモ法律ノ形式ヲ具フルモノニアラス特ニ我國法ノ原則トシテハ法律ト命令トハ各之ヲ發スル手續ヲ異ニスルニ止マリ國ノ法則タル價値ニ於テハ同一ナリ故ニ立法ト云フ意義ヲ廣ク解シテ法則ヲ設クルコトヲ云フトスルトキハ立法トハ法律命令ヲ制定スルコトヲ汎稱スルモノナリ故ニ法律命令共ニ法規タルコトハ特ニ我國法ノ解釋上疑フベカラサル所ナリ

第二　學説

學説カ法典ト同一ノ用ヲ爲スト云フコトハ歐洲ノ法律歷史ヲ知ル者ニアラサレハ其何タル意味ナルヤヲ解スル能ハサルナリ特ニ我國法ヲ論スルニ當リテ此歷史的沿革モナク又學説ハ法源ニアラスト云フノ必要ナキカ如シ羅馬繼受ノ時代ニ於テハ羅馬法學者カ法典ヲ解釋シタル學説カ恰カモ判決例ト同一ニ法理決定ノ標準ト爲リシコトハ彼等ノ沿革上ノ事情ニ基クモノナ

リ今沿革上ノ事情ヲ措キ單ニ學説ハ法源ナルヤ否ヤニ付テ論セン
古來學説ヲ採リテ以テ法律ノ淵源トナシタルモノ少カラスト雖ヒ之ヲ以テ
法律ノ直接淵源トナシタル者少クシテ多クハ間接ノ淵源ト爲シタルモノナ
リ學説ヲ以テ直接ニ法律ノ淵源ト爲ストキハ學者ノ著書ヲ採リテ直チニ法
律タルノ力ヲ與フルニ至ルヘシト云フモノアリ例ヘハ羅馬ノオーガスタス
帝カ當時ノ法律學者ヲ選拔シテ之ニ法律ヲ解釋スルノ權利ヲ與ヘタルカ如
キ又羅馬ニ於テ三十九人ノ法律學者ノ學説ヲ編纂シテ「ダイゼスト」ト稱フル
法律トナシタルカ如キ又羅馬ノセオドシヤス帝カ五人ノ法律大家タルパピ
ニアン、ガイアス、モンデスキユウ、ルピアン、ポールノ學説ニ法律タル效力ヲ與
ヘ若シ此五大家ノ學説ニシテ相一致セサルトキハウルピアン氏ノ學説ニ據
ルコト、ナシタルカ如キ即チ學説ヲ採リテ以テ直ニ法律タル效力ヲ與フル
モノナリト然レトモ此ノ如キハ他ノ國ニ於テ又此時代ヨリ外ニアラサル所
ナリ然レトモ學説ヲ以テ間接ニ法律ノ淵源ト爲セルコトハ屢々其ノ例アル
所ナリ英國ニ於テコーン氏及ヒヘール氏ノ學説ヲ參看シテ法律ヲ制定シ佛

國ニ於テボチエー氏ノ學說ニ摸倣シテ法典ヲ編制シタルカ如キ又獨逸ニ於テウインドシヤイドノ學說ヲ以テ民法編纂ノ材料トナシタルカ如キ皆學說ヲ以テ間接ニ法律ノ淵源ト爲シタルモノナリ學說ヲ以テ直ニ法律ト爲スハ危險モ亦甚タシキモノナリ又法律ニ明文ナキトキハ學說ニ從フヘシト云フ者アルモ是亦誤謬ナリ然レトモ學說ハ已ニ公布實施セラル、法律ヲ解釋シ又ハ批評スルノミナラス將來制定セラルヘキ法律ノ材料トナルモノナリ學者カ法典ノ非難ヲ試ムルカ如キ法律編纂ニ當ル者ノ大ニ參照セラル、トコロニシテ立法者ハ概子學說ヲ看過スルヿナク以テ法典ノ完美ヲ望ムナリ然リト雖モ學說ハ常ニ必シモ法律ノ淵源トナルモノニアラス之ヲ法律ノ淵源トナスト否トハ全ク立法者ノ權內ニアルモノナリ

第三　條理

法律ノ格言ニ曰ク惡法亦法ナリト故ニ秦ノ始皇カ儒者ヲ坑ニ埋メ書物ヲ燒キ失ツル法律ヲ發シタルカ如キマホメツト氏カ養子ノ妻ヲ慕ヒ之ヲ離婚セシメ以テ已ノ妻トナサントシ養子ト養子ノ妻トハ法律上親屬ノ關係ナシト

スル法律ヲ發布シタルカ如キ素ヨリ條理ニ反スルコトハ言フヲ俟タサル所ナリ然レトモ條理ニ適合セサルノ故ヲ以テ法律ニアラスト云フヲ得ス是レ法律ト條理ト區域ヲ異ニスルヨリ生スル結果ニシテ古代ニ於テハ條理ヲ以テ直ニ法律ト同一ノ効力アルカ如ク看做シ殆ント條理ト法律トヲ區別スルコトナカリシモ後世ニ至リ法律ハ條理ヨリ其區域ノ狹隘ナルコトヲ知ルニ至リタルヨリ此ノ如キ格言ヲモ生シタルモノナリ然レトモ斯ノ如キ不條理ノ事ト雖トモ法律ハ法律ニシテ之ヲ遵守スヘシト云フカ如キハ法律ノ例外ニシテ原則ニアラス法律ハ通常條理ニ適合スルモノナリ而シテ法律カ通常條理ニ適合スヘキハ獨リ近代ニ於ケル原則ニアラスシテ古來ノ歷史上ニ於テモ亦然ル所ナリ我國ニ於テハ明治八年ニ公布セラレタル裁判事務心得書ニ規定シテ曰ク裁判官ハ法律ニ依ルヘシ法律ナキトキハ慣習ニ依ルヘシ慣習ナキトキハ條理ニ從フヘシト英國ニ於テハ衡平法ナルモノアリテ衡平法ナルモノハ元來條理ニ基キ制定セラレタルモノナリ又墺太利國民法ニ於テモ法文及慣習ナキトキハ自然法ニ從フヘキ旨ヲ規定セラレタリ又羅馬ニ於テ

ハ「ジユス、ゼンチユム」ナルモノアリ是亦條理ニ基キ制定セラレタルモノナリ羅馬ニ於テハ元來「ジユス、クイリシヤム」即チ「ジユス、シビレー」ナルモノアリシモ此法律ハ羅馬人ニノミ適用シ外國人ニ適用スルコトヲ得サルモノトナシ裁判官ハ此法律ヲ以テ羅馬人ト外國人又ハ外國人ト外國人トノ間ニ起レル訴訟ヲ裁判スルヲ得サリシモ後ニ至リ其不衡平ナルヿヲ知リ「プレートル、ペレグリナス」ナルモノヲ設定シ羅馬人ノミナラス羅馬人ト外國人又ハ外國人ト外國人トノ間ニ起レル訴訟ヲ裁判セシムルコトヽナシ之ニ適用スル法律ヲ名ケテ「ジユス、ゼンチユム」ト謂ヘリ而シテ此法律ハ外國ニ行ハルヽ條理ヲモ基本トシテ制定セラレタルモノナリ

以上論スル所ニヨリ條理カ法律ノ淵源ヲ爲スコトハ明カナルモ條理トハ果シテ如何ナルモノヲ云フカ之カ定義ヲ下スハ實ニ困難ナリ普通條理トハ自然ノ道理ト云フカ如シ然レトモ是亦曖昧ナルモノナリ此ノ如キ意義明白ナラサルモノヲ採リテ法律ノ淵源ト爲スハ亦危險ニシテ且不確定ナルカ如シ然ルニ條理ハ其意義明白ナラサルモ吾人ノ社交上ニ於テ最モ有力ナル制裁

力ヲ有スルモノナリ例ヘハ吾人ハ何故ニ忠實ナラサルヘカラサルヤ又何故ニ親ニ對シテ孝ナラサル可カラサルヤ其理由ヲ追究スルトキハ殆ント不確定ナラサルヲ得ス然レトモ吾人ハ猶忠實ナルヘク又孝ナルヘキハ是即チ條理ニシテ實行セラルヽモノナリ而シテ此條理ノ紊亂セサルハ社會ハ勿論一人、一家ト雖モ其秩序保維ノ爲メニ必要缺クヘカラサルモノナリ法律ハ如何ニ進歩スルモ社會ノ事々物々悉ク之ヲ網羅シ規定スルヲ得ス其規定ナキモノハ條理ニ基キ之ヲ決定セサル可カラサルハ言ツヲ俟タサル所ニシテ法律ヲ制定スルニ當リテモ亦之ヲ基礎トナスヘキハ辨明ヲ要セスシテ明カナリ

第四　條約

條約ノ法律ニアラサルコトハ言ヲ俟タサル所ナリ國家カ他ノ國家ト條約ヲ締結スルモ其國ノ人民カ條約ニ服從スルノ義務ナキハ條約カ締結ノミニヨリテ法律タルノ効力ヲ有セサルカ故ナリ故ニ條約ニシテ適法ナル方式ニヨリ公布セラルヽトキニ於テ法律タルノ効力ヲ生スト云フニ付キ二説アリ一ハ人民カ條約ニ服從スルハ條約トシテ服從スルモノナリト云ヒ他ノ一ハ人

民ノ條約ニ服從スルハ條約トシテ服從スルニアラスシテ條約カ適法ノ方式ニ依リ公布セラレタルニヨリ法律トナリタルカ故ニ人民ハ法律トシテ之ニ拘束セラルヽモノナリト云フニアリ余ハ此事ニ付テハ已ニ述ヘタル所アルカ故ニ余ハ只後說ヲ妥當ト信スルコトノミヲ玆ニ一言ス

條約ハ單ニ締結セラレタルノミニ依リテ直ニ法律トナルモノニアラサルモ條約ハ法律ノ淵源ト爲ルモノニシテ獨リ締結國家間ノ法源タルノミナラス第三國ト雖モ之ヲ以テ法律ノ材料トナスヿヲ得ルモノトス而シテ條約カ法源ト爲ル場合ニアリテハ條約ノ事項カ法律ノ實躰トナルモノニシテ即チ其意味ニ於テ法律ノ淵源トナリ採用セラルヽモノナリ今我國ニ於テ其近キ例ヲ擧クレハ日獨條約ハ外國人ニ意匠權及特許權ヲ許可セルカ故ニ勢ヒ此條約ニ基キ換言スレハ此條約ヲ實躰トシテ之ニ關スル法律ヲ作ラサルヘカラサルカ如シ

第五　宗教

スパルタノライスカルガスノ法律モゼス及マホメットト法律ノ如キハ法律ヲ

以テ神意ニ出テタリトナスカ故ニ殆ント宗教上ノ教則ヲ以テ法律トナシタルモノニシテ殊ニ祭政一致ノ時代ニ於テハ宗教カ法律ノ淵源ヲ爲スコト甚タシキモノナリ故ニ往古ニ於テハ啻ニ宗教ヲ以テ法律ノ淵源ト爲スノミナラス宗教自躰ヲ以テ法律トセルナリ然レトモ近世ニ於テハ宗教自躰ヲ以テ法律トナスヿナシト雖モ之ヲ以テ法律ノ淵源トシタルノ例少カラス例ヘハ佛國ニ於テ離婚ヲ禁シタルハ宗教ハ婚姻ヲ以テ神ノ命令ニ因レルモノトナシタルカ故ニ吾人ハ自由ニ離婚スルヲ得サルモノトシテ此ノ如キ法律ヲ制定セルナリ又家督相續ノ如キモ宗教上吾人ハ祖先ノ祭祀ヲ繼續スヘキモノナリトノ思想ヨリ來リタルモノナリ

第六　慣習

慣習ハ法律ノ淵源ヲナスヤ否ヤ是レ法理學ノ一問題タリ而シテ從來ノ學說ハ之ヲ法源ナリト云ヘリ然レトモ私法ノ範圍內ニ於テ特ニ慣習ヲ法源トスルモノニシテ公法ノ範圍內ニ於テハ慣習ハ法源ニアラスト云フ論者多數ナルカ如シ慣習ハ公法ノ範圍內ニ於テ法源タルコトハ私法ノ範圍內ニ於テ法

慣習ノ意義

慣習ハ如何ニシテ法律トナルヤ

源タルヨリ少ナシト雖モ余ハ慣習モ亦公法私法ノ法源タルコトヲ疑ハサルナリ

（イ）慣習ノ意義　プリンツ氏ハ慣習トハ自己ノ行爲ノ自由ヲ內部ノ必要ニ聯結セシムルニヨリテ成立スルモノナリト云ヒ各人ハ自由ニ法律行爲ヲ爲スノ權利アルモ法律ニシテ毫モ之ヲ制限スルコトナクンハ社會ノ爲メ又各人ノ爲メ不利不便ナリ故ニ內部ノ必要ニ應シテ其自由行爲ヲ制限シ又ハ實行シ內部ノ必要ト自由行爲トヲ相伴ハシムルヲ以テ慣習ナリト云フ意見ヲ以テ慣習ヲ說明セリ是レ社會ニ於ケル慣習ノ由來ヲ論シタルモノニシテ慣習其者ノ意義ニアラサルナリ慣習トハ人民カ法律行爲ヲ爲スニ當リ永ク準據セラレタル事實ヲ云フモノナリ

（ロ）慣習ハ如何ニシテ法律トナルヤ　社會ニ於ケル總テノ慣習ハ皆法律トナルモノニアラス法律トナルヘキ慣習ハ法律行爲ノ慣習ナラサル可カラサルコト論ヲ俟タサルナリ然レトモ法律行爲ノ慣習必シモ常ニ慣習法タルモノニアラサルナリ慣習法ハ法律行爲ニ係ル慣習ニ法律タルノ効力ヲ附

シタルモノナルカ故ニ法律行爲ノ慣習必シモ皆慣習法ニアラサルナリ然ラハ慣習カ慣習法即チ法律トナルノ標準果シテ如何是ニ付テハ種々ノ學説アリ

一、主權者ノ認定ニ基クト云フ説ヲ唱フル者ハ曰ク慣習ハ主權者カ法律タル效力アルヿヲ認定スルニヨリテ慣習法トナルモノナリ而シテ其認定ハ必シモ法律タルノ形式ヲ履ムヲ要セス只事實上ニ於テ之ヲ認定シタルニ止マルモ慣習法タルニ毫モ差支ナシ若シ慣習ヲ法律ノ形式ニ依リテ法律タルノ效力ヲ附與スルコトヲ明白ニスルトキハ是レ全ク法律トナルモノニシテ更ニ辨明ヲ要セサル所ナリ此説ハ佛國多數學者ノ唱フル所ニシテ又獨逸一二ノ學者ノ唱フル所ナリ然レトモ此説ニヨルトキハ主權者ノ認定ハ如何ナル時期ニ於テアリタルモノト認ムヘキヤ實際曖昧タラサルヲ得サルナリ

二、永續慣行説此説ニヨレハ慣習ハ永續シテ人民間ニ慣行セラレタル事實ヲ標準トシテ慣習ヲ慣習法トナスヤ否ヤヲ決スルノ趣旨ナリ然レ𪜈其

慣行ノ事實ハ何年間永續シタルコトヲ要スルヤ一定ノ準據ナキカ故ニ何時ニ至リ之レヲ慣習法ト爲スヘキヤ漠然タリ此說ハ英國ノブラックストーン氏ノ主張スル所ナリ

三、法律確認說此說ニ依レハ人民カ慣習ヲ法律ナリト確認シタル時ニ於テ慣習法トナル者ナリト云フニアリ即チ此說ハ人民カ從來慣行シタル行爲ニ付キ爾後之ヲ法律トナスノ意思ヲ以テ行ヒタルトキ慣習變シテ慣習法トナルモノナリト云フモノニシテウヒニーブフターノ如キ法律ハ人民ノ總意ニ出ツルモノナリト主張スル者ノ唱フル所ニシテ人民ノ總意カ慣習ヲ法律ナリト信スルニ因リテ慣習法ヲ生スト云フモノナルカ故ニ余カ已ニ論シタル人民總意說ノ批評ヲ採リ來リテ此說ヲ考フルトキハ思半ニ過クルモノアランカ加之此說モ亦人民ノ確信ハ何時ニ於テ慣習ヲ法律ト爲サシムルヤ法律ニ之カ規定ナキ以上ハ何人カ之ヲ決定セサルヘカラス若シ裁判所ヲシテ之ヲ判定セシムトセンカ是人民確信說ニアラスシテ裁判所確信說ト云フヘキニ至ラン

四、裁判所認定說此說ノ趣旨トスル所ハ慣習ノ慣習法トナルニハ裁判所カ法律ト認定シタル場合ニ於テ慣習法トナルモノニシテ人民ノ確信ニヨル者ニアラス又慣習カ何年間永續スルモ未タ之ヲ法律タルモノニアラスシテ一ニ裁判所カ當事者ノ爭ニ付テ判定シタルトキニ於テ定マルモノナリト云フニアリ此說ハ英國多數ノ學者ノ採用スル所ニシテ英國ノ學者ハ慣習法ヲ裁判官制定法ト云ヘリ是レ主權者ノ制定ニ係ルモノニアラサルノ故ヲ以テ云フモノニシテ英國ノ學者ハ法律ハ立法者ニ於テ制定スルモ司法官ニ於テ制定スルモ同シク法律タルモノニシテ立法者ノ手ニ依リテ制定セラレタル法律ヲ普通ノ法律ト云ヒ右述ヘタル裁判官ノ認定ニ基ク法律換言スレハ慣習法ハ之ヲ裁判官制定法ト云ヘリオースチンオルトラン〔ノ〕兩氏モ亦此說ヲ採ルモノヽ如シ英國學者ハ何故ニ慣習法タルニハ裁判所ノ認定ノミニ限リタルカ立法者ノ認定亦慣習法タラシムルコトヲ得サルニアラズ故ニ余ハ此說ハ狹キニ失スルモノト言フコトヲ憚ラサルナリ

五、法律條件說此說ハ法律ニ於テ慣習法タルノ條件ヲ規定シ慣習カ其規定ノ條件ヲ具備スルニヨリテ慣習法トナル者ナリト云フニアリ此說モ亦英國學者ノ多ク主張スル所ナリ英國ニ於テハ慣習ノ法律トナルヘキ條件ヲ定メラルヽモ他ノ諸國ニ於テハ古來法律上此ノ如キ條件ヲ規定スルヿナク只慣習ノ變シテ慣習法トナルノ條件ハ學者隨意ニ定メタルニ過キス英國ニ於テ其條件ヲ定メシモ法律ヲ以テシタルニアラスシテ裁判所ニ於テ定メタルノミ故ニ之ヲ裁判所條件說ト云フハ不可ナキモ法律條件ト云フハ當ヲ得ス此ノ如クナルヲ以テ英國學者ニシテ裁判所認定說ヲ採用スル者ハ概ネ此說ヲ歡迎セリ今左ニ英國裁判所カ慣習法タルヘキ條件トシテ定メラレタルモノヲ揭クヘシ

(一)古來慣行セラレタルコト
(二)中斷ナク繼續シテ行ハレタルコト
(三)爭又ハ疑アラサルコト
(四)確定セルコト

(五)強制力ヲ有スルコト
(六)法律又ハ其他ノ慣習法ニ背馳セサルコト
(七)條理ナルコト
次ニ諸學者ノ條件トスル所ヲ示サン
獨逸ノヴインドシヤイド氏ハ左ノ四條件ヲ掲ケタリ
(一)同一ノ行爲ニ付テ實行シタル慣習ナルコト
(二)人民カ法律トシテ行フコトヲ必要ナリト確信シタルコト而シテ其確信ハ眞實ナルコトヲ要ス
(三)永續シテ慣行セラレタルコト
(四)條理ニ適スルコト
獨逸ノデルンブルヒ氏ハ左ノ五條件ヲ示サレタリ
(一)同一ノ行爲ナルコト　茲ニ所謂行爲ハ行爲不行爲ヲモ包含スルモノトス
(二)多年慣行シタルコト　多年ナルヤ否ヤノ判定ハ裁判官ニ認定セシム

ルモノトス

（三）法律上ノ習慣ナルコト　慣習法ト爲ル可キ慣習ハ道徳上若クハ社交上ノ慣習ニアラスシテ法律行爲ニ關スルモノナラサル可カラス

（四）各個人ノ行ヒタル慣習又ハ團體ノ行ヒタル慣習ナルコト　即チ市町村ニ於テ慣行セラレタルモノハ之ヲ市町村慣習ト謂ヒ親族間ニ於テ慣行セラレタルモノハ之ヲ親族慣習ト云フカ如シ前者ハ或ハ之ヲ局地慣習ト謂フ

（五）善良ナル風俗及ヒ完全ナル理性ニ反セサルコト　即チ善良ナル風俗若クハ完全ナル理性ニ反スル慣習ハ公益ニ關スルモノナルカ故ニ之ヲ慣習法ト爲スコト能ハサルナリ

上來述ヘタル諸條件ハ之ヲ學説トシテ見ルヘキモノニシテ何レノ邦國ト雖モ未タ之ヲ法律ヲ以テ規定シタル國アルヿヲ聞カス慣習ハ時ト處ニ因リ變遷スルモノナルカ故ニ之ヲ法律ニ於テ一定スルハ時機ニ應セサルコトアルハ勿論殊ニ立憲政躰ニ於テハ法律ハ議會ノ協賛ヲ經ルコトヲ要ス

ルカ故ニ若シ之ヲ法律トスルヿトセンカ其條件ヲ變更スルモ亦議會ノ協贊ヲ經サル可カラサルニ至リ切迫ナル事情アル場合ニ於テハ最モ不便ヲ感スヘシ故ニ慣習法タルヘキ條件ヲ法律ヲ以テ規定スルハ裁判所ヲシテ其認定ヲ爲サシムルヨリモ尚不便ナリ故ニ余ハ此條件ハ立法部以外ニ於テ定メシメ且裁判所ノミニ之ヲ一任セサルヲ可ナリト信ス

（ハ）慣習法ノ效力如何　羅馬ニ於テハ其沿革上慣習法ノ效力ニ關シテ二說アリ一ハ慣習法ヲ以テ成文法ヲ廢止變更スルヲ得ト云フモノニシテ一ハ慣習法ハ成文法ヲ廢止變更スルノ效力ナシト云フモノナリ前說ハユリヤナス氏之ヲ主唱シ後說ハコンスタン帝ノ勅令ニ於テ採用セル所ナリ余ヲ以テ是ヲ見ルニ慣習法ハ單ニ國民ノ確信スル所ニ由ルニアラスシテ國家ノ默認ニ依リテ法規タルノ效力ヲ有スルモノナルカ故ニ慣習法ノ效力ハ國家ト關係ナク獨立シテ存在シ而カモ能ク國民ヲ束縛スルコトヲ得ルモノニアラス若シ然ラスシテ慣習法ハ國家ト獨立シテ羈束力ヲ有スルモノト爲サンカ國家ハ自ラ加フル制限ノ外法律上自己ヲ制限スル勢力アルモノ

ヽ存在ヲ認メサル可カラス是レ國家ノ觀念ト相反スルモノナリ國家ハ一國內ノ法規ヲ設ケ國家內ノ秩序維持ノ權ヲ有スルノミナラス又其職分ヲ有スルモノナリ故ニ國家ハ其意思ノ働ニヨリテ全ク慣習法ヲ禁シ又ハ之ヲ制限スルコトヲ得又ハ現在ノ慣習法ヲ廢止變更スルヲ得ルモノトス然ルニ國家ハ或場合ニハ此權ヲ實行セス慣習法カ國民ノ精神上ニ有スル勢力ニ依リテ各權利主躰間ノ關係ヲ定ムルニ一任スルトキハ國家ハ此消極的擧動ニヨリテ慣習法ヲ默認シタルモノト云ハサル可カラス慣習法ハ國家ノ默認ニヨリ法規タル効力ヲ有ス故ニ慣習法ハ國家ノ行爲ヲ束縛スルコトアルモ是レ國家カ任意ニ束縛ヲ甘シタルモノナリ

慣習法ハ國家ノ默認ニヨリテ効力ヲ有スルモノニシテ國家ノ意思ニ反シテ効力ヲ有スルモノニアラス故ニ慣習法ハ成文法ヲ以テ廢止變更セラルヽコアルモ慣習法ハ成文法ヲ廢止變更スルノ効力アルモノニアラス而シテ慣習法ノ發生ハ成文法ニ依リテ全ク之ヲ禁止シ又ハ之ヲ制限セラルヽコトアルナリ

第七　外國法

法律ハ主トシテ其國固有ノ人情、風俗、地勢、氣候、慣習ニ鑑ミテ制定スヘキモノナレハ外國ノ法律假令完美ナリト雖モ自國ニ適セサルヿアリ故ヲ以テ外國ノ法律ハ直チニ採リテ以テ自國ノ法律ト爲スニ足ラスト雖モ立法ノ事業タル複雜極ナク又至難ナルコトニシテ一切ノ事總テ一朝一夕ヲ以テ網羅シ餘ス所ナカラシメンハ到底望ムヘカラス故ヲ以テ立法ハ外國ノ經驗ニ則リ其國ノ法律ヲ採集シ以テ自國法律ノ不備ヲ補ヒ又ハ之ヲ創設スルハ止ムヲ得サル所ニシテ其採集ニシテ當ヲ得ンカ最モ利益アルモノナリ而シテ此ノ如キ方法ニヨリ制定セラレタル法律ヲ稱シテ繼受法ト謂フ繼受法ハ外國ノ法律ヲ模範トシテ制定スルモノナルカ故ニ其實躰ヲ採ルモ其形式ヲ採ルモ等シク繼受法ニシテ又之ヲ適用スルハ外國法ヲ適用スルニアラスシテ自國法律ヲ適用スルモノナルコトハ言ヲ俟タサルナリ

第八　判決例

立法者ハ必シモ判例ニ據ラサルヘカラサルノ義務アルモノニアラス立法者

カ法律ヲ制定スルハ多クハ法律ノ不備又ハ缺點アルヨリシテ已ニ發シタル法律ヲ廢止シ又ハ變更シ又ハ新ニ公布スルモノナリ故ニ若シ立法者カ法律ヲ制定スルニ必ス判例ニ從フヘキモノトナサンカ法律又ハ慣習ハ竟ニ廢止變更スルヲ得サルニ至ルコトアルヘシ前判決ハ法律モナク慣習モナキカ故ニ單ニ條理ノミニヨリテ下シタルモノトセンカ條理ハ必シモ一定不變ノモノニアラス故ニ若シ判例ノミヲ以テ立法ノ材料トナサンカ此塲合ニ於テ其條理ハ如何ニ變遷ノ事情ニ遭遇スルモ之ヲ變更スルノ期ナキニ至ルヲ以テ遂ニ立法上ニ大弊ヲ來タスコトアルヘシ故ニ立法者ハ必シモ判決例ニ從フヘキ義務アルモノニアラサルモ之ヲ採リテ立法ノ材料ト爲スハ毫モ違法ニアラサルナリ故ニ立法者ハ通常法律ノ淵源ト爲スト雖𪜈其誤ニ出ツルハ云フヲ俟タス茲ニ疑アルハ裁判官ハ必ス判決例ニ從フヘキモノナルヤ否ヤト云フヿナリ或ハ曰ク裁判官ニシテ判決例ニ從フノ義務ナシトセンカ裁判ハ毎ニ統一スルコトナク從テ人民ノ權利ヲ完全ニ保護スルヿ能ハサルニ至ルヘシト即チ同一ノ事實ニシテ或ハ原告ニ權利アリトナシ或ハ被告ニ權利ア

リト為サンカ各人ノ權利ハ決シテ平等完全ニ保護セラルルヿナシト而シテ此說ヲ唱フル者ハ裁判官ハ必ス自己ト同級裁判所ノ下シタル判例ニ從フヘク殊ニ下級裁判官ハ上級裁判所ノ判決ニ從フヘシト云フモ是レ法理論トシテ當ヲ得タルモノニアラサルナリ裁判官ハ法律ニ從フヘク法律ナキトキハ慣習ニ從フヘク慣習ナキトキハ條理ニ從フヘキモノニシテ何ソ必シモ判決例ニ從フノ義務アランヤ裁判官ニシテ已ニ然リ立法者ト雖モ之ト同シク判決例ヲ以テ法律ノ淵源トナスノ自由アルモ義務アルモノニアラサルナリ

第五章　法律ノ目的

法律ノ目的ニ付キ古來學者ノ論スル所ヲ見ルニ概ネ積極的ト消極的ノ二派ニ岐ル即チ積極的ニ法律ノ目的ヲ論スル者ハ法律ハ人民ノ權利ヲ創設シ及之ヲ維持スルモノニシテ幸福ヲ增進助長セシメント欲スルモノナリト云フニアリ消極的ニ觀察スル者ハ法律ハ各人ノ自由ヲ制限シテ各人カ互ニ欲スル自由ヲ和合セシムルモノナリト云フニアリ消極論ヲ唱フル者ハホッブスカントサビニー等ノ諸大家ニシテホッブス氏ハ曰ク法律ノ制定セラルヽ所以ノモノハ唯

各人天賦ノ自由ニ限界ヲ設クルモノニシテ其之ヲ制限スルハ各人相助ケテ以テ社會ニ於ケル公敵ヲ防クカ爲メニスルモノナリ從テ法律カ或行爲ヲ爲スヘカラサルコトヲ禁スルニアラスシテ單ニ其所爲ノ適法ナルコトヲ擧示スル場合ト雖モ法律ハ其行爲ヲ爲スヘキ旨ヲ命スルニアラスシテ其行爲ヲ妨害スル者アルヲ防クニ外ナラサルナリト云ヒサビニー氏ハ各人各個ノ運動ヲ完全ナラシムル爲メ無形ノ範圍ヲ示シタルモノナリト云ヒカント氏ハ法律ノ目的ヲ以テ自由ノ大原則ニ適合セシムル爲メ各人固有ノ自由心ヲ制限シ以テ他人ノ自由心ト互ニ抵觸セス相兩立セシムルニアリト云ヘリ此等ノ諸說タル皆自由ヲ消極的ニ論シタル者ニシテ各人ノ權利自由ヲ積極的ニ觀察シ保護シ又ハ創設スルノ意味ハ毫モ包含セシメサルテリ故ニホルランド氏ハ此等ノ諸說ヲ批評シテ範圍ノ狹小ナルヲ說破シ若シ强テ消極論者ノ說ニ從ハントセハ各人ハ如何ナル事ヲモ爲スヿナキニ至リテ始メテ法律ノ完全ナル目的ヲ達シタリト爲スヘク進テ行爲スルハ却テ法律ノ好マサルナリト云フニ至リ自己ノ兒童ヲ入學セシムルモ法律ノ目的ニアラスト云ハサルヲ得サルニ至ルヘシト云ヘリ

積極論ヲ唱フル者ハベンザムクラウゼーアーレンスロック等ノ諸氏ニシテアーレンスクラウゼー等ノ述フル所ヲ見ルニ法律ノ目的ハ人類ノ最大幸福ヲ得ルカ爲ニ百般ノ情況ヲ整理調和セシムルモノナリト而シテ各個人及社會ノ幸福安寧ヲ計ルニハ之ヲ制御スルノ權力ヲ要ス而シテ其之ヲ制御スル權力ヲ應用シ以テ一個人ヲ制御スルモノハ即チ國家ナリトロック氏ハ曰ク法律ノ眞意ハ各人ノ自由意思ヲ制限スルモノナリト云フヨリ寧ロ一般ノ公益ヲ增進スル爲ニ設ケタルモノニシテ法律ノ主眼トスル所ハ各人ノ自由ヲ增進保護スルニアリト彼ノベンザム氏カ主法ノ定義ヲ下シテ主法ハ社會全躰ノ最大幸福ヲ得ルニ必要ナル條件ヲ規定セルモノナリト云ヘルモ其趣旨同一ナリ國家ハ元來各人ノ權利ノミヲ保護スルヲ以テ目的トセサルハ明カナルモ法律ハ主トメ權利ノ保護ヲ勉ムル者ナリ故ニ法理學ニ於テ最モ簡明ニ法律ノ目的ヲ云ヘハ法律ハ各人ニ權利及自由ヲ創設シ或ハ其權利自由ヲ保護スルモノナリト云フヲ以テ最モ其要ヲ得タルモノト云フヲ得ヘシ各人ノ權利自由ハ法律ニ依リテ與ヘラルヽモノニシテ又法律ニ依リテ之ヲ保障セラルヽモノトス若シ天賦人權

說ヲ以テ當ヲ得タルモノトナサンエハ或ハ消極的ノ觀察ヲ以テ法律ノ目的ヲ闡明シ得ヘキモ天賦人權說ハ已ニ法治國ニ於ケル法理論トシテハ一笑ニ付セラルヽ迄ニシテ毫モ價値ナキハ云フマデモナキコトナリ已ニ各人ノ權利自由ハ法律ニ依リテ與ヘラレタルモノナル以上ハ各人ノ權利自由ハ亦法律ニ依リテ保護セラルヽモノト云フヘシ法治國ニ於ケル法律ノ目的ハ實ニ茲ニ存スルモノト云フヲ得ヘシ

法律ノ効力

第六章　法律ノ効力

第一　總論

總論ヲ分ッテ形式上ノ効力及ヒ實質上ノ効力ノ二トナシ以下之ヲ分論セントス

形式上ノ効力

(イ)法律ノ形式上ノ効力　法律ヲ以テ發シタル國家ノ意思ハ之ヲ變更スルニモ亦法律ノ形式ニ依リテ爲サヽル可カラス凡ソ立憲國ニ於ケル立法ノ範圍ハ二種別ヨリ成ルモノニシテ第一ハ憲法上法律ヲ以テ規定スヘキ事項例ヘハ租稅ニ關スル事項ノ如キ或ハ裁判所ノ構成ニ關スル事項ノ如キ或ハ

兵役ニ關スル規定居住移轉ニ關スル事項ノ如キハ必ス法律ヲ以テ規定セサル可ラサルカ如シ第二ハ憲法上法律ヲ以テ規定シ得ル事項ナリト雖而シテ其事項ハ君主ノ大權ノ作用即チ命令ヲ以テモ規定シ得ヘキ事項ナリ此等法律又ハ命令ノ何ニ依ルモ規定スルコトヲ得ル事項ト雖モ已ニ法律ヲ以テ規定シタルトキハ之ヲ廢止變更スルニハ必ス法律ヲ以テセサルヘカラス日本憲法第九條ニハ命令ヲ以テ法律ヲ變更シ得サル旨ヲ規定スルモ法律ヲ以テ命令ヲ變更シ得サル旨ノ規定ナキヲ以テ見レハ法律ハ命令ヲ廢止變更シ得ルノ力アルハ明カナリ

新法律ト舊法律ト相抵觸スルトキハ新法ハ舊法ヲ變更スルノ効力アルモノトス然レトモ之ニ關シテ注意スヘキハ新法カ舊法ト抵觸スル塲合ニ於テ新法カ舊法ヲ變更スルノ効力ハ其法律ノ規定如何ニ依リテ異ル抑モ新法律カ舊法律ヲ變更スルノ効力ヲ有スルハ新舊ノ法律ノ規定カ互ニ抵觸スル塲合ニ新法ハ舊法ヲ變更スヘキモノ也ト云フ意思ヲ立法者カ有セルコトヲ推定シ得ル塲合ニ限ルモノ也故ニ例ヘハ歳計豫算ハ之ヲ法律トス

ルモ必シモ其歳計豫算カ租稅徵集ニ關スル法律ヲ變更スルコトヲ得ト云フヲ得ス若シ其豫算ノ目的ニシテ只歳入ノ見積ニ過キサルトキハ假令其金額カ租稅法ノ定ムル稅率ニ從テ計算シタル金額ト相違スルコトアルモ立法者ノ意思ハ其歳入豫算ヲ以テ租稅法ヲ變更スルノ意思ニアラサルコトハ推測シ得レハナリ

以上述ヘタル所ハ法律カ立法手續ノ完結ニ因リテ生スル效力ナレトモ法律ノ實施ノ效力ハ我國ノ法律ニ依レハ官報到達後七日ヲ以テ生スルモノトス故ニ玆ニ甲乙ノ二法律アリトセンニ甲ノ法律ハ乙ヨリ後ニ公布セラレシモ其實施ノ效力ヲ生セシハ甲法律ハ乙法律ヨリ前ニアリトセハ此二法律互ニ抵觸スルトキハ乙法律ハ甲法律ヲ變更スルモノナリ何トナレハ法律カ外部ニ對シテ存在ヲ表スハ公布ニ依ルモノニシテ即チ形式的ノ效力ヲ生スルハ此公布ノ瞬間ニシテ施行力ノ生スルト否トヲ問ハサレハナリ換言スレハ甲法ハ假令乙法ヨリ先キニ施行セラルヽモ形式上ノ效力ハ乙法ヨリ後ニ生シタルモノナレハナリ

(ロ)實質上ノ効力　法律ノ實質上ノ効力ハ其法律ノ規定スル實質ニ從テ之ヲ決セサル可カラス法律ノ實質ハ或ハ法規ナルコトアリ或ハ法律行爲ニ關スルコトアリ又ハ單ニ一個人ニ關スルコトアリ國家機關ノ作用ニ關スルコトアリ其他全ク或事實ノ報告ヲ爲スニ過キザルコトアリ或ハ政治上ノ希望ニ關スルコトアルカ如ク其實質如何ニヨリテ又其効力ヲ異ニス從テ若シ新定ノ法律カ前法律ヲ變更スルノ主旨ニアラスシテ之カ例外ヲ爲スノ主意タルトキハ新法ハ舊法ヲ變更スルモノト見做スヲ得ス例ヘハ法律ニ一般ノ法律ト特別ノ法律トアルヘク又法律ヲ以テ規則ヲ定ムル場合ト處分ヲ行フ場合トアルヘシ彼ノ外國人ニ歸化ヲ許シ又ハ鐵道布設ノ免許ヲ與ヘ又ハ法人ノ設立ヲ認許スルコトヲ法律ヲ以テ定ムル場合ノ如キハ其ノ名ハ法律ナルモ其ノ性質ハ行政處分ナリ法則ヲ定ムルノ趣旨ニアラスシテ法則ニヨリテ處分ヲ行フモノナリ歸化法又ハ民法鐵道法ト云フカ如キ法則ニ準據シテ其職務ヲ爲スヘキナリ故ニ之ヲ法律ナリト謂フモ其實質ハ處分ノ性質ナルカ故ニ一般ノ法律ニ抵觸スルコトナシ最モ之ニ付テ

ハ英國憲法等ハ反對ノ說アルヘシ何トナレハ英國ニ於テハ法律ノ效力ト云フコトナク國會ノ權力ト云ヒ國會ハ如何ナル事ト雖𪜈爲シ得ヘシトノ原則ヨリシテ法律カ一個人ヲ束縛スルモ國會ヲ束縛スルコトナク議會ノ議決スル所ニシテ法律ト抵觸スルコトアレハ法律ヲ變更シタルモノトスルノ國法ナレハナリ此議會全能ニ基ク說ハ我國ニ準用スルヲ得ス如何トナレハ我國ニ於テハ法律ハ最高ノ權力ニアラス又議會ハ主權ノ存在スル所ニモアラサレハナリ故ニ國會ト君主ト一致シタルコトハ總テ國法ナリトノ斷言ヲ爲スヲ得ス其一致シタル目的ニシテ國法ノ制定タルヤ否ヤニ由リテ效力ヲ生スルモノナレハナリ是レ英國憲法ノ法理ト歐洲大陸ノ理論ト異ル點ナリ英國ニ於テモ學者ノ著書等ニハ此ノ如キ概括的ノ理論ヲ唱フルモ其實際ヲ見ルトキハ此ニ說明スル所ト異ルコトナシ即チ英國ノ所謂私案立法ト云フヲ他國ノ法律ヲ以テ之ヲ云ヘハ行政處分ナリ例ヘハ鐵道法ヲ定ムルハ公法ナルヘク而シテ是亦法則タリト雖𪜈或ハ鐵道會社ヘ鐵道敷設ノ免許ヲ與フルコトハ私案トシテ決議セラル而シテ此塲合ニハ

實際鐵道法ニ違フヤ否ヤヲ審査シ其法律ノ範圍內ニ於テ免許ヲ與フルナリ故ニ英國ニ於テモ實際ハ此區別アルカ如シ然レトモ學者ハ多クハ議會ノ爲スコトヲ以テ即チ法律ナリ議會ハ事ヲ爲スニ當リテ前ノ法律ニ拘束セラルヽコトナシト云ヘリ此等ハ實例ヲ見ルモ實際ニ於テ等シク法律ト云フモ其性質如何ニヨリ効力ヲ異ニスルモノナリ從テ立法ノ自由ニ付テ制限アルヲ知ルニ足ラン

第二　法律ノ土地ニ關スル効力ノ範圍

土地ニ關スル法律ノ効力ヲ論ス

法律ハ之ヲ制定セル國ニ於テノミ効力ヲ有スルヲ以テ原則トスルハ今日一般ニ認ラルヽ所也然レ𪜈往古未開ノ時代ニ於テハ此ノ如キ思想發達セス法律ノ所ニ關スル効力ニ付テハ毫モ觀念ノ及フモノナカリシ也是レ往古未開ノ時代ニ於テハ人民ハ一定ノ土地ヲ有スルヿナク遊牧遍歷ヲ事ト〆移轉セルカ故ニ若シ所ニ關スル法律ノ効力ヲ其國ニ限ル者ト爲ンカ法律ハ遂ニ其目的ヲ達スルヿ能ハサルニ至ル也故ニ往古ニアリテハ法律ハ人ヲ以テ目的トナシ其人民ハ如何ナル所ニ移轉スルモ之ニ追及スル者トセリ是即屬人法

主義ノ行ハレタル所以也猶太、及亞剌西亞ノ如キ即チ是レ也猶太ノ法律ハ猶太人民ノ法律ニシテ猶太國ノ法律ニアラストセシ如キ其例ナリ從テ猶太人ハ如何ナル國ニ至ルモ其法力ヨリ脱スルヿヲ得ス外國人ハ假令猶太ニ至ルモ其法律ノ適用セラル、コトナカリシ也土耳古及羅馬ノ法律モ亦然リ佛國ニ於テモ中世佛蘭西王ハ佛國人ノ王ニ〆佛國ノ王ニアラス從テ其發布セル法律モ亦佛人ノ法律ニシテ佛國ノ法律ニアラストノ觀念行ハレタルヨリ觀レハ此ノ如キ思想ノ一般ニ行ハレタルヿヲ知ルヲ得ヘシ夫ノ日耳曼人カ羅馬ニ侵入セル時代ニ於テモ此思想行ハレ日耳曼人ハ羅馬法ニ從ハス又羅馬人ハ日耳曼人ノ法ヲ用ヒサリキ日耳曼人カ此ノ如キ觀念ヲ有セシ原因ニ付テハ種々ノ說ヲ爲ス者アリモンテスキユー氏ノ唱フル所ニヨレハ日耳曼人種ハ個人的ノ思想深ク假令外國ヲ併有スルモ是レ決シテ外國人マテモ日耳曼人トシタルニ非スト爲シタルニ因ルトナシサビニー氏ノ說ク所ニヨレハ日耳曼人ハ尊大ニシテ外國人ニ自國ノ法律ヲ適用スルヲ快トセサリシカ故ナリト又近頃歷史派ノ說ニヨレハ日耳曼人種ハ野蠻人ノ熟シタルモノニシテ常ニ遊牧遍歴セルカ故ニ何レノ國ニ到ルモ同一人種ノ法律ノ適用ヲ受クヘキモノナリトノ思想ヲ有シタルカ故ナリト此等ノ諸説ハ各理由アルトコロニシテ其系統ヲ重シタルヿ第二説ノ唱フルカ如ク其人種ノ同一ナル者ハ土地ニ重ヲ置カサルコト第一説ノ如ク又野蠻的ニシテ遊牧ヲ事トセシコト第三説ノ唱フルカ如シ然レトモ日耳曼法ニ於テモ日耳曼人ノ女子ニシテ外國人ト結婚シタルトキハ日耳曼ノ法律ヲ適用セラルヽコトナキ例外ヲ認メタリ土耳古ニ於テハ外國人ヲ輕侮シ外國人ニ對シテハ土耳古ノ法律ヲ適用スルコトナク土耳古人ハ外國法ノ適用ヲ受クルコトナキモノトセリ蓋シ土耳古ノ法律ハマホメツト教ヨリ出テタルモノニシテ完全ナルモノナルカ故ニ之ヲ外國人ニ適用スルハ惜シムヘキコトナリトノ考ヨリ出テタルモノニシテ是實ニ領事裁判ノ制度ノ基因ヲ爲セルモノナリ要之屬人主義ハ已ニ述ヘタル三説ノ唱フル所ヲ理由トシテ生シタルモノナルコトヲ注意スヘキナリ屬人主義ニ次テ生シタルハ屬地主義ナリ屬地主義ハ法律ハ人ニ追隨スルモノニアラスシテ土地ニ附屬スルモノナリトナスモノナリ故ニ屬地主義ニ

ヨルトキハ內國人ト雖モ外國ニ至ルトキハ其國ノ法律ニヨリテ支配セラルヽト同シク外國人ト雖モ內國ニ來ルトキハ內國法ヲ適用スヘキモノトナスノ主義ナリ屬地主義ハ封建制度ノ觀念ニ基キ生シタルモノニシテ君主ハ土地ヲ有スルカ故ニ其土地ニ居住スル者ハ總テ其國ノ君主ニ支配ヲ受クヘキ者ニシテ其人タルト物タルトニ論ナク總テ君主ニ從屬スヘキモノナリトノ觀念ヨリ此主義ヲ起生セシメタルモノニシテ此主義ヲ絕對的ニ行ヒタルハメキシコナリ外國人ニシテメキシコニ至ルモ其外國人ニシテ外國人登錄簿ニ其外國人タル旨ヲ登錄セサルトキハ總テ之ヲメキシコ人ト爲セリ國民分限ニ關シテ出生地主義ヲ採ル國ハ亦極端ニ此主義ヲ行フモノナリ英米ノ如キ是ナリ米國ハ千八百六十七年ニ至ルマテ英國ハ千八百七十年ニ至ルマテ絕對的出生地主義ヲ採用セリ即チ外國人ノ子ト雖モ英米ニ於テ出生シタル者ハ英國又ハ米國人ト爲セルナリ現今ニ於テモ南米諸國ハ尙此絕對的出生地主義ヲ採レリ此主義ハ土地ト人トハ密接ノ關係ヲ有スルモノナリトノ觀念ヨリ起リタル者ナリ建封時代ニ於テハ人民ハ已ニ一定ノ土地ニ固着スル

モノナリトノ觀念ヲ有シタルヨリ此ノ如キ結果ヲ來タセルナリ

以上述フル所ノ屬人主義及屬地主義ヲ絶對的ニ行フ𪜈ハ共ニ弊害アルヲ免レス此ニ於テ折衷主義ヲ唱フルニ至レリ之ヲ法則主義ト謂ヘリ法則主義ハ第十四世紀ノ中頃バルトルス氏カ始メテ唱道シタルモノニシテ此時代ニ於テハ熾ニ行ハレタルモノナリ此主義ニヨレハ人ニ關スル事柄ハ住所地ノ法律ニ從ヒ物ニ關スル事柄ハ物ノ所在地法ニ從フヘキモノトナシ行爲ニ關スル事項ハ行爲地ノ法律ニ從アヘキモノトナスナリ然レトモ物ニ關スル場合ニ於テモ動產ニ關スル𪜈ハ行爲地ノ法律ニ從フヘキモノトセリ是蓋シ動產ハ土地ニ固着スルモノニアラスシテ人ニ附屬シテ輾轉スルヲ常トスルカ故ニ然ラシメタルナルヘシト雖モ法律行爲ハ必シモ人若クハ物ノミニ關スルモノニアラス人ニ關スルト共ニ物ニ關シ物ニ關スルト共ニ人ニ關スルヿアリ例之相續ノ場合ニ於テハ之ヲ相續人及被相續人ヨリ觀察スル𪜈ハ人ニ關スルモ目的タル財產ヨリ觀ルトキハ物ニ關スルカ故ニ其觀察ノ方面ニヨリテ或ハ住所地法ニ從ヒ或ハ所在地法ニ從フヘキ結果ヲ生スルナリ此場合ニ

於テパルト氏ハ曰ク相續ハ人ニ關スルカ故ニ住所地法ニヨルヘク財產カ人ニ相續セラル、ハ物ニ關スルヲ以テ其物ノ所在地法ニ從フヘシト此ノ如キハ畢竟文法上ノ爭タルニ過キスシテ之ガ兩者ノ區別ヲ明了ナラシムルコト能ハサルナリ

法則主義亦完全ナラス今日ニ於テハ絕對的屬人主義ニアラス又絕對的屬地主義ニアラサル屬地、屬人相半スル主義行ハル然レトモ其點ニ於テ相折衷セラル、ヤハ本書ノ問題外ニ涉ル而シテ法律行爲ニ付テ如何ナル法律ニ於テ決スヘキヤ之ニ付テハ學說種々アリ今其重ナルモノヲ掲ケテ參考トナサン

權利發生地法說

(イ)權利發生地法說　此說ハウエヒテル氏ノ唱フル所ニシテ權利ノ發生シタル地ノ法律ニ從フトナスモノナルカ故ニ問題ヲ以テ問題ヲ決スル循環推理ノ誤謬アルモノナリ何トナレハ是ヲ以テ權利ハ何レノ法律ニ依テ發生スルヤノ答案トナスモノナレハナリ

履行地法說

(ロ)履行地法說　此說ハ履行地ノ法律ニ從フヘキモノトナスカ故ニ一見明確ナレトモ此說ハ法律制定ノ目的ヲ無視スルノ結果ヲ來スノ虞アリ何トナ

意思説

レハ國家カ法律ヲ制定スルハ其國人民ヲ羈束セントスルノ目的ニ出ツルモノナルニ當事者カ隨意ニ定ムル履行地ノ法律ニ從フコトヲ許ストキハ人民ハ容易ニ其國ノ法律ノ支配ヲ脱スルコトヲ得レハナリ

(ハ)意思説　此説ハ獨逸ノハウス氏等ノ唱フル所ニシテ法律行爲ノ當事者ノ意思ニ依テ決定スヘシトスルモノニシテ意思ヲ重スル點ヨリ見ルトキハ當ヲ得タルカ如シト雖モ之カ爲メニ國家ノ秩序ヲ紊ルノ虞ナキ能ハサルハ第二説ト同ク批難ヲ免レサルヘシ

以上ノ諸説ハ各一長一短アリ其一ヲ採リテ以テ法律行爲ニ付キ之ヲ適用スルヲ得ス到底其一貫ヲ期スルヿヲ得サルナリ即チ人ノ身分能力ニ付テハ本國法ヲ適用シ動產不動產ニ付テハ所在地法ヲ適用シ行爲ノ形式ニ付テハ場所ハ行爲ヲ支配スト云ヘル原則ニ從テ行爲地ノ法律ニ從フヘキモノトナスヲ普通今日採用セル所ナリ

今日多クノ國ハ人ノ身分能力ニ付キ本國法ヲ適用スヘキヲ認ム身分トハ一個人カ社會上及ヒ親屬上ニ有スル地位ヲ云フモノニシテ能力トハ吾人カ權

利ノ主体トナルヘキ適格ヲ云フモノニシテ普通法律ハ能力ヲ區別シテ權利能力ト行爲能力ト二種ト爲セリ然レトモ英國及佛國ノ學者ハ此區別ヲ認ムルヿナシ只獨逸學者ハ一般ニ此區別ヲ認ムルモノニシテ學理上妥當ナルモノナリ而シテ其行爲能力ニ付テモ亦如何ナル國ノ法律ニ從フヘキヤニ付テモ三說アリ

（イ）本國法說　此說ノ理由トスル所ハ人ノ能力ハ本國ノ風俗、氣候、慣習、人情ニ從テ定ムヘキモノタリ例ヘハ寒國ニアリテハ人ノ發育晚キヲ以テ自ラ婚姻ノ時ヲモ晚カラシムルノ必要アルモ之ニ反シテ暖國ノ人民ハ概シテ其發達速カナルカ故ニ隨テ婚姻ノ時期モ之ヲ早カラシムルノ要アルカ如シ故ニ外國ニ至リテ爲セル法律行爲ニ付テモ本國法ヲ適用スヘシ然ラサレハ各人ノ自然ノ發達ヲ害スルモノナリト云フニアリ此說ヲ採用スル學者ハ住所地法說ヲ駁シテ本國法ヲ知ルニ甚タ困難ナル塲合アリト云フモ是レ非ナリ其風俗又ハ容貌ニヨリテ容易ニ之ヲ知ルヲ得ヘシ之ニ反シテ住所ハ住居スルモノヽ各人隨意ニ定ムルコトヲ得ルモノニシテ其住所ヲ調

査スルコト甚タ困難ナル塲合多シ又住所ヲ有セサルコトアリ或ハ數箇ノ住所ヲ有スルコトモアレハナリ

住所地法説

(ロ)住所地法説　此説ヲ唱フル者ノ理由トスル所ハ住所ハ各人生活ノ本據ニニシテ總テノ權利義務ハ此處ニ發生シ其家族關係ナルト財産關係ナルトヲ問ハス多クハ住所地ニ起ルモノニシテ其家族財産ノ如キモ住所地ニ存在スルヲ普通ナリトス故ニ各人ノ行爲能力ハ住所地ニ於テ定ムルヲ便宜ナリト云フニアリ而シテ此説ヲ唱フル者カ各人ノ身分能力ニ付キ本國法ヲ適用スヘシト云フ説ヲ駁スル所ヲ見ルニ本國法ハ時ニ明カナラサルヿアリト又曰ク今日ノ如キ交通頻繁ナル時ニ於テハ其人ノ本國ヲ知ルコト容易ナラス從テ本國法ヲ知ルコト容易ナラス强テ之ヲ知ラントセハ費用ト手數ヲ要スルコト多シ又人ハ本國ヲ有セサルコトモアリ數個ノ國籍ヲ有スルコト等アリ到底完全ニ本國法ヲ適用スルヲ得サル塲合アリト云ヘリ

行爲地法説

(ハ)行爲地法説　此説ノ根據トスル所ハ各人ノ本國法又ハ住所地法ハ之ヲ知

ルコト困難ナルカ故ニ若シ此等ノ法律ニ從フコトヽセンカ徒ニ手數及費用ヲ要シ從テ行爲ノ敏活ヲ妨クルニ至ル之ニ反シテ行爲地ハ之レヲ知ルニ困難ナラサルカ故ニ各人ノ行爲能力ハ行爲地ニ從フコトヽスヘシト云フニアリ然レトモ此說モ亦甚タ不都合ナル場合アリ即チ未タ何レノ國ニモ屬セサル、土地若クハ二國以上ノ共有地ニ於テ法律行爲ヲ爲シタルトキハ何レノ國ノ法律ニ從フヘキヤ其船舶ニ於テ法律行爲ヲ爲シタルトキノ如キハ何レノ土地カ法律行爲地ナルヤ分明ナラサルコトアリ且此說ヲ絶對的ニ適用スルコトト爲サンカ當事者ノ意想外ナル國ノ法律ヲ適用スルコトナリ當事者間ノ養成セラレタル慣習ハ勿論其風俗ヲモ顧ミサルコトヽナリ爲メニ大ニ當事者ニ不便ヲ感セシムルコトアルヘシ

以上三說中余ハ第一說ニ從フモノナリ其理由ハ已ニ其說明ヲ爲シタルカ故ニ此ニ贅セス而シテ以上述ヘタル所ハ行爲能力ニ關スル所ナルヲ以テ是ヨリ權利能力ニ付テ一言スヘシ各人ノ權利能力ハ何レノ國ノ法律ニ從テ定ムヘキヤ即チ人ハ何レノ國ノ法律ニ從テ權利ヲ享有シ又ハ保護セラルヘキヤ

此問題ハ辨ヲ要セスシテ明カナリ即人ノ權利能力ハ本國法ニ從フヘキモノタリ然レトモ亦是ニモ絶對的ノモノニアラスシテ例外アリ我國ニ於テハ華族ナル制度アルモ佛國ニ於テハ貴族ナル制度ナキカ故ニ我國ノ華族ニシテ佛國ニ到リ法律行爲ヲ爲スモ佛國ニ於テハ我國ノ華族ニ對シテ貴族タル資格ヲ認メテ法律上ノ行爲ニ差違アルコトヲ認メサルカ如キ是ナリ

是ヨリ婚姻ニ關シテ法律ノ土地ニ及ホス効力ヲ論セン凡ソ何レノ國ト雖Ｒ婚姻ヲ禁止スルコトナク又自國人民カ外國ニ於テ爲ス婚姻ヲ許サヽルコトナシ玆ニ於テ或國ノ人民ニシテ他國ニ於テ婚姻ヲ爲シタルトキハ其婚姻ノ効力ニ付テハ何レノ國ノ法律ヲ適用スヘキヤ此問題ニ付テハ形式上ノ要件ニ關スルモノト實質上ニ關スルモノトノ區別ニヨリテ差異アリ以下之ヲ分論スヘシ

(イ)法定ノ年齡ニ達スルコトヲ要ス　婚姻ノ年齡ニ關シテハ國ト時代ニヨリテ差異アリ英國ニ於テハ男十四歲女十二歲トナシ墺太利ニ於テハ男女トモニ十四歲トナシ露西亞和蘭及バーデンニアリテハ男ハ十八歲女ハ十六

歳トナシ佛國及以太利ニ於テハ男ハ十八歳女ハ十五歳トシ白耳義ニ於テハ男女トモニ二十一歳トナセリ我國ニ於テハ男ハ十七歳女ハ十五歳トナセリ

(ロ)前婚解消後一定ノ期間ヲ經過スルコトヲ要ス　此期間ニ付テモ各國其軌ヲ一ニセス羅馬獨逸、及佛國ニ於テハ前婚解消ノ後十ケ月ヲ經過スルコトヲ要ストナシ墺太利ニ於テハ前婚解消ノ後六ケ月ヲ經過セサル可カラストナシ我國ニ於テモ之ヲ六ケ月トナセリ

(ハ)相姦者ナラサルコトヲ要ス

(ニ)配偶者ナキコトヲ要ス　蒙昧野蠻ノ時代ニ於テハ一夫多妻ヲ許シタルコトナキニアラサルモ今日ニ於テ開明ノ諸國ハ一夫一婦ヲ以テ原則トナシ決シテ一夫多妻ヲ認ムルコトナシ

(ホ)法禁ノ親等内ニアラサルコトヲ要ス　婚姻ニ付テ或親屬內ニアラサルモノハ之ヲ許サストナシタル法律ナキニアラサルモ是素ヨリ野蠻國ニ於テ行ハルヽモノニシテ開明國ニ於テハ之ヲ忌ムヿ言ヲ要セサルナリ英國ニ

於テハ直系ノ親屬及ヒ傍系ノ親屬中三等親內ノ婚姻ヲ禁シ佛國ニアリテハ直系傍系ノ親屬中兄弟姉妹若クハ叔姪又ハ姻族中ニ於テ配偶者ノ兄弟姉妹トノ間ニアリテハ婚姻スルコトヲ禁セリ其他伊太利西班牙等ニアリテハ多少ノ異同アリト雖モ或親等內ノ婚姻ヲ許サヽルハ同一徹ニ出ツ我國ニ於テモ亦然リ

(ヘ)父母又ハ後見人ノ承諾アルコトヲ要ス　父母又ハ後見人ノ承諾ヲ要スルコトニ付テモ亦各國多少ノ異同ナキニアラスト雖モ結婚者ハ婚姻前ニ於テ必ス一定ノ者ニ對シテ承諾ヲ得ルコトヽ爲スハ各國皆同一徹ニ出ツ墺國ニ於テハ男女トモニ二十四歲以下ハ父ノ承諾ヲ要スルモノトシ英國ニ於テハ二十一歲ノ男女ハ其婚姻ヲ爲サントスルニ當リテハ父ノ許諾ヲ受クヘキモノトナシ若シ父ナキトキハ後見人ノ許諾ヲ受クヘキモノトセリ和蘭ニ於テハ男女トモニ二十三歲ニ至ルマテハ父母ノ許諾ヲ受クヘキモノトナシ父母ノ意見相異ルトキハ父、父ナキトキハ母、母ナキトキハ父方ノ祖父、父方ノ祖父ナキトキハ母方ノ祖母、母方ノ祖父ナキトキハ父方ノ祖母、父方ノ祖母ナキトキハ母方ノ祖母ノ許諾ヲ得ヘキモノトセリ佛國ニ於テハ男二十五歳女二十一歳マテハ父母ノ許諾ヲ得ヘキモノトシ父母意見ヲ異ニスルトキハ父ノ許諾ヲ受クヘキモノトシ男三十歳女二十五歳マテハ其許諾ヲ要セサルモ三回迄書面ヲ出スヘキモノトナシ其書面ニハ尊敬ヲ加ヘ父母ニ宛テヽ出スヘキモノトス若シ其一方死亡セル片ハ生存セル一方父母共ニ死亡シタル片ハ祖父及祖母ニ出スヘキモノトセリ而シテ又男ハ三十歳女ハ二十五歳ヲ超ユルトキハ是ト同一ノ書面ヲ右述ヘタル人ニ宛テ出スヘキモノトスルモ其回數ハ一回ヲ以テ足レリトセリ我國ニ於テハ民法第七百七十二條乃至第七百七十四條ニ於テ之ヲ規定セリ

(ト)婚姻者双方ノ承諾アルコトヲ要ス　掠奪結婚贈與結婚賣買結婚等ノ蠻風行ハレタル時代ニアリテハ双方ノ承諾ヲ要セスシテ婚姻ヲ爲セルコトナキニアラサルモ現世紀ニ於テハ此ノ如キ蠻風行ハルヽコトナク各皆婚姻ノ要件トシテ双方ノ承諾アルヘキコトヲ規定セラル

右ニ述フル所ハ普通婚姻ノ必要條件ナルモ尚特別ノ人ニ付テハ特別ノ法規

ニ從フヘキコトヲ要ス夫ノ我國ニ於テ德川時代ノ法律ニ武士ノ婚姻ニハ必ス幕府ノ許可ヲ要スルヿトナシタルカ如キ又今日ニ於テモ皇族華族及陸海軍人ノ婚姻ニハ特別ノ許可ヲ必要トセリ即チ皇族ハ勅許華族ハ宮內大臣ノ許可ヲ得ヘク軍人ハ各長官ノ許可ヲ得ヘキモノトセリ

以上ヲ以テ婚姻ニ關スル實質上ノ要件ヲ述ヘタリ然ラハ之ニ付テハ何レノ國ノ法律ヲ適用スヘキヤ左ニ項ヲ分テ論スヘシ

(イ)外國人カ日本ニ於テ婚姻スル場合　外國人タル男女カ日本ニ於テ婚姻スルトキト雖𪜈其原則トシテハ本國法ニ從テ其實質上ノ要件ヲ定ムヘキモノトス只例外トシテ日本ノ公ノ秩序又ハ善良ノ風俗ニ反スル場合ニ限リ日本國ノ法ヲ適用スヘキモノトス而シテ其如何ナル場合ハ日本ノ公ノ秩序又ハ善良ノ風俗ニ反スルヲ以テ例外トナスヘキヤ年齡ニ付テハ所在國法ニ從フヘシト云フ者ナキニアラス其理由トスル所ハ元來法律カ弱年者ノ婚姻ヲ禁スルハ羸弱ナル子女ヲ擧ケンヿヲ虞ルヽヲ以テナリト然レトモ婚姻ノ年齡タルヤ各國ニ於ケル人民ノ發育ヲ基礎トシテ定メタルモノ

ニシテ公ノ秩序又ハ善良ナル風俗ニ關スルコトナシ故ニ毫モ所在國ノ法律ニ從フノ理由アルヲ見サルナリ重婚ハ之ニ反シテ公ノ秩序又ハ善良ナル風俗ニ反スルモノナルカ故ニ所在國ノ法律ニ從フヘキモノトス離婚ニ關シテ佛國ハ千八百八十四年ニ至ルマテ之ヲ許サヽリキ故ニ其當時離婚ヲ許ス國ノ人民ニシテ佛國ニ到リ更ニ婚姻ヲナサントスルトキハ佛國ニ於テハ之ヲ許スヘキヤ此場合ニ於テモ其離婚ハ本國ニ於テ爲シタルモノナルカ故ニ佛國ニ於テ更ニ婚姻スルモ毫モ佛國ノ風俗又ハ公ノ秩序ヲ害スルコトナシ故ニ之ヲ許スモ決シテ不當ニアラサルナリ次ニ已ニ述ヘタル婚姻解消ノ後ニ於テ直ニ婚姻スルヿヲ許スヘキヤ否ヤ英國ノ如キハ婚姻解消後直ニ之ヲ爲スヲ許スモ日本ノ法律ニ於テハ之ヲ許サス今英國人ニシテ日本國ニ來リ直ニ婚姻ヲ爲サントスルトキハ如何或學者ハ婚姻解消後一定ノ期間ヲ經過スルニアラサレハ更ニ婚姻ヲ許サストノ規定ハ毫モ善良ナル風俗又ハ公ノ秩序ヲ害スルヲ恐ルヽカ故ニアラス故ニ直ニ婚姻ヲ爲サシムヘシト云フモ余ハ全ク之レニ反シ此ノ規定ハ善良ノ風俗公

ノ秩序ニ關スルモノト見ルカ故ニ之ヲ許スヘキモノニアラスト信スルナリ次ニ一定ノ人ニ許諾ヲ要スルコトニ付テ述ヘン或一定ノ一人ノ許諾ヲ得スシテ婚姻スルコトヲ得ル國ノ人民ニシテ日本ニ於テ婚姻ヲ爲サントスルトキハ同シク日本ニ於テモ亦許諾ヲ受クルコトナクシテ婚姻スルコトヲ得ルヤ否ヤ蓋シ婚姻ニ付キ一定ノ人ノ許諾ヲ受クルノ規定ハ善良ノ風俗又ハ公ノ秩序ニ關スル事ニアラサルカ故ニ日本ニ於テハ假令父母ノ許諾ヲ要スル旨ノ規定アルモ外國人ハ其本國法ニ從テ許諾ヲ得スシテ婚姻スルヲ得ヘシ其他特別ノ資格ヲ有スル者ノ婚姻ニ付テ日本ニ於テハ特別ノ許可ヲ要スルモ佛國等ニ於テハ貴族制度ヲ認メサルカ故ニ日本ノ貴族ニシテ佛國ニ至リ特別ノ許可ヲ得スシテ婚姻ヲ爲スドキハ其婚姻タルヤ佛國ニ於テハ有効タルヘキモ日本ニ於テ貴族ノ婚姻ニ付テハ必ス特別ノ許可ヲ受クルコトヲ必要トスルカ故ニ其婚姻ハ日本ニ對シテハ無効ナリ

（ロ）相異レル外國人間ノ婚姻　相異ル外國人間ノ婚姻ニ付テハ何レノ國ノ法

律ヲ適用スヘキヤ此場合ニ於テ夫ノ屬スル國法ニ從フトノ說ト夫ニ付テハ夫ノ屬スル國法ヲ適用シ妻ニ付テハ妻ノ屬スル國ノ法律ヲ適用スヘシト云フ說ヲ唱フル者ト單ニ妻ノ國ノ法律ニ從フヘシト云フ說ノ三アリ第一說ヲ唱フル者ノ根據トスル所ノ理由ハ妻ハ夫ニ從屬スヘキモノナルカ故ニ夫ノ屬スル國ノ法律ニ從フヘシト云フニアリ然レトモ余ヲ以ッテ之ヲ見レハ夫婦關係ノ生シタル後ニ於テハ此說亦可ナリト雖モ夫婦關係ノ生セサル以前即チ婚姻スルニ當リテハ此理由ヲ採リテ以テ夫ノ屬スル國ノ法律ニ從フヘシトノ結論ヲ得サルモノト信ス第三說タル妻ノ屬スル國ノ法律ニヨルヘシト云フ理由ハ何ニヨリテ然ルカ余ハ之ヲ發見スルニ苦ムモノナリ之ヲ以テ之ヲ觀レハ第二說最モ可ナルカ如シ余輩亦之ヲ採ル

（八）外國ニ於テ爲ス日本人ノ婚姻　外國ニ於ケル日本人間ノ婚姻ニ付テハ其實質上ノ要件ハ日本ノ法律ニ從テ決スヘキヲ原則トスルモ只例外ト〆所在國ノ國法ニ從フヘキ場合アリ其ハ所在國ノ公ノ秩序又ハ善良ノ風俗ニ反對スルトキ是ナリ

以上ヲ以テ實質上ノ要件ニ付キ原則ノ適用ヲ論述シタルカ故ニ是ヨリ形式上ノ要件ニ付テ論述セン形式上ノ要件ニ付テハ場所ハ行爲ヲ支配ストノ原則ニヨリテ行爲地ノ方式ニ依ルト何レノ國ニ對シテ其法律行爲ハ有効ト見做サルヽナリ例ヘハ日本人カ外國ニ於テ婚姻ヲナス場合ニ於テ外國法ニヨリ其形式上ノ要件ヲ踐ムニ於テハ日本ニ對シテモ亦其婚姻ハ有効ナリ此ノ如キ原則ノ認メラルヽ理由ハ法律行爲ノ形式ニ關シテモ尙本國法ノ定ムル所ニ從ハシムルトキハ或行爲ハ外國ニ於テ爲スコトヲ禁スルト同一ノ結果ヲ生スルヲ以テナリ例ヘハ婚姻ニ付テ或國ハ公正證書ヲ作ルヲ要件トスル場合ニ於テ外國ニ於テ婚姻ヲ爲ストキモ尙公正證書ヲ作ラサル可カラストセンカ外國ニ於テ公證人ノ設ケナキトキハ遂ニ其公正證書ヲ作ル能ハサルヲ以テ婚姻ハ有効ニ爲スコト能ハサルニ至ルヘシ是即婚姻ヲ外國ニ於テ爲スヲ禁スルト同一ナリ然レトモ此原則ハ爲メニ人民ヲシテ法律行爲ノ形式ニ關スル規定ヲ故意ニ避ケシムルノ弊ヲ生スルコトアリ此ヲ以テ各國ノ法典概ネ之レカ豫防的規定ヲナサヽルハナシ

然レトモ外國ニアリテ婚姻ヲ爲ス外國人ハ其國ニ駐在スル本國ノ公使館又ハ領事館ニ於テ其式ヲ行ヒ又ハ之ニ屆出ヲ爲シテ婚姻ヲ爲ストキハ本國法ニ從フコトヲ得ルモノトス是レ外國法ニ從フコトヲ厭フ場合若シクハ外國法ニ從フモ何等ノ効用ナキ場合等ニ生スルモノナリ外國法ニ從フモ効用ナキ場合トハ例ヘハ佛國ニ於テ婚姻ヲ爲ストキハ身分取扱吏ノ面前ニ於テ式ヲ擧ケ男女雙方間ニ人違ナキヤ否ヤヲ聞キ然ル後夫婦雙方ノ義務ニ關スル法律ヲ讀聞カスモノトスルモ他國人カ佛國ノ法律ニ定メタル夫婦ノ義務ヲ聞クモ何等ノ効用ナキカ如シ

離婚ハ各國中或ハ許シ或ハ許サス或ハ許スモ條件附ナルコトアリ此ノ如ク離婚ニ付テ各國ノ法律同一ナラサルカ故ニ土地ニ關スル法律ノ効力ニ付テ問題ヲ生スルコト多シ今離婚ニ關スル制度ノ種類ヲ示セハ左ノ如シ

第一　離婚禁止ノ制度

第二　制限離婚ノ制度

第三　自由離婚ノ制度

即チ是レナリ我國ノ現今ニ於テ右第三ノ自由離婚制度ヲ採用セリ舊民法ニ於テ人事編七十八條乃至八十條ニ於テ之ニ關スル規定ヲ爲セリ古代ニ於ケル制度ニヨレハ妻ヲ離婚スルニ付キ七個ノ原因ヲ設ケタリ外國ニ於テハマホメツト敎ノ行ハル丶邦國ハ言語ノ離婚ナルモノアリ即チ妻ヲ指シテ母ト呼ヘハ直ニ離婚トナルモノトス佛國ニ於テハ元來離婚ヲ禁止セシモ千八百三年ナポレオン第一世カ法典ヲ編纂スルニ當リテ條件附ノ離婚ヲ許シ一千八百十六年再離婚ヲ禁止シ一千八百八十四年ニハ更ニ再條件付離婚ヲ許スコトヽセリ元來離婚ヲ禁止スルト之ヲ許ストハ共ニ弊害ノ之ニ伴フヲ免レサルナリ先ツ之ヲ許ストキハ第一ニ婚姻ヲ輕ンスルノ風ヲナシ第二ニ繼父母ト繼子トノ關係ヲ釀成セシメ從テ子女ノ養育上ニ不完全ヲ來タシ第三ニ離婚ヲ禁止セサルニ於テハ容易ニ融和シ得ヘキ夫妻間ノ葛藤ナルモ一時ノ感情ノ爲メニ輕忽ニ離婚ヲ爲スノ虞アリ次ニ又之ヲ禁止スルトキハ第一ニ婚姻ヲ爲スハ素人類ノ天性ナルヘキニ其天性ニ反シ第二ニ姦通ヲ促シ從テ私生子ヲ生シ第三ニ其夫妻ノ一方カ其厭惡スル所ノ夫又ハ妻ヲ殺害スルノ

虞アリ以上双方ノ弊害ヲ比較スルニ余ハ離婚ヲ禁スルハ之ヲ許スニ比シテ其弊一層大ナルモノアリト信ス此ニ離婚ニ關スル各國ノ制度ヲ細別スレハ左ノ如シ

一、離婚ヲ禁止シ別居ヲ許シ其別居ニハ裁判上ノモノト協議上ノモノトノ二種ヲ認ムルノ制度　以太利ニ於テハ此制度ヲ採用ス抑モ協議上ノ別居ハ元ヨリ當事者ノ協議ニ基クモノナルカ故ニ別ニ制限ヲ設ケサルモ裁判上ノ別居ノ原因ト爲スモノハ第一姦通但シ夫ノ姦通ハ公然トナリタルトキ第二夫カ妻ヲ遺棄シタル𪜈第三暴虐苛遇強迫重大ナル侮辱第四夫又ハ婦カ重刑ニ處セラレタルトキ第五一定ノ住所ヲ定メサルトキノ五ナリトス

二、或一定ノ原因ニヨリテ離婚ヲ許スモ協議上ノ離婚ヲ許サヽルノ制度　瑞西、瑞典、露西亞及索遜等ノ諸國ハ此制度ヲ採用ス瑞西ニ於テハ離婚ヲ許スノ原因トスル者ハ第一姦通但シ相手方タル夫又ハ妻カ八ヶ月間之ヲ抛棄シ置キタル𪜈ハ默認シタルモノト看做シテ時効ニ罹ラシム第二配偶者

ノ一方カ他ノ一方ノ生命ヲ危フシ其他苛遇又ハ重大ナル侮辱ヲ加ヘタルトキ第三名譽上ノ處刑第四惡意ノ遺棄第五廢失ニ罹リ三ヶ年間ヲ經過スルモ全癒セスト認メラレタルトキノ五個トス又タ瑞典ニ於テ離婚ノ原因トスルモノハ第一遺棄第二失踪第三姦通第四無勢力ノ四トス又露西亞ニ於テ第一姦通第二配偶者ノ一方カ公權ヲ剝奪セラルヘキ刑ニ處セラレタル場合第三失踪第四無勢力ノ四個ヲモツテ離婚ノ原因トス又サクソンニ於テ離婚ノ原因ト認ムルモノハ第一姦通第二遺棄第三一年以上理由ナクシテ婚姻上ノ義務ヲ拒ミタルトキ第四配偶者ノ一方カ大酒スルニヨリ別居ヲナスモ尙ホ飲酒ヲ禁止セサルトキ第五配偶者ノ一方カ故意ニ同衾ヲ拒ミタルトキ第六配偶者ノ生命ヲ害セントシマタハ之レヲ害スル迄虐待シタルトキ第七有意ノ犯罪ニヨリ三年以上ノ處刑又ハ一犯罪ニヨリ三年以上ノ處刑ヲ受ケサルモ數罪ノ處刑ヲ合シテ二年以上ニ達シタルトキ第八妻カ不治ノ疾病ニ罹リ若シ同衾セハ死ニ至ルコト明カナルトキ第九不治ノ瘋癲ニ罹リ且ツサクソン帝國病院ニ於テ三ヶ年間治療ヲ受クルモ全癒

セサルトキ第十改宗シタルトキノ十個トス

三、離婚ヲ禁止シ一定ノ原因ニヨル別居ヲ許スノ制度　スペインポルトガル等ハ宗教法ヲ繼受セル國柄ナルヲ以テ夫婦ノ關係ハ神力ニヨリテ結合セラレタル者ニシテ人力ヲ以テ離脫スルヲ得サルモノトス從テ離婚ヲ許サス單ニ別居ヲ許セリ而シテスペインニ於テ別居ヲ許ス場合ハ第一姦通ヲ爲シタル卜キ尤モ妻カ姦通ヲ爲シタルトキハ直ニ別居ヲ許スモ夫カ姦通ヲ爲スモ直ニ別居ヲ許サス但其姦通カ公然トナリタルトキニ限ル第二暴虐又ハ重大ナル侮辱ヲ加ヘタルトキ第三宗敎ヲ改メントシテ暴行ヲ加ヘタルトキ第四夫カ妻ニ賣婬ヲ勸メタルトキ第五夫又ハ夫ヨリ男子ヲ婬亂ニ導キ女兒ニ賣婬ヲ勸メタルトキ第六徒刑又ハ終身懲役ニ處セラレタルトキノ六個トス又ポルトカルニ於テ別居ヲ許ス場合ハ第一姦通ヲ爲シタルトキ尤モ妻ノ姦通ハ直ニ別居ノ原因トナルモ夫ノ姦通ハ其公然トナリタルトキ始メテ別居ノ原因トナル第二暴虐又ハ重大ナル侮辱ヲ加ヘタルトキ第三徒刑又ハ懲役ニ處セラレタルトキノ三個ノ場合トセリ

四、特定ノ原因ニヨル離婚及協議上ノ離婚ヲ許ス制度　丁抹諸威及普魯亞等ノ諸國ニ於テハ此制度ヲ採用スル者ナリ而シテ協議上ノ離婚ニ付テハ何等ノ原因ヲモ要セサルモ離婚ヲ許ス特定ノ原因ニ付テハ諸國皆其軌ヲ一ニセス諸威及丁抹ニ於テハ第一姦通第二三年以上ノ遺棄第三七年以上ノ失踪第四無期徒刑第五婚姻前ノ無勢力ノ五個トナシ普魯亞ニ於テハ第一姦通第二故意ニ基ク遺棄第三配偶者ノ自由又ハ榮譽ヲ害スヘキ行爲アリタル片第四配偶者ノ生命又ハ健康ヲ害スル片第五罵詈又ハ暴行ヲ加ヘタルトキ第六配偶者ノ一方カ他方ヲ誣告シタルトキ第七重刑ニ處セラレタルトキ第八暴行又ハ間斷ナク不品行アルトキ第九妻ノ醜行第十婚姻後ノ無勢力第十一一年以上ノ瘋癲第十二癈疾ノ十二個ヲ以テ離婚ノ特定原因トナセリ

五、一定ノ原因ニヨリ別居、協議及强制離婚ヲ許スノ制度　此制度ヲ採ル國ハ白耳義ノミナリ

六、一定ノ原因ニ依テ離婚又ハ別居ヲ許スノ制度　此制度ハ佛國英國ニ行

ハル、モノニシテ佛國ニ於テハ離婚及別居ニ付テ別ニ其原因ヲ異ニセス
左ノ三個ノ原因ニヨリテ離婚又ハ別居ヲ許スヿトセリ第一暴虐第二姦通
第三配偶者ノ一方重罪ノ刑ニ處セラレタルトキ英國ニ於テハ離婚ノ原因
ト別居ノ原因トヲ異ニシ別居ヲ許ス原因ヲ左ノ四個トス第一姦通第二苛
遇第三不治ノ疾病第四二年以上ノ遺棄離婚ヲ許ス原因ヲ第一親屬相姦第
二重婚第三天然ニ關スル猥褻第四强姦ノ四トセリ

七、特定ノ原因ニヨリ別居及離婚並ニ協議上ノ別居又ハ離婚ヲ許スノ制度
此制度ヲトル國ハ和蘭トス

八、右ノ外加特力敎ヲ信スル國ニ於テハ配偶者ノ一方加特力敎ノ信者ナル
トキハ特定ノ原原ニ基キ又ハ協議ニヨリテ別居又ハ離婚ヲ許ス制度ヲ採
ル國アリ

上來敍述スルカ如ク離婚ノ制度ニ付テモ各國其原因ヲ異ニスルカ故ニ外國
ニ於テ離婚ヲ爲サントスルトキハ何レノ國ノ法律ニ從フヘキヤノ問題ヲ生
ス此問題ニ付テ左ノ四說アリ

第一説　裁判所所在地法説
第二説　本國法説
第三説　住所地法説
第四説　意思説

第一説タル裁判所所在地法説ヲ唱フル者ノ根據トスル所ハ離婚ノ事タル公ノ秩序ニ關スルモノナルカ故ニ其訴ヲ裁判スル裁判所々在地ノ法律ニ從フヘシト云フニアリ第二説タル本國法説ヲ主張スル者ハ人ノ身分能力ハ本國法ニ從フヘシト云フ原則ヲ根據トスルモノナリ第三説ヲ唱フル者ノ論旨ハ妻ハ夫ニ從屬スルモノナルカ說ニ夫ノ住所地法ニ從フヘシト云フニアリ此説ハ妥當ナレトモ唯一ノ難問ヲ生スルハ妻ハ夫ノ從來ノ住所地法ニ從フヘキモノトナサンカ離婚ヲ許サレタルニ不拘夫カ其住所ヲ移轉シタルカ爲メ離婚ヲ許サレサルニ至ル場合アリ一般學者ノ唱フ所ニヨレハ此ノ場合ニ於テ妻ハ獨立ノ住所ヲ有スルコトヲ得何者妻カ夫ニ對スル訴ハ獨立ノ訴ニ基クモノナリ從テ夫ノ住所ニ從ツノ必要ナシト云フニアリ第四説タル意思説

トハ當事者ノ意思ニ從テ適用スヘキ法律ヲ定ムヘシト云フモノニシテ其理由トスル所ハ元來婚姻ハ當事者ノ自由意思ニ基ク者ナルカ故ニ其離婚ニ關スル法律モ亦當事者ノ意思ニ從テ決スヘシト云フニアリ然レトモ此説ニ從フトキハ國家カ離婚ニ關シテ制定シタル法律ハ當事者ノ意思ニヨリテ遂ニ其適用ヲ見サルニ至ルノ弊ヲ免カレサルナリ

夫婦カ國籍ヲ變シタルトキハ何レノ國法ニ從フヘキヤ例ヘハ日本人カ英國ニ歸化シタルトキハ離婚ニ付キ日本ノ法律ニ從フヘキヤ將タ又タ英國ノ法律ニ從フヘキカ此問題ハ事實發生ノ時期ニヨリテ之レヲ決スヘキモノトス即チ離婚ノ原因タル事實カ前ノ本國タル日本ニ於テ發生シタルトキハ日本ノ法律ニ從フヘク又其事實カ新本國タル英國ニ於テ發生シタルトキハ英國ノ法律ニ從フヘキナリ

夫婦カ國籍ヲ異ニスルトキハ其離婚ニ付キ何レノ國法ニ行フヘキカ曰ク妻ハ夫ノ國籍ニ從フモノナルカ故ニ理論上斯ノ如キ問題ヲ生スルコトナシ然レトモ事實上ニ於テ夫ト妻ト其國籍ヲ異スルコトアリ此場合ニ於テモ原則トシテ

ハ妻ハ夫ノ本國法ニ從フヘキモノトス但シ夫カ國籍ヲ變更シタルニ因リテ妻ノ獨立ノ訴權ヲ害スルトキハ此限ニアラサルナリ

以上ヲ以テ夫婦間ニ於ケル事ヲ論述シ終リタレハ是ヨリ親子間ニ於ケル事柄ニ付キ法律管轄問題ヲ論セントス子ニハ實子及養子ノ二アリ實子ニ在テハ殆ント論スヘキコトナシ唯玆ニ問題トナルハ子ハ何レノ國ニ於テ生マルヽモ父母ノ本國法ニ從フヘキモノトナス主義ノ行ハルヽ國ト何國人ノ子タルヲ問ハス自國ニ於テ生レタルモノ總テ之ヲ自國人民トナス主義ノ行ハルヽ國トアリト假定センカ換言スレバ本國法主義ト生出地法主義トアリトセハ法律ノ土地ニ關スル効力上ノ衝突ヲ來タスヿナシトセス此場合ニ於ケル衝突ハ何レノ國法ニ依リテ決スルヤ曰ク普通ノ原則トシテハ父母ノ本國法ニ從フヘキモノトス但シ之ニ例外ナキニアラス即チ父母共ニ知レサルトキハ假令外國人ノ子ト雖モ其生レタル國ヲ以テ其子ノ國籍所在地トスルヿ及ヒ其出生地ノ知レサルトキハ現ニ其子ノ所在地ヲ以テ國籍所在地トスルコト是ナリ次ニ重大ナル問題ハ否認訴權ニ關スルコトヽス換言セハ父カ其子

ヲ認知セサルトキニ於テ父子トモニ國籍ヲ異ニスルトキハ何レノ國ノ法律ニ從フヘキモノナルヤ即チ否認訴權ハ父ノ國籍所在地ノ法律ニ從フヘキヤ又ハ子ノ國籍所在地ノ法律ニ從フヘキヤノ問題ナリ此問題ハ否認訴權ハ父子何レノ利益ナルカヲ考察セサル可カラス元來子ハ父ノ子ナリトノ理由ヲ以テ教育ヲ受ケ又養料ヲ受クルモノニシテ否認訴權ハ其子ノ利害ニ重大ナル關係ヲ有スルモノナリ故ニ此問題ニ付テハ余ハ子ノ國籍所在地法ニ從テ決スヘキモノト信スルナリ認知ニ付テハ別ニ論スヘキモノナシト雖モ只私生子ハ母ヲシテ其子ノ證明ヲ爲サシムルヿヲ得ルヤ否ヤト云フコトハ一ノ問題ナリ佛國ニ於テハ沿革上「分娩スル處女ノ言ハ信實ナリ」トノ格言アリテ處女カ分娩シタルトキ其子ノ父ヲ明言スルニ於テハ其言ハ信スヘキモノトナシタリ然レトモ實際上分娩シタル處女ノ言ト雖モ必シモ確實ナルモノニアラス其子ハ乙者ノ子ナルニモ拘ハラス利益ヲ計リ又ハ自己ノ名譽心ヨリ之ヲ甲者ノ子ナリト云フコトナシトセス故ニ今日ニ於テハ母ノ證明ハ採用スルコトナク父ヲシテ認知セシムルコトヽセリ而シテ認知ニ關シテ父子ト

モ其國籍ヲ異ニスルトキハ何レノ國法ニ從フヘキカ余ハ婚姻ニ付キ男女トモ國籍ヲ異ニスル塲合ニ於テ其實質上ノ要件ハ各自其本國法ヲ適用スルト同シク認知ニ關シテモ亦父子其國籍ヲ異ニスル塲合ニ於テハ父子各自ノ本國法ヲ適用スヘキモノト信スルナリ

以上論スル所ヲ以テ親族關係ニ付キ法律ノ土地ニ及ホス効力ヲ説了シタルヲ以テ是ヨリ債權關係ニ付キ土地ニ關スル法律ノ効力ヲ論セントス法理學ニ於テ法律ノ管轄ノ事項ヲ此ノ如ク概博ニ論スルハ少シク其目的ニ反セサルヤノ感ナキニ非サルモ今日一般法律ノ發達シタル時勢ヨリ觀ルトキハ從來學者カ法理學トシテ述フル所未タ盡シタリト云フヲ得サルノミナラス法律トシテ論スヘキ必要アルカ故ニ廣ク之ヲ概論スルヲ以テ本書ノ目的トシタルナリ債權ニ付テ先ツ其成立ヨリ論シ次ニ其効果ニ及ハントス

契約ノ成立ハ當事者ノ意思ノ合致ニ因リテ成立スルモノトス故ニ當事者ニシテ契約ノ當時其ノ債權關係ニ付キ適用スヘキ法律ヲ合意シタルトキハ其ノ合意シタル國ノ法律ニ從フヘキハ今日一般學者ノ認ムル所ニシテ別ニ間

題ヲ生スルコトナシ例ヘハ佛國人ト英國人ト或契約ヲ爲シ其ノ契約ニ付テハ佛國法ニ從フヘキ旨ヲ合意シタリトセンカ其ノ合意ニ基キ佛國法ニ從フヘキナリ只玆ニ問題ヲ惹起スハ契約當事者ハ第三國ノ法律ニ從フヘキ旨ノ合意ヲ爲スコトヲ得ルヤ否ヤト云フコトナリ此ノ場合ニ於テハ第三國ノ法律ニ從フヘキコトヲ契約スルハ不當ナルカ如シ何トナレハ若シ此ノ如キ契約ヲ認ムルニ於テハ國家カ法律ヲ制定シタル目的ニ反スルノ結果ヲ生シ爲メニ其ノ國ノ公安ヲ害スルノ虞アルカ如ク思惟セラルレハナリ然レトモ契約ニ關スル法律ハ多クハ當事者ノ意思ヲ推測シテ規定シタルモノニシテ刑法ノ如ク强行的ノ性質ヲ有スルモノニアラス故ニ若シ契約ノ當時ニ於テ其ノ適從スヘキ法律ヲ定ムルニ於テハ敢ヘテ之レヲ排斥スルノ理由ナキナリ故ニ今日一般ノ學者ハ勿論法律ト雖トモ當事者カ第三國ノ法律ニ適從スヘキ旨ヲ合意スルヲ禁スルモノナシ然レトモ此ノ理論ハ公ノ秩序又ハ善良ノ風俗ニ關スル規定ハ自カラ例外ヲナサヽルヘカラサルナリ何トナレハ公ノ秩序又ハ善良ノ風俗ハ國家ノ生存上之レヲ保維セサル可カラサルモノナル

ヲ以テ若シ此等ノ法律ヲシテ合意ニヨリテ其適用ヲ避クルコトヲ得ルモノトナサンカ國家カ法律ヲ制定シタル目的ニ反シ爲メニ其國ノ安寧ヲ害スルニ至レハナリ之ヲ要スルニ契約ニ關シテハ國家ハ强制的ニ當事者ニ對シテ其本國法又ハ行爲地法ニ適從スヘキコトヲ强行スヘキモノニアラサルナリ從テ契約ニ關シテ何レノ國ノ法律ヲ適用スヘキヤノ問ハ當事者カ其適用スヘキ法律ニ關シテ合意セサル塲合ニ於テ起ルモノトス此問題ニ付テハ先ツ我國ノ法例ヨリ之ヲ論セン法例第七條法律行爲ノ成立及ヒ効力ニ付テハ當事者ノ意思ニ從ヒ其何レノ國ノ法律ニ依ルヘキヤヲ定ムヘキモノトナシ若シ當事者ノ意思ニシテ分明ナラサルトキハ行爲地ノ法律ニ從フヘキモノト爲シタルカ故ニ我國ニ於テハ論爭ヲ要セサル所ナルモ元來此問題ニ付テハ三個ノ學說アリ

第一　履行地法說

第二　債務者ノ本國法說

第三　契約地法說

第一說　履行地法說　此說ノ主旨ハ契約ハ履行地ノ法律ニ從テ成立シタルモノト爲スモノナリ而シテ其ノ理由トスル所ハ履行地ハ其契約ニ付キ重大ノ關係ヲ有スルモノナレハナリト云フニアリ此說ヲ唱フル學者ハストーリーホワートンフヒリモール等ニシテ法律トシテ此說ニ據リタル國ハ索遜民法ナリ然レ𪜈此說ニハ批難スヘキ點アリ例ヘハ佛國人ト英國人トアリ露國ニ於テ履行スヘキ契約ヲナシタリト假定センニ此場合ニ於テ當事者ハ毫モ露國ノ法律ヲ知ラサルニモ拘ラス露國ノ法律ヲ適用セラルヽコトヽスルハ不條理ト云ハサル可カラス而シテ若シ當事者カ履行地ヲ定メスシテ契約ヲ結ヒタリトセハ此說ハ遂ニ適用ヲ見ルコトナキニ至ルヘシサビニー氏ハ當事者カ履行地ヲ豫定セサリシ場合ニ於テ履行地トシテ看做スヘキ五個ノ標準ヲ示サレタリ左ノ如シ

第一　當事者カ履行地ヲ豫定セサリシトキハ契約證書ノ作成地ヲ以テ履行地トス

第二　債務者カ業務ヲ有スル場合ニ其業務ニ付キ契約スルトキハ其業務

ヲ執ル場所ヲ以テ履行地トス
第三　契約地ト債務者ノ住所地ト同一ナルトキハ契約地ヲ以テ履行地トス
第四　義務ノ發生シタル地ト債務者ノ住所地ト同一ナラサルトキモ亦契約地ヲ以テ履行地トス
第五　右ノ場合ノ外ニアリテハ債務者ノ住所地ヲ以テ履行地ト爲スヘシ
以上ハサビニー氏ノ唱フル所ナルモ是レ一個ノ私見ニシテ必シモ契約當事者ノ意思ニ適合シタルモノト云フヲ得サルナリ又各國ノ法典モ之ヲ採用スルヤ否ヤモ未確定ナリ

債務者ノ本國法説

第二説　債務者ノ本國法説　此説ハ債務者ノ住所地ノ法律ニ從フヘシト云フ説ト同一ナリ而シテ其理由トスル所ハ契約關係ニアリテハ其重キヲ債務者ニ取ルモノナルカ故ニ債務者ハ特ニ之ヲ保護スルノ必要アルナリ而シテ債務者ヲ保護スルニ必要ナル法律ハ債務者ノ本國法ナリト云フニアリ然レトモ余ヲ以テ之ヲ見ルニ債務者ニ利益ナル法律ハ必シモ本國ノミ

ニ限ルモノニアラス債務者ノ本國法ト雖モ必シモ特ニ債務者ニ保護ヲ與フルモノニアラス却テ不利益ナル塲合ナキニアラス殊ニ契約ハ片務ナルモノ、ミニ限ラス雙務ナルモノアリ故ニ若シ契約カ双務ナルトキハ此說ハ債務者双方ニ適用セサルヲ得サルニ至リ遂ニ其衝突ヲ免レサル也而シテ又此說ノ如ク債務者ヲ特ニ保護スルノ理由ヨリ債務者ノ本國法ヲ適用セントスレハ債務者ニ利益ナル法律ハ已ニ述ヘタルカ如ク必シモ債務者ノ本國法ニ限ラサルカ故ニ宜シク債務者ヲシテ其適用スヘキ法律ヲ撰擇セシムルカ又ハ裁判所ヲシテ之ヲ撰擇セシムルヲ可トセサル可カラス

第三說　契約地法說　此說ノ理由トスル所ハ當事者ハ契約地ノ法ヲ親シク知ルヲ以テ其地ノ法律ニ從ハシムヘシト云フニアリ而シテ此說ヲ唱フル者ハ履行地法說ヲ駁シテ曰ク契約ニ付キ二個以上ノ行爲地アルトキハ之ヲ如何トスルヤ又履行地ニシテ變動アリタルトキ例ヘハ初メハ佛國ヲ以テ履行地トセシモ後ニ至リ獨國ヲ以テ履行地トナシタル塲合ノ如キ其何レノ地ノ法律ヲ以テ契約ヲ成立セシムヘキヤト此說ハ以上三說中最モ當

ヲ得タルモノナリ然レトモ亦之ヲ駁スル者アルノミナラス此說ハ適用上甚タ困難ヲ生スルコトアリポールハ此說ヲ駁シテ曰ク此說モ亦履行地法說ト同シク先ツ其契約地ヲ定メサル可カラス然ラサレハ殆ント其適用ヲ見サルニ至ルモノニシテ履行地法說ト同樣ノ循環推理ノ誤謬ニ陷レルモノナリト蓋シ此駁擊ハ正當ナルモノトシテ學者間ニ於テモ亦有力ナルモノナリ然ラハ契約地トハ果シテ如何ナル土地ヲ云フヤ之ヲ定ムルニ付テモ亦種々ノ主義アリ

（一）通知主義　此主義ハ申込ヲ受ケタル者カ承諾ノ表示ヲ爲シタルノミニテハ契約ハ未タ成立セサルモノニシテ其承諾カ申込人ニ通知セラレタルトキ始メテ契約ハ成立スルモノトスルナリ而シテ其根據トスル所ハ若シ單ニ承諾ノ表示アリタルノミヲ以テ契約ハ成立スルモノトナサソカ聾者ヨリ或申込ヲ爲スニ當リ其相手方カ言語ヲ以テ承諾セル聾者ハ之ヲ聞取ルコト能ハサルニ拘ラス不識ノ間ニ契約ハ成立スルモノト云ハサル可カラス又普通人ナルモ相手方ニ對シテ或申込ヲ爲シタル

二其睡眠中ニ於テ相手方カ承諾ヲ表示シタル場合ニモ亦契約ハ成立スルモノト云ハサル可ラス又表示主義ニヨレハ承諾ヲ表示スルトキハ直ニ契約成立スルカ故ニ其後ニ於テハ假令承諾カ申込人ニ通知セラレサル前ト雖氏申込ヲ取消スコトヲ得ス從テ申込人ニ過分ノ責ヲ負ハシムルニ至ルヘシト云フニアリ要スルニ此主義ハ當事者ノ意思ノ合致ノミヲ以テ契約ヲ成立セシメサルモノトス

（二）表示主義　此主義ハ要約者ノ申込ニ應シテ承諾ノ意思ヲ表示スルニヨリテ契約ハ成立ストナスモノナリ而シテ此主義ヲ唱フル者ハ通知主義ヲ唱フル者ニ對シテ通知主義ニ依ルトキハ通信ヲ以テ契約ヲ結フヲ得何者承諾ノ通知ナキ間ハ申込ヲ取消スコトヲ得ルモノトナサンカ其承諾ヲ通知セラレサル間即チ契約ノ成立前ニ於テ承諾者ハ再ヒ其意思ヲ變更スルヤモ知ルヘカラス故ニ通知主義ニ依リテハ到底正確ナル契約ノ締結ヲ見ルヲ得ス又通知主義ハ承諾者ニ過分ノ責任ヲ負擔セシムルモノナリ何トナレハ通知主義ニヨル𪜈ハ承諾ノ書面若クハ電信等申込

人ニ到着シタルノミヲ以テ足レリトセス尙申込人之ヲ閲覽スルニアラサレハ契約ハ成立セサルモノト爲スモ承諾者ヲシテ其承諾ノ通知ニ接シタル旨ノ證明ヲ爲サシムルハ難ヲ人ニ責ムルモノ也トノ非難ヲナセリ我民法ヲ始メトシ獨逸民法瑞西債務法等ハ此表示主義ヲ採用セリト雖モ此主義ヲ唱フル者ニアリテモ亦タ異說ナキニアラス左ニ之ヲ示サン

(イ)發信主義　此主義ニヨルトキハ假令承諾ヲ表示スルモ之ヲ以テ直ニ契約ハ成立スルモノニアラス發信スルニヨリテ契約ハ成立スルモノナリト云フニアリ而シテ其如何ナル塲合ヲ以テ發信シタルモノト見ルヤニ付テモ實際上ハ種々困難ナル問題ヲ生スヘシト雖モ書面又ハ電信カ自己ノ監督內ヨリ離脫シタルトキヲ以テ發信シタルモノト見ルヘキナリ何トナレハ書面又ハ電信ヲ以テ自己ノ意思ヲ表示スルモ未タ之ヲ自己ノ手許ヨリ離サヽルニ於テハ變更スルコト自由ナレハナリ

(ロ)純粋表示主義　此主義ハ苟クモ承諾ノ旨ヲ外部ニ表示スルトキハ之ヲ相手方ニ表示スルト第三者ニ表示スルトヲ問ハス契約ハ成立スルモノナリト云フニアリ故ニ承諾ノ旨ヲ書面ニ認ムルトキハ是即チ意思ヲ外部ニ表示シタルモノナルカ故ニ再ヒ之ヲ變更スルヲ得ス又實際上豫メ諾否二樣ノ書面ヲ認メ置クコトナキニアラス此場合ニ於テハ此主義ニ依テ契約ノ成立不成立ヲ知ルヲ得サルノ不便アリ

(ハ)受信主義　此主義ハ申込人カ承諾ノ通知ヲ受ケタルトキニ於テ契約成立スト爲スモノナリ故ニ其結果ハ通知主義ト同一ニ歸着スルモノナリ即チ申込人所在國ノ法律ニ從フニ至ル唯受信主義ト通知主義トハ其主義ノ根本ヲ異ニスルノミナリ即チ受信主義ニアリテハ承諾ノ通知カ到着シタル時ヲ以テ契約ハ成立スルモノトナシ通知主義ニアリテハ其承諾ノ通知アリタルコトヲ了知スルニヨリテ契約成立ストナスモノナリ

要スルニ表示主義ハ契約當事者ノ意思ノ併立スルニヨリテ契約ハ成立

ストナスモノナリ

上來論述スル所ノ通知主義ニヨルト又表示主義ニヨルトニ分タス契約ハ總テ契約地ノ法律ヲ適用スルヲ以テ原則トナシ唯公ノ秩序及善良ノ風俗ニ反スル場合ノミ之カ例外ヲ爲スモノニシテ履行地法ヲ適用スヘク其形式ニ關スル場合ハ行爲地ノ法律ニ從フトキハ何レノ國ニ對シテモ效力アルモノトシ又能力ニ關シテハ本國法ニヨリ不動產ニ關スル契約ニ付テハ所在地法ヲ適用スルモノニシテ何レモ契約地法說ノ例外ヲ爲スモノナリ

債權ノ成立ニ關スル法律管轄ノコトハ以上ヲ以テ之ヲ概論シタレハ是ヨリ契約ノ效力ニ關シテ法律ノ土地ニ關スル效力ニ付テ論セントス我國ノ法例ニヨレハ契約ノ效力ニ關シテモ亦其契約ノ成立ニ關スル法則ノ適用ト同シク契約當事者ノ意思ニ從ヒ其何レノ國ノ法律ニ從フヘキヤヲ定メ若シ當事者ノ意思ニシテ分明ナラサルトキハ行爲地法ニ從フヘキモノトス然レトモ已ニ述ヘタルカ如ク契約ノ成立ニ關スル法律管轄ノ問題ニ付テモ亦學說多ク又各國ノ法律モ同一ナラサルト同シク契約ノ效力ニ關シテモ亦各國同一

ニアラス故ニ効力ニ關シテモ上來述フル所ノ各說ヲ參照シ以テ法律適用ノ標準ヲ定ムヘキナリ故ニ假令日本ニ於テ取結ヒタル契約トハ必シモ日本法律ヲ適用スヘキモノニアラスシテ法律管轄ノ法則ニ依リテ或ハ英國法或ハ佛國法或ハ米國法ヲ適用スルコトアルヘキナリ第三者ニ對スル契約ノ効力ニ付テモ亦各國其法制ヲ同フセサルカ故ニ契約ニ關スル法律ノ管轄定マリタルトキ之ヲ適用スルニ當リテハ最モ注意ヲ加フヘキナリ要スルニ契約ノ効力ニ付テモ亦契約ノ管轄法律カ之ヲ支配スルヲ以テ原則トスルモノトス

茲ニ契約ニ關スル法律適用ノ管轄ヲ終ルニ當リ論スヘキコトアリ上來論シタルカ如ク契約ニ關シテ時ニ或ハ外國法ヲ適用スルコトアリ此場合ニ於テ國家ハ何故ニ外國法ノ適用ヲ認ムルヤ國家ハ各獨立ニシテ全能ナリ何ソ他國ノ法律ノ侵入ヲ容認スルカ是レ國際的法律ヲ論スル者ノ間ニ於テ換言セハ國際法ヲ論スル者ノ間ニ於テ議論アル所ナリ國家間ニ國際法ナル者ノ存在ヲ認ル學者ハ國家カ法律抵觸ノ場合ニ於テ外國法ヲ適用スルハ決シテ外國法ノ侵入ヲ受ケタルモノニアラス又外國法其者ヲ適用スルニアラスシテ

國家間ニ存在スル例規即チ國際法ヲ適用スルモノニシテ各國法ニ於テ法律抵觸ノ場合ニ關スル法規ヲ設クルハ是即國際法ヲ羅列スルニ外ナラスト云ヒ又法例ハ其國ノ法律ナルヘシト雖モ法律ノ抵觸ハ必シモ此法例ノミヲ以テ決スルヿ能ハサル場合アリ此ノ如キ場合ニ於テハ國際法ヲ適用スルノ必要アリト云フカ如キ又國際法ノ存在ヲ認メサル學者ハ其國ノ法例等ニ於テ法律抵觸ノ場合ニ何レノ國法ヲ適用スヘキヤヲ定メタルハ外國法ヲ採リ來リテ自國國法トスルモノニシテ決シテ外國法其者ヲ適用シ又ハ國際法ニ從テ裁判スルモノニアラスト云ヘリウエストレーキ氏ハ曰ク屬地主義ハ近世國家ノ要素タリ屬地主義ニアラサレハ近世ノ意味ニ於ケル國家ハ存在セサルモノナリ然ルニ國際法(私法)ト唱フル學問ノ一部ニ於テ時トシテ外國法ノ效力ヲ自國內ニ認ムルカ如キ趣アルハ是レ蓋シ國家カ自己ノ權力ヲ以テ自國ノ利益ヲ計ルカ為メニ外國法ノ或部分ヲ採リ來リテ以テ自國法ノ一部トシテ國內ニ效力ヲ有セシムルニ過キス即チ此等ノ規則ノ行ハルヽ源ハ徹頭徹尾自國ノ主權ニ存スルモノナリ蓋シ外國法ノ或部分カ自國主權ノ機關ヲ

通シ依リテ以テ法律ノ力ヲ付與セラルヽニアラサレハ自國臣民幷ニ官吏ニ對シテハ單ニ一個ノ事實タルニ過キスシテ法律上何等ノ効果ヲモ生セサレハナリト此說ハ余ノ最モ贊成スル所ナリ殊ニ近世ノ國家ニ最モ適合スル法理ト云フヘキナリ何トナレハ國家ハ各々獨立全能ニシテ外國ノ爲メニ制御セラルヽモノニアラス故ニ苟クモ國家タル以上ハ外國法ノ適用ヲ容認スルヲ以テ國際間ノ原則トスルノ理由ナク殊ニ吾國ノ如キ屬地主義ノ觀想旺盛ナル國ニアリテハ毫モ外國法律ヲ外國ノ法律トシテ適用スヘキモノニアラサルヤ明カナリ

第三　時ニ關スル法律ノ効力

時ニ關スル法律ノ効力ニ付キテハ左二項ノ主要ナル規則ヲ攷察スルヲ要ス

一　法律ハ公布ノ日ヨリ一定ノ施行期限ヲ經テ之ヲ遵守スヘキモノトナス

（法例第一條）法律ハ公布ニヨリテ拘束力ヲ生スト雖モ遵守ノ効力ヲ生スルニハ通常一定ノ期限アリ之ヲ法律ノ施行期限ト謂フ而シテ其施行期限ヲ定ムル方法ハ各邦全一ナラズ今之ヲ擧記スレバ（イ）公布ノ日ヨリ全國一般ニ行

ハルトスルモノ(ロ)公布ノ日ヨリ一定ノ期限ヲ經テ全國一般ニ行ハルトスルモノ(ハ)立法府所在ノ地ヨリ距離ノ遠近ニ依リテ各地施行期限ヲ異ニスルモノ是也我國法例ハ(ロ)ノ方法ヲ採リ其第一條ニ於テ公布ノ日ヨリ起算シ滿二十日ヲ經テ施行スル旨ヲ示セリ抑交通ノ便否國土ノ廣否等ハ各地法律ノ施行期限ヲシテ伸縮長短アラシムルノ基由タリシモノナリト雖トモ道路舟車郵便電信ノ開通利便進ムニ及ヒテハ各地法律ノ施行期限ヲ異ニスルノ要ナシ故ニ白耳義獨逸ノ如キ我國ト同シク公布ノ後一定ノ施行期限ヲ設ケテ全國一般ニ一時ニ之ヲ施行シ得ルノ新主義ヲ取レリ

法律ノ施行期限ヲ分チテ二トス

通常施行期限

(一)通常施行期限　即チ我國法例第一條一項ニ所謂公布ノ日ヨリ滿二十日間是ナリ

特別施行期限

(二)特別施行期限　我國法例第一條但書以下ノ場合即チ法令公布ノ當日ヨリ施行スルモノ又ハ法令ニ特ニ施行ノ日ヲ定メタルモノノ如キ是ナリ故ニ通常施行期限ヨリ或ハ長ク或ハ短キ者ハ皆特別施行期限ヲ有スル法律タリ而

法律ハ既往ニ遡ル效力ナシ

シテ此區別ノ實用ハ何レノ處ニ存スルカト云フニ通常施行期限ハ特ニ其法律ニ明記スル必要ナク特別施行期限ハ必ス其法律ニ明記シ又ハ他ノ法律ヲ以テ特ニ其期限ヲ明定セザルベカラザルニ在リ

二　法律ハ既往ニ遡ル效力ヲ有セズ

此原則ハ羅馬儒帝ノコデッキス法典第一編ニ載セラレシヨリ以來佛、墺、伊、普等近世諸國ノ法律ニモ皆之ヲ編首ニ掲ケ時ニ關スル法律ノ效力中緊切不動ノ原則ト看做サルルモノナリ凡ソ法律ハ或事ヲ命令シ又或事ヲ禁止スルモノナリ然ルヲ若シ既往ニ遡ルノ效力ヲ有スルモノトセハ理論上過去ノ事實ヲ命令シ又ハ禁止スルヲ得ザルベカラズ從テ國民ハ法律ノ未發ニ先ンシテ常ニ遵守ノ義務ヲ負擔セザルベカラザルノ不條理ヲ生ス天下豈此ノ如キノ理アルベケンヤ且之ヲ國家ノ利益ニ考フルモ苟モ法律ノ效力ヲ既往ニ及ホス事ヲ許サバ昨日正言德行ノ君子ノ行道モ今日ハ變シテ破廉無操ノ惡業トナリ昨日正當ノ行爲ニ依テ已得セル權利モ今日ハ倏忽褫奪サレ國民ハ一日モ其堵ニ安ンゼザルニ至ラン故ニ理論上ヨリ見ルモ國家ノ公益上ヨリ見ル

法律不遡及ノ原則ハ立法上ノ原則ニアラズ

モ其原則ハ極メテ正當ニシテ本原ノ理由亦簡明敢テ一點ノ疑義ヲ容レザル如シト雖モ之ヲ實際ニ適應セントスルトキハ疑議紛生其底止スル處ヲ知ラズ左ニ之ヲ略述セン

(甲) 法律不遡及ノ原則ハ立法上ノ原則ニアラズ　輓近ノ學者ガ概ネ皆此理ヲ承認スルトコロタレドモ從來ノ學者ノ意見ト法制トハ往々法律不遡及ノ原則ヲ以テ立法上ニ推及セシモノアリ北米合衆國ノ憲法ハ實ニ立法上ノ原則ト認メタルモノノ嚆矢ナリ該國憲法法律ハ所謂事後ノ法律ヲ制定スルヲ禁セリ次キテ佛國共和第三年ノ憲法及ヒ那威國ノ憲法ニモ亦法律ハ既往ニ遡ル効力ヲ與ヘザルコトヲ規定セリ當時學者ノ論說亦等シク此ノ原則ノ範圍ヲ擴充シテ立法上ニ及ホセルモノ少シトセズ就中佛國著名ノ憲法學者バンジヤメン、コンスタン氏ノ如キハ法律ノ遡及力ハ法律ヲシテ虐ヲ爲サシムルノ最モ甚シキモノナリト云ヘリ蓋シ此等ノ學者ハ既往ニ遡ラザルヲ以テ法律ノ原質ナリトスルモノノ如シ是レ大ナル謬見ト云ハザルヲ得ズ何トナレバ若シ果シテ既往ニ遡ラシムル法律ヲ制定スルヲ得ストセバ立法者ハ法律ノ改良ヲ爲スヿ能ハズ舊來幾多ノ弊害ハ之ヲ耳目ニシナガラ釐革スル能ハズ既往惡法ノ下ニ苛税ヲ徵收セラレツヽアルモ之ヲ輕減スル能ハズ又時世ノ變遷ニ依テ昔日ノ犯罪必シモ今日之ヲ罪科視スルノ要ナキニ至リタルモ猶且之ヲ免除スル能ハザルニ至リ法律ハ遂ニ無用ノ長物否無效有害ノ暴器トナランノミ然レ𪜈立法者ハ國家緊急ノ須要ニ應シテ既往ニ遡ル法律ヲ作ルヲ得ザルノ理ナク又實ニ之ヲ作ラサルヘカラザルノ責アルモノナリ故ニ曰ク法律ノ既往ニ遡ルモノハ法律ノ原質ヲ失フモノナリト思料スル學者ノ説ハ謬レリト從テ法律不遡及ノ原則ハ立法上ノ原則ニアラザルヿハ測知スルニ難カラズ

法律不遡及ノ原則ハ法律適用上ノ原則ナリ

(乙) 法律不遡及ノ原則ハ法律適用上ノ原則ナリ　法律不遡及ノ原則カ立法上ノ原則ニアラザルヿハ前述ノ如シ故ニ方今諸國ノ法制及ヒ學者ノ論説ハ大抵之ヲ法律適用ノ原則トシ時ニ關スル法律ノ効力ヲ定メタル者ニ過ギズトセリ蓋シ其説ノ基ク處ハ羅馬ノテオドス帝ノ勅語ニ在リテ近世諸國ノ法典ニ之ヲ襲用セリ

法律ハ既往ニ遡ル效力ヲ有セストハ同一ノ事物ニ關シテ新舊二法前後相踵キテ出テ互ニ其規定ヲ異ニスルトキハ新法ハ其公布以後ノ時ニ於テ效力ヲ有シ舊法ハ新法以前ノ時ニ於テ效力ヲ有スト云フノ意ノミ即チ舊法ハ既往ノ事ヲ支配シ新法ハ將來ノ事ヲ支配スト云フ簡短ナル意義ニ過ギザルナリ然レトモ實際ノ適用ニ至リテハ頗ル困難ヲ感セサルヲ得ズ故ニ一般ノ學者ハ説ヲ爲シテ謂ヘラク法律ハ既往ニ遡ラズト云フ原則ノ意義ハ其ノ效力ヲ既得權ニ及ホサスト云フニ在リト而シテ此學説ヲ採リテ法律ノ正條ニ明記シタルハ墺國民法ナリトス其ノ民法五條ニ曰ク「法律ハ既往ニ遡ラス故ニ既遂ノ行爲及ヒ既得ノ權利ニ對シテハ總ヘテ無效ナリト」然レトモ此ノ規定モ亦未タ完美ナリト云フヲ得ス既遂ノ行爲ニ法律ノ效力ヲ及ホサスト云フハ啻ニ贅語タルノミナラズ却テ誤謬ヲ招クニ至ルモノナリ何トナレハ法律ノ保護スル所ハ既得ノ權利ノミ凡ソ行爲ハ既遂ノモノナリト雖ドモ未ダ權利ヲ發生スルニ至ラザレバ法律ガ之ニ效力ヲ及ホスコトアルモ毫モ妨ナケレバナリ

法律ハ國民公共ノ利益ニ基ツキテ成ルモノトス故ニ立法者カ一新法ヲ制定スルハ新法カ最モ公共ノ利益ニ合フトスルニヨル然ラバ新法ハ舊法ニ比シ更ニ善且美ナルベキハ普通ノ理ニシテ新法ノ適用ハ一日モ速ナルヲ要ス假令個人ノ利益カ多少ノ傷害ヲ受クルコトアリト雖トモ國家ノ公益ヲ枉クルノ理ナキナリ然レトモ國家ハ已ニ過去ニ於テ個人カ取得シタル權利ヲモ毀損シテ新法ニ服從セシムルコトヲ好マズ蓋シ個人ノ權利鞏固ナラザレバ國家ハ常ニ紛擾ヲ絶ツノ期ナク既得ノ權利ヲ毀損スルハ國家ノ一大患害タレバナリローラン氏曰ク法律カ個人ノ權利ヲ褫奪スルヿヲ得バ是既ニ社會ナキナリ又社會カ個人ノ利益ノ下ニ屈服スルヿヲ要セバ是亦既ニ社會ナキナリト然ラバ其所謂權利ト利益トノ間ニ存スル所ノ差異如何利益トハ將來ニ於テ權利ヲ有シ得ヘキ單純ノ希望ニ止マルモノニシテ未ダ特定ノ資産ヲ組成スルニ至ラス他人ノ行爲ニ依リテ消滅サルヽコトナキヲ期セズ例ヘバ豫定相續人カ遺産ヲ相續シ得ヘキ希望ハ其財産所有者ノ行爲ニヨリテ消滅スヘク又時效ニ由リテ或物ノ所有權ヲ取得スルノ希望モ眞正ノ所有者現出シテ

其物ヲ回收スルトキハ如何トモスルヿ能ハズ故ニ此ノ如キ將來ノ希望ニ對シテハ新法ハ不利益ナル規定ヲ爲シテ其希望ヲ阻絕スルモ決シテ不條理ト謂フヲ得ス既得ノ權利トハ之ニ反シテ個人カ享有スル處ノ利益ガ已ニ資產ノ一部分ヲ成シ他人ノ行爲ヲ以テ之ヲ消滅セシムルヿ能ハス例ヘバ法律上正當ノ權原ニ因リテ取得セル財產上ノ權利ノ如キ(賣買讓與相續等)ハ皆既得ノ權利ニシテ單純ノ利益ニアラズ故ニ法律ハ妄ニ既往ノ事實ニ遡リテ之ヲ傷害スルコトヲ得ザルナリ既得權ノ性質ハ大概右ノ如シ尙之ヲ敷衍シテ法律ノ各部分ニ適用セン

(甲) 人ノ身分及ヒ能力ニ關スル法律　人ノ身分ハ財產上ノ權利トハ全一ナラズト雖モ身分ハ其人ニ於テ又是一個ノ既得權利ヲ組成スヘク從テ新法ノ効力ハ既得ノ身分ニ及フヿ能ハズ例ヘバ舊法ハ從兄弟姉妹ノ婚姻ヲ許シ新法ハ之ヲ禁スルカ如キ場合ニ舊法ニ從ヒテ從兄弟姉妹ノ間ニ結ヒタル婚姻ハ新法ニヨリテ毫モ其効力ヲ失フヿナク夫婦タルノ身分ニ變更アルコトナシ人ノ能力ニ關シテハ法律ハ隨意ニ之ヲ擴充減縮スルヿヲ得故ニ舊法ニ依

テ無能力者タリシモノモ新法ニ依ツテ能力者トナリ舊法ニ依テ能力者タリシモノモ新法ニ依テ無能力者トナル蓋シ法律ガ人ノ能力ヲ定ムルヤ公益ニ基ツキ且其人ヲ保護スルノ恩惠ニ出ツルモノナルガ故ニ何人ト雖𪜈此恩惠ニ對シテ權利アリト主張スルヿヲ得ス又公益ニハ私益ノ理由ヲ以テ對抗スルヲ得ザルベケレバナリ

（乙）財産ニ對スル法律　更ニ之ヲ三項ニ分チテ

一所有權ニ關スル法律　新法ハ既得ノ所有權ヲ害スルヿ能ハスト雖𪜈新法ガ其効力ヲ既得ノ所有權ニ及ボスヿヲ規定スル𪜸ハ固ヨリ既往ニ遡ラザルヲ得ズ例ヘバ鐵道敷設等ノ爲ニ所有ノ土地又ハ家屋ヲ徵收サル丶塲合ノ如シ

二契約ニ關スル法律　契約ハ權利取得ノ原因ナリ故ニ其既ニ完結セルモノニ對シテハ新法ハ其効力ヲ及ホスヿナシ依テ推理上契約ノ効力及ヒ解除方式證據等ニ基キテモ遡及ノ効ナシ是等ハ當事者ノ意思ニ基ツクモノニシテ立法者ハ通常ノ塲合ニ一々之ヲ明約スルノ勞ヲ省カシムル

爲ニ之ガ効力及ビ解除ニ付ヒテ規定ヲナシタルニ過ギズ故ニ其契約ヲ爲シタルトキノ法律ニ依リテ當事者ハ其効力ヲ定メ又解除ヲ約シタリト推定スルハ當然ノ理ナリ然レトモ契約ノ訴訟ニ關シテハ其訴訟提起ノ時ノ法律ニ從フ何トナレバ當事者ガ契約ヲ爲スノ初ニ於テ其訴訟ノ手續ニマデ思ヒ及フコトナキハ普通ノ事理ニシテ其手續ノ變更ハ其權利ノ存否ト些少ノ關係アルコトナケレバナリ時効ハ取得免責何レヲ問ハズ完成セルモノハ既得權ヲ構成セルヲ以テ新法ハ之ニ其効力ヲ及ホサズ然レトモ其期間ノ未ダ經過セザル時効ニ關シテハ之ニ依リテ權利ヲ取得シ又ハ義務ヲ免除セラレントト欲スルモ是所謂單純ノ希望ニ過ギザルヲ以テ新法ハ十分ニ其效力ヲ及ボスヲ得ベシ

三相續ニ關スル法律　凡ソ相續未開始ニ際シテハ既得權ヲ有スル者アルコトナシ相續ハ被相續人ノ死亡又ハ隱亡ニ依リテ開始ス相續人ハ此時迄ハ唯將來ノ希望ヲ有スルニアルノミ立法者ハ新ニ法律ヲ制定シテ其希望ヲ破ルコトヲ得故ニ新法カ舊法ノ推定相續人廢除ノ原因以外ニ新ニ廢

除原因ヲ認ムルモ相續人ハ舊法ニ依リテ廢除セラレザル權利アリシヿヲ主張スルヲ得ス又相續ノ順位又ハ被相續人カ遺產處分ヲナス能力ノ如キモ專ラ新法ノ定ムル所ニ依ルモノトス

（丙）刑罰ニ關スル法律　法律不遡及ノ原則ハ刑法ニ於テハ絕對的ニ適用セラルベキニ非ス唯嚴刑ハ既往ニ遡ラズト云フニ過ギズ我國刑法第三條二項ニ此原則ヲ認ムレ𪜈第三項ニハ「若シ所犯頒布以前ニアリテ未ダ判決ヲ經ザルモノハ新舊ノ法ヲ比照シ輕キニ從テ處斷ス」トアルハ即此意也蓋シ法律ガ此ノ如ク既往ニ遡リテ無罪ノ行爲ヲ有罪トセズ寬刑ヲ變シテ嚴刑ニ處セサル理由ハ犯罪人ノ既得權ヲ害セスト云フニ基クニアラズ犯罪ハ固ト法律ニ其條目ヲ定ムルニ依テ始テ生ス法律ナケレバ何等ノ犯罪アルヿナシ而シテ嚴刑ノ既往ノ犯罪ニ及ホサヾルハ全ク國家ノ慈仁ノミ或ハ舊法ノ寬刑ヲ受クルハ犯人ノ既得權ナリト說クモノアリト雖𪜈犯罪人ヲシテ國家ノ公力ニ對シ既得權ヲ主張スルヿヲ得セシメバ法律ノ硬固威嚴夫レ將タ如何ニシテ之ヲ求メン國家ノ須要ハ舊法ノ寬ヲ改メテ之ヲ嚴ニスルニ在リトセバ直ニ

之ヲ適用スルハ寧ロ刑罰ノ眞面目ナルベシト雖𪜈國家ハ唯政治上ノ理由存スルアリテ之ヲ寛典ニ處スルノミ苟モ既得權ヲ害スヘカラズト云フ理ヲ以テ刑罰ノ處分ヲ極論セバ新法ノ刑寛ニシテ舊法ノ刑嚴ナルトキハ犯罪人ハ舊法ニ從テ嚴刑ニ處セラルルノ權利ヲ有セザルベカラズ故ニ刑法不遡及ノ原則ヲ說クニ既得權ノ有無ヲ標準トスル𪜈ハ到底條理ノ透徹ヲ缺クモノト云ベシ

以上論スル處ニ依レハ既得權ノ分界ハ甚タ狹少ニシテ普通ノ塲合ニ於テハ後ニ出テタル法律ノ爲メニ損セラレザルモノナレ𪜈之ニ對スル例外モ亦少カラズ然ラバ法律ハ既往ニ遡リテ既得權ヲ害セストノ原則ハ唯法律適用ノ通則タルノミ法律ノ明文又ハ性質ニ依リテ裁判官ガ其效力ヲ既往ニ及ホス塲合アルトキハ此原則ハ適用セラルル事ヲ得ス顧フニ法律ハ其性質ニ從ヒテ或ハ既往ニ遡リ或ハ遡ラズトセバ其遡ル效力アル者ハ遡リ遡ル效力ナキモノハ遡ラズト云フト殆ト擇フ所ナク從テ之ヲ一箇ノ原則トシテ貴重スルノ無用ナルニ似タリ其初ハ立法上ノ原則トシテ迎ヘラレ今ハ法律適用ノ原則中ニダニ之ヲ却

人ニ關スル法律ノ効力

ケラレントス蓋シ法律學進歩ノ結果法律的眞理ノ反射鏡ヨリ其ノ本躰ヲ映出セラレタルノ致ス處トハ云ヘ亦何ゾ其レ變遷ノ甚ダシキヤ

第四　人ニ關スル法律ノ效力　人ニ關スル法律ノ效力ニ就キテ其主要ナル規則ヲ擧クレハ左ノ如シ

(甲)　凡ソ法律ハ國民一般ニ之ヲ遵守スヘシ　此原則ハ人ニ關スル法律ノ効力ノ最モ明白ナルモノニシテ別ニ詳說スルヲ要セズ下ニ列擧スルモノハ多少ノ變例ヲ加フルモノト思惟シテ可ナリ

(乙)　特別法ハ或一地方ノ人民若クハ或種類ノ人民ニノミ行ハル　特別法ニハ處ヲ本トスルモノト人ヲ本トスルモノトアルモ共ニ國民ノ一部分ニ行ハルル事ハ辨明ヲ俟タズシテ知ルベシ

(丙)　法律ハ主權者若クハ國家ノ元首ニ其効力ヲ及ホサズ　主權者トハ國家ノ最高權ヲ有スル個人若クハ個人ノ集合體ニシテ若シ法律ニ服從スルノ義務ヲ負フトキハ其尊嚴ヲ保ツ能ハザルヿハ論ナク主權者ハ元來法律ヲ制定スルモノニシテ法律ノ上ニ位シ法律ノ支配ヲ受クルノ理アルベカラズ是レ法

律ガ主權者ニ其効力ヲ及ホサヾル所以ナリ唯主權者ガ一箇ノ集合體ヨリ成ル𪜈ハ其全體ガ一人ニ對シテ法律ヲ適用スルヿナキニ非ズ是レ其集合體ハ主權者ナレ𪜈一人ハ主權者ニ非サレバナリ然レ𪜈此ノ如ク主權者ガ集合體ヨリ成ル場合ト雖𪜈其國ノ君主ハ實際主權ノ全體ヲ掌握スルニ非ズシテ尚法律ノ効力ヲ其一身ニ及ホサザルヲ原則トス何トナレバ政治上君主ハ法律ノ淵源トメ其尊嚴ヲ墜スヿアル可ラザレバ也例ヘバ英國ニ於テハ主權ハ國王ト議院トノ共掌スル處ナレ𪜈國王ハ全ク法律上ノ責任ヲ有セザルカ如キハ是ナリ故ニ尊嚴ヲ傷ケザル程度ニ於テ法律ヲ適用スルヿヲ得バ或ハ君主ニ對シテ法律ノ効力ヲ及ホスヿナキニアラズ故ニ財産上ノ契約取引ニ關シテハ歐洲諸國ノ制度ハ往々財産法ノ規定ヲ適用スルヿトナレリ我國ニハ一切法律ニ就キテ別ニ特例ヲ設クルモノナシ故ニ天皇ハ全ク法律上ノ責任ヲ負ハズ共和國ノ大統領ハ君主ニモアラズ主權者ニモ非スサレ𪜈國家ノ元首トシテ政治上ノ最高位ニ在ルノ故ヲ以テ或特種ノ犯罪例ヘバ叛逆ノ罪ノ如キ外ハ主權者君主ト同シク法律上ノ責任ヲ歸セサルヲ以テ通則トス

（丁）外國ニ在留スル國民ハ其在留國ノ法律ニ從フ　凡ソ一國ノ法律ハ其境土ニ棲息スル一切ノ人民ヲ支配スル近世ノ法律ハ屬地主義ヲ以テスルガ故ニ外國ニ在留スル國民ハ其在留國ノ法律ニ從フヘキハ近世紀國法ノ通則也然レ𪜈國際上ノ便宜ハ此原則ヲ全然適用スルヿヲ許サズ故ヲ以テ現今各國ノ法律ハ大抵互讓ノ方法ニヨリテ或塲合ニ外國法ノ効力ヲ內國ニ認容スルヿアリ左記三項ノ規則(戊己庚)ハ則是ナリ

（戊）人ノ身分及ヒ能力ハ本國法ニ從フ　身分ニ關スル法律トハ人ノ地位及ビ人ガ其親屬ニ對スル法律關係ヲ規定シタル規則ノ全體ヲ謂フ蓋シ人ノ身分能力ハ大抵其本國ノ氣候風土習俗人情ト密接ノ關係ヲ有スルカ故ニ其國ニ生レタルモノハ永ク其國ノ法律ニ從フヲ至當トスト云フノ趣旨ニ出デ、此ノ如キノ原則ヲ國法上ニ見ルニ至リシナリ(我法例第三條ノ如キ是ナリ)

（己）憲法上國民ノ義務ハ本國法ニ從フ　則チ納稅及兵役義務ノ如キヲ云フ而シテ其本國法ニ從フトハ專ラ國民分限ノ關係ニ依ルモノニシテ其外國ニ在留スル人民ト雖モ國家成立ノ必要上此義務ヲ免ルルヿヲ得ズ

（庚）國際公法上所謂治外法權ヲ有スルモノハ外國ニ在ルトキト雖モ尙其本國法ニ從フ例ヘハ帝王、大統領、皇族、公使、及ヒ其附屬員等ヲ云フ是亦國家獨立主權ノ觀念ニ基ツクル法律上ノ慣例ナリ然レモ此ノ如キノ慣例カ國際上ニ獨立セルニ非スシテ國法カ偶々相互ニ此ノ如キノ慣例ヲ認メタルニ過キス若シ夫外國人カ一般ニ國際條約ニ依リテ治外法權ヲ有スレハ又更ニ特別ノ原因ニ因リテ生スルモノニシテ固ヨリ以テ常例ト爲スヘカラス

法律ノ分類
第一自然法
人定法

第七章　法律ノ分類

第一　自然法　人定法

法律ニ自然法ト人定法トノ區別アリトノ說ハ古代ニ行ハレタル說ナレモ今日殆ント主張スルモノナシ

自然法トハ所謂性法ナルモノニシテ人類固有ノ道理心ヨリ發生シ主權者ノ命令ヲ俟タサルモノニシテ吾人相互ノ間ニ遵守セサルヘカラサルモノヲ云フ學者或ハ曰ク此法律タル成文アルニアラス又慣習ニアラス故ヲ以テ甲者ノ見テ自然法ニ合セリトスルモノ乙者之ヲ然ラストナスコトアルヲ免レス…………

此ノ如ク人ニヨリ其意見ヲ異ニスルハ畢竟此ノ法律ノ存在セサル所以タラスソハアラスト是レ著者ト全ク自然法ナルモノヲ認メサルモノヽ言ナリ然リト雖トモ著者ハ此ノ如キ理由ヲ以テ自然法ナルモノヽ存在ヲ非認スルモノニアラス何トナレハ論者ノ說ノ如キハ成文タル人定法ニ於テモ又同一ナリ故ニ若シ成文法ニ於テモ人々解釋ヲ異ニスル場合ハ此法（即チ成文人定法）尙ホ存在セスト云ハサルヘカラス是レ著者カ論者ノ理由ト全ク一ナラサルトコロナリ然ラハ其理由如何ト云フニ著者ハ之ヲ國家ノ性質ニ根據ヲ取ルモノナリ抑モ國家ハ法ノ唯一主軆ナリトハ即チ此意ヲ表明シタルモノナリ若シ法律ニシテ主權者ノ命令ヲ離レ尙ホ且ツ存在スルモノトセンカ國家ハ之ニ羈束セラルヽ奇觀ヲ呈シ國家ノ上更ニ强固ナル權力存在スルコトヲ許サヽルヘカラサルニ至ル是レ著者カ自然法ヲ非認スルノ理由ナリ

人定法トハ即チ文字ノ示スカ如ク人意ニヨリ作成セラレタル法律ヲ謂フモノナリ人意ニヨリ作成セラレタリト云フハ彼ノ自然法ニ相對シテ謂フモノニシテ直接ニ國家ノ命令シタル處タルト又國家ノ默認ニ出ツルトヲ問ハサルナリ

第二人定法總說

國家ノ直接ニ命令シタルモノハ即チ成文法ナルモノニシテ其默認ニ出ツルモノヲ不文法又ハ慣習法ト謂フナリ
人意ニヨリ作成セラルヽ法律ハ凡テ人定法ナリヤト云フハ是レ第一章ニ於テ述ヘタルカ如ク未タ法律ト謂フコトヲ得サルナリ故ヲ以テ人意ニヨリ定マルト云フハ單ニ性法等ニ相對スルノ語トシテ之ヲ解釋シ以テ國家ナル人格者ノ直接又ハ間接ニ發表シタル者ト見サルヘカラス而シテ以下漸ヲ追ヒ論セントスル所ハ即チ此人定法ノ範圍ヲ出テサルモノニシテ是ヨリ直チニ人定法ニ付キ分類スル處ナルモ先ツ此分論ニ先ンシ總論トシテ少シク論究セサルヘカラサルコトアリ

第二　人定法總說

本節ニ於テハ次節以下ニ述ヘントスル人定法ノ區別ニ全通スル區分タル狹義ノ法律及ヒ命令ニ付聊カ論究ヲ試ミント欲ス
廣義ニ於ケル人定法ナルモノハ第一章ニ於テ述ヘタルカ如ク形式ノ如何及規定事項ノ差異ニヨリ區別アラサル者ナルモ狹義ニ於ケル法律ナルモノニ至リ

テハ果シテ如何ナル性質ヲ有スルモノナルカ學者ノ間ニ一致セサル處ニシテ
先ツ之ヲ大別スレハ
(一)形式ニヨリ區別セントスルノ説
(二)効力ニヨリ區別セントスルノ説
(三)規定事項ニヨリ區別セントスルノ説
左ニ此等ノ説ク所ヲ掲ケン

第一説　實質主義

此説ヲ代表スルモノハ歐洲ニ於ケル立憲國ノ學者ノ普ク主唱スル處ニシテ彼等ハ人權ノ重スヘキヨリ左ノ如キ説ヲナセリ
即チ彼等カ人ノ自由權利ニ關係ヲ有スルモノヲ必ス法律ヲ以テ定メ命令ハ單ニ其施行法タルニ止ントス是レ其國ノ國體ヨリ來リタルモノニシテ一朝一夕ニ之ヲ批難セラルヘキ薄弱ナル議論ニアラス然リト雖ヒ方今我國ノ學者ニシテ直チニ此主義ノ議論ヲ輸入シテ忽チ我帝國ノ成文憲法ヲ無視セントスルカ如キハ大ニ思ハサルノ甚シキモ

ノナリ彼レ歐洲ト我國トハ國體ニ於テ既ニ異ナリ彼レハ多ク民主國ニシテ人民ノ集合ヲ主權ノ本體トナシ我ハ
即チ萬世一系ノ御一人永久ニ是レカ主體タリ是レ尙ホ異論アルカ如シ一步ヲ讓リ民主國ト民主國トノ間ニ於テ之ヲ云フモ尙ホ其誤謬ナルコトヲ知ラサルヘカラス蓋シ立法論トメハ兎ニ角之ヲ其國ノ法理トメ論セントスレハ須ラク其國ノ憲法ニ基礎ヲ發セサルヘカラス例ヘハ民主國ト雖モ我國ノ如キ憲法ノ制定セラレサル理ナキカ故ニ若シ是レアリトセハ民主國ナリト雖モ法律ノミ人民ノ自由ニ關涉シ命令ハ毫モ之ニ關涉セストハ解釋スルヿ能ハサルナリ況ンヤ我神聖ナル君主國ヲヤ況ンヤ我憲法ノ大權ノ自由ナル特質タルヲヤヨシ法律ヲ離レ之ヲ立論スルモ我憲法ノ規定ハ一方ニ偏セス中庸ヲ得タルモノニシテ歐洲ニ類ナキ良憲法タリ詳言スレハ我允文允武ナル
天皇陛下ニハ或事項ハ必ス法律ヲ以テ規定スト宣言シ以テ人權ノ確保ヲナサセタマヒアルコトハ法律ヲ以テ必ス之レヲ規定シ或ル事項

ハ法律又ハ命令ヲ以テ規定スルヿヲ宣言シ玉ヒ以テ變遷限リナキ社會ノ狀態ニ應セサルナカランヿヲ期ス是レ君主國ノ君主國タル所以ニシテ吾人臣民カ充分ナル保護ヲ受ル源ナリ蓋シ完全ナル權力ト完全ナル保護トハ始終其原因結果ノ關係ヲナスモノニシテ　君主ノ權ノ圓滿ナルハ吾人臣民ノ圓滿ナル保護ト滿足トヲ得ル唯一ノ原因タル處ナリトス

是レ實質ニヨリ法律ト命令トヲ區別セントスルノ說ハ第一我國ノ國體政體ヲ顧ミサルモノヽ言ニシテ毫モ採ルニ足ラサルトコロタリ

第二說　効力說

此說ハ効力ノ點ヨリ法律命令ノ區別ヲ立テントスルモノニシテ極メテ方今有力ノ說ナリ

此說ハ我國ニ於テ一木喜德郞氏ノ代表セラルヽ處ナリ左ニ其要旨テ揭ケテ聊カ論評ヲ試ミント欲ス

曰ク法律ト命令トノ區別ハ其形式ノ法力ニヨリ區別スヘシ其第一効

力ノ强キ者ヲ憲法ト謂ヒ其次ニ位スルモノヲ法律ト云ヒ其次ニ位スル最終ノモノヲ命令ト云フ若シ次ニ述ヘントスル形式ニヨリ法令ノ區別ヲナサントスルニ於テハ憲法ノ以前ニ法律ト命令トノ區別全ク存在セスト謂ハサルヘカラサルニ至ル盖シ憲法以前ニハ議會ナキヲ以テ形式即チ議會ノ協賛ヲ經タルト然ラサルトニヨリ區別スルコト能ハサルニアリ

然レトモ此說ハ左ノ二點ニ於テ誤謬ヲ包含スルモノナリ

其第一ハ法律ト命令トノ區別ヲ時ニヨリ制限セス之ヲ論セントスル是レナリ若シ氏ノ說ヲ絕對的ニ貫徹セントスルニハ終ニハ最限ナキニ至ル何トナレハ氏ハ憲法ニヨリ法律ト命令トヲ區別スルコトヲ批難シテ公文式ノ當時ニマテ遡リ之ヲ論セリ何故公文式ヲ唯一ノ標準トナスカ是レ即チ氏ノ私言ニ止マリ此ノ如キハ充分ナル理論アリテ立言シタルモノニアラサルナリ故ニ法律ト命令トノ區別ヲ公文式ノ規定ニ則リ効力ニヨリ分タントスルハ尙ホ憲法ノ形式ニヨリ之ヲ區

別スルモノト何等ノ相違カアル却リテ主義トスル絶對的ノ理論ヲ發見セントシテ中途ヨリ倒レタルモノト云フヘキナリ是レ寧ロ總論ニ於テモ述ヘタルカ如ク時代ニヨリ法理ハ異ナルヲ以テ今日ノ議論ハ今日ノ憲法ヲ標準トシテ法律命令ノ區別ヲナスノ却テ至當ナルモノナリ是レ第一ノ缺點ナリ

次ハ憲法ト法律命令トノ形式的法力ヲ比較シ第一ノ强力ナルモノヲ憲法トシ第二ノモノヲ法律トシ第三ノモノヲ命令トスルノ僻説是ナリ之レヲ極端ニ評セハ氏ノ如キハ君主國ノ成文憲法ヲ無視スルモノナルカ然ラサレハ求タ之ヲ解釋スルノ明ナキ者タラサルヲ得サルナリ何トナレハ氏カ憲法ト法律トヲ比較シ法律ハ憲法ヲ變更スル力ナキモ憲法ハ法律ヲ變更スルヲ得ルヲ以テ其力ノ强キ方ヲ憲法トナシ然ラサルモノヲ法律トナシタルハ正當ナリ然レ𪜈法律ト命令トヲ比較シ法律ハ命令ヨリ强キカ故ニ法律トハ命令ヨリ効力ノ强キモノヲ云フトノ說ハ甚タ誤リタルモノナリ成文憲法ノ規定ハ暫ク之ヲ措ク

トスルモ我國ノ國躰上ヨリ命令ノ凡テハ何ヲ以テ其力法律ニ及ハサルヤ要スルニ是レ又歐洲立憲國ノ流ヲ汲ムニ基クモノニシテ民主國ニ於ケル名義上ノ君主ヲ我國ニ再演スルニ外ナラサルナリ蓋シ彼レ歐洲ノ君主國ニ於テハ人民ノ集合體ヲ主權ノ本體トナシ君主ヲ是レカ機關トシテ論スルノ結果人權ノ重スヘキヲ理由トシ君權ヲ制限センカ爲メ或ハ憲法ヲ發布シ或ハ其他ノ盟約ヲナシ之レニヨリ一人專斷ノ命令ヲ以テ人ノ自由ニ關渉セシメサルヿトナシ又假令命令ヲ發スルモ其命令タル法律ニ抵觸セサルヲ限リトシテ効力ヲ有セシメタルコト實際ニアル處ヨリ此ノ主義ヲ輸入シテ我國ノ法理ヲ辨セントスルモノナリ是レ豈ニ事實ニ暗キノ甚タシキモノト云フヘシ又我千古ノ國體ヲ顧ミサルモノト云ハサルヘカラス

我國ハ論スル迄モナク此主義ニヨリテ成立セス主權ハ一ニ君主ニアリテ多數ノ臣民ニアラス又君主カ專制ニヨリ國土及臣民ヲ統治スルハ即チ君主國ノ本體ニシテ立憲ハ即チ變態ナリ故ヲ以テ我帝國ノ憲法

ハ民主國ノ如ク君主ト人民トノ合意若クハ人民ノ側ヨリ君權ヲ制限スルタメ制定シタル彼ノ會社ノ定款ノ如キ者ニアラスシテ君主ノ側面ヨリ臣民ノ自由ヲ重ンセサセ玉フヨリ自己ノ大權ヲ制限シ給ヒタルモノナリ從テ君主國ノ法理上法律ト命令トノ間ニ効力ノ差異ヲ認ムルノ要ナキモノナリ是レ此說ノ缺點ナリ然レ𪜈或ル命令ニ限リ法律ヨリ効力ノ弱キコトヲ定ムルヲ妨タス例ヘハ遞常行政官府ニ依據シテ發スルモノヽ如キ是ナリ

之ヲ理論上ヨリノミナラス我成文ノ憲法ニヨルモ右ノ法理ヲ明カニ認ムルトコロナリ即チ立法事項ト大權事項トハ互ニ兩々相對シテ侵サヾルナリ此他法令共同ノ事項アリテ法律ヲ以テモ規定スルコトヲ得ヘク又命令ヲ以テモ規定スルコトヲ得ベシ此場合ニ於テハ法律ハ命令ヨリ効力强キモノナリ蓋シ之レモ憲法ニ明文ヲ置キテ命令ノ効力ヲ制限シタルモノナリ

由是觀之此効力說ハ未タ我國ニ於テハ國躰上政躰上到底採用スヘカ

ラサル所ナリトス

第三說　形式說

此說ハ法律ト命令トノ區別ヲ帝國議會ノ協贊ヲ經タルト然ラサルトニヨリ區別スルモノナリ故ニ法律モ命令モ共ニ國家ノ命令タルニ於テ全一ナリ又其規定ニ付テ謂フモ二者トモニ人民ノ自由權利ニ關スルヿヲ得ルニアリテ彼ノ歐洲ニ於ケルカ如ク法律ノミ人ノ自由ニ關渉スルコトヲ得テ命令ハ然ラストスト云フ學說ト大ニ其趣チ異ニスルモノナリ而シテ此人民ノ自由權利ニ關スルコトヲ命令ニヨリ規定スルコトヲ得ルハ即チ我憲法ノ他ノ國ニ於ケルモノト差異アルトコロナリ是レ前段ニ於テ屢々說述シタル處ナルヲ以テ玆ニ之ヲ複說スルコトナシ

又歐洲諸國ニ行ハルヽ處ノ法律ハ國家ノ命令ニシテ命令ハ君主ノ發スルモノナリトノ說ハ是レ又我國躰ト相反スルナリ何トナレハ君主國ニ於ケル國家ノ觀念ハ即チ君主ヲ指稱スルニ外ナラスシテ君主即

チ主權者ニシテ之ヲ國家ト謂フモノナリ從テ我國ニ於テハ君主ト國家トヲ區別スルコトナク法律モ命令モ共ニ唯一主權者タル天皇陛下ノ制定セラル丶モノナリトス彼ノ法律ハ國家ノ作ルモノニシテ命令ハ君主ノ發スルモノナリトノ說ハ君主ヲ以テ國家ノ機關トナスモノノ論ニシテ恰カモ君主ヲ大臣若クハ知事ト同一視シタルモノナリ夫レ然リ故ヲ以テ此形式主義ニヨリ法律ト命令トノ區別ヲナサントスルニハ單ニ其實質カ議會ノ協贊ヲ經タルヤ否ヤニアルノミニシテ事項其モノカ直接ニ人民ノ權利事務ニ關スルト否トハ毫モ問ハサル處ナリ又法律モ命令モ君主ノ發シタル點ニ於テ區別アル戶トナシ但シ之レハ憲法上ヨリ立言シタルモノナルカ故ニ憲法間接ノ結果トシテ行政官府カ或ル命令ヲ發スルコトアルハ例外ナリ

要之狹義ニ法律ト云フ時ハ前述ノ如ク議會ノ協贊ヲ經テ人民ニ對シ命スル行爲ノ規則ナリト謂フコトヲ得ヘシ反之命令ト云フ時ハ廣義ニ於ケル法律中ヨリ狹義ノ意味ニ於ケル法律ヲ拔キ去リタル殘リノ

モノニシテ換言スレハ議會ノ協贊ヲ經スシテ發スル命令ノ全體ナリト謂フヘシ

斯ノ如ク論シ來ル時ハ歐洲主義ノ學者ハ直チニ憲法第三十七條ヲ出シテ余ノ說ヲ駁擊セントス

其說ニ曰ク憲法第三十七條ニハ法律ハ議會ノ協贊ヲ經ルヿヲ要スト規定アルモ法律トナスニハ議會ノ協贊ヲ要スト規定ナキハ如何ト此質問一利ナキニアラス然レ𪜈是レ蓋シ憲法ノ文字ニ拘泥スルモノニシテ著者ノ採ラサル處ナリ

左ニ此說ノ主張スルトコロヲ揭ケンニ法律ハ議會ノ協贊ヲ經ルコトヲ要ストアルハ即チ人民ノ自由ニ關涉スル規則即チ法律ハ必ス議會ノ協贊ヲ經ヘシト云フニアリテ凡テノ規則ハ議會ノ協贊ヲ經ヘシト云フニアラス若シ反對ノ解釋ヲ採リテ之ヲ解セシカ議會ノ協贊ヲ經タル命令ハ議會ノ協贊ヲ經サルヘカラスト云フニ至リ毫モ法意ヲナサヾルニ至ルト謂フニ在リ

何ソヤ此說ノ幼稚ナル少シク憲法ノ他ノ條文ニ留意セン二ハ忽チ其不可ナルコトヲ發見スルナルヘシ勿論第三十七條ニ所謂法律ナル者ハ規則ノ全體ヲ云フモノニアラサルナリ又其法律ナル文字ハ權利義務ニ關スル規則ト云フニアラサルナリ然ラハ如何ニシテ該條ニ明解ヲ與ヘントスルカ他ナシ著者ハ法律トナスニハ必ス議會ノ協贊ヲ經ルヘシト是レ即チ立憲ノ本旨ニ叶フノ解釋ナリト信ス法律ハ議會ノ協贊ヲ經ヘシト云フヲ法律トナスニハ議會ノ協贊ヲ經ヘシトナスハ自カラ法文ヲ改正シテ解釋スルカ如キ觀アリト雖モ开ハ單ニ明文ノ疎漏ナルニ外ナラス又斯ノ如ク解セサレハ毫モ法文ヲ活用スルコト能ハサルナリ一歩ヲ讓リ法律ナル文字ヲ人民ノ權利自由ニ關スル規則ナリト解センカ一見理論ノ正鵠ヲ失ハサルカ如シト雖モ是レ明カニ大權命令其他人民ノ權利ニ關スル法規ノ發布ヲ許シタル憲法全躰ノ精神ニ矛盾スルヲ免レサルナリ故ヲ以テ方今法律ノ如何ナルヤヲ問フモノアレハ前述ノ如ク議會ノ協贊ヲ經テ命令シタル規則ナリト云

フニ止メサルヘカラス

以下法律ニ相對シ命令ノ分類ニ及ハントス

(甲)　大權命令

(乙)　法律ニ代ルヘキ命令

(丙)　行政命令

是ナリ

(甲)大權命令トハ君主ノ親裁スルコトヲ要スル事務上ノ命令ニシテ憲法上各相對シテ獨立ノ地位ヲ保ツモノナリ

命令ハ法律ヲ變更スルコトヲ得サルモ法律ノ命令ヲ變更スルコトヲ得ト云フ學說ヨリ法律ヲ大權命令マデ尙ホ之ヲ變更スルコトヲ許スモノナリト主張スルモノアリ然レﾓ是レ未タ大權命令ノ如何ナルヤヲ知ラサルモノヽ言タラスンハアラス憲法第九條二項ニ命令ハ法律ヲ變更スルコトヲ得スト規定シ以テ間接ニ法律ハ命令ヲ變更スルコトヲ得ルカ如キモ是ハ單ニ行政命令ニ就テ云タルノミ故ニ之ヲ敷衍シ

テ大權命令ニ及ホスヘカラス大權命令ノ法律ヲ侵スヘカラサルコト法律ノ大權命令ヲ侵スヘカラサルコトハ別ニ明文ヲ俟タスシテ各固有ノ範圍ヲ有スルニヨリ定マルモノナリ何トナレハ法律カ大權事項ニ關渉シ又ハ大權命令カ法律ニ關渉スルコトアルトキハ即チ憲法ノ規定ヲ蹂躪スルモノニシテ憲法上當サニ爲スヘカラサルコトニ屬スルナリ

(乙)法律ニ代ルコトヲ得ル命令

此ノ命令ハ公共ノ安寧ヲ保持シ又ハ其災厄ヲ避クルタメ緊急ノ必要アル場合ニ天皇ノ發スル所ニシテ立法事項ヲ規定シ又ハ法律ヲ變更スルコトヲ得ルモノナリ但シ帝國議會ノ閉會中ナルコトヲ要スルナリ

抑モ立法事項ヲ規定シ又ハ法律ヲ變更スルコトハ法律ニアラサレハ之ヲ爲スコト能ハスト雖モ法律ハ前述ノ如ク必ス帝國議會ノ協賛ヲ要スルモノナルカ故ニ議會閉會ノ場合ニ於テ立法スルコト能ハサル

モノナレハ他ニ臨機ノ處置ヲナスコトヲ許スハ蓋シ至當ナルコトニ屬スルナリ是レ此命令ノ存在ヲ憲法ニ留存セシメタル所以ナリトス左レハ如何ナル場合ニ此命令ヲ發スルコトヲ得ルヤ更ニ其條件ヲ示セハ

第一　公共ノ安全ヲ保持シ又ハ其災厄ヲ避クルタメナルコト

第二　緊急ノ必要アルコト

第三　議會閉會中ナルコト

是ナリ

斯ノ如ク緊急命令ヲ發スルニハ第一其目的ハ單ニ公共ノ安全ニ止マリ積極的ニ公益增進ノタメ之ヲ發スルコト能ハス又例ヘ公共ノ安全ヲ保全シ又ハ其災厄ヲ避クルタメナリト雖モ事、緊急ノ必要ナキトキハ又之ヲ發スルコト能ハサルナリ其他議會ノ閉會中タルコトヲ必要トナスカ故ニ以上二個ノ條件ニ於テ具備スル場合ト雖モ直チニ此命令ヲ發スルコト能ハスシテ議會ノ閉會中ナル條件ヲ加ヘサルヘカラス故ニ以上ノ三條件ヲ具備シテ發シタル命令ハ正當ノ命令ニシテ其効力恰カモ法律ト全シク或ハ立法事項ヲ規定シ或ハ法律ヲ變更スルコトヲ得ルナリ玆ニ於テ此命令ノ性質ニ付キ種々ノ議論ヲナスモノアリ曰ク緊急命令ハ法律ニ代ル命令ナルヲ以テ形式ハ命令ナリト雖モ其効力ハ法律ナルカ故ニ命令ノタメ廢止變更ヲ受クルコトナシト云ヘリ今此文字ヲ分析スレハ凡テニ於テ誤謬ナルニアラスト雖モ他ノ命令ノタメ廢止取消ヲ受クルコトナシト云フニ於テハ著者ノ見解ト少シク異ナル處アリ而シテ玆ニ所謂他ノ命令トハ緊急命令ニアラサル命令ヲ指示スルモノタルコトヲ注意スヘシ

然ラハ何故緊急命令ハ法律ニ代ルニモ拘ハラズ他ノ命令ヨリ廢止及ハ取消ヲ受クルヤト云フニ緊急命令ト雖モ素ト命令ニ外ナラサルヲ以テ別ニ其効力ニ異動ヲ生セシメントスルニハ必ス憲法ニ明文ヲ置カサルヘカラス然ルニ緊急命令ハ法律ニ代ルコトヲ得ルコトハ明文アリ然レモ是レ法律ト命令トノ關係ニ於テ言ヘルニ過キスシテ此命

令カ絶對的即チ法律ニ對スルト命令ニ對スルトヲ問ハス効力ヲ有スルモノニアラサルナリ隨テ緊急ノ命令ハ以上ノ三件ヲ具備シテ發スルトキハ勿論法律ニ代ルノ相對的ノ効力ヲ有スレトモ他ノ命令ヨリ取消又ハ廢止ヲ受ケサルノ絶對的ノ効力アリト云フコトヲ得サルナリ

或ル論者ハ法律ニ代ルノ數語ヲ以テ絶對ニ法律ノ効力アリト云フト雖モ是レ未タ立法事業ノ本旨ニ付テ暗キモノタルニ外ナラサルヨリ此言アルモノナレハ茲ニ深ク之ヲ論セサルナリ

又此命令ヲ憲法違反ノ命令ト稱シ緊急ノ場合ニ於テ政府カ非立憲ノ行動ヲナスモノナリ又之ヲ以テ立法權ノ委任ナリト云ヘリ然レトモ二說共ニ其誤謬ナルコトハ辯セスシテ明ナリト雖モ要スルニ皆ナ是レ歐洲民主國ノ觀念ヲ以テ君主ノ權限ノ極メテ狹キ處ヨリ之ヲ憲法ノ違反トナシ又三權分立論ノ結果トシテ委任論ヲ主張スルモノニシテ此等ノ外國法理ハ以テ我國躰ヲ辨スルコト能ハサルナリ

次ニ此勅令ハ次ノ會期ニ於テ帝國議會ニ提出スルコトヲ要ス此場合

ニ於テ若シ議會カ承諾セサルトキハ將來ニ効力ヲ失フヘキコトヲ公布スルヲ要スルナリ此議會ノ承諾ハ勅令ノ効力ヲ既往ニ遡リテ決議スルニアラスシテ將來ニ於ケル存廢ニ付テナスモノナリ換言スレハ其命令ヲ一ノ法案トシテ將來ニ効力ヲ有セシムルヤ否ヤニ付テ決議スルモノナリ

議會カ之ヲ決議シテ承諾セサル場合ハ政府ハ將來ニ於テ効力ナキコトヲ公布スヘキ義務アリト雖モ若シ政府ニシテ之ヲナスモ期日ニ於テ遲延スルカ又ハ全ク布令セサルトキニ於ケル命令ノ効力如何ト云フニ此事ニ關スル有効無効ノ議論ハ未タ結着セサル處ナルモ著者ノ所信ハ依然有効タルコトヲ疑ハサルモノナリ蓋シ議會ノ決議ナルモノハ内部ニ對スルモノニシテ外部ニ之ヲ發表セサルモノナルカ故ニ假令内部ニ如何ナル決議アルモ未タ發表セサル間ハ何等ノ効力ナキモノト云ハサルヘカラス況ンヤ其無効ナルコトヲ公布スルノ職ハ政府ニアリテ議會ニナキニ於テヲヤ

要スルニ右ノ場合ニ於テ政府ハ其職ヲ全フセサルノ職務上ノ責アリト雖モ之レカタメ毫モ命令ノ効力ヲ左右スル能ハサルモノナリ

(丙)行政命令

此命令ハ憲法上ノ大權事項及立法事項ノ外ニ於テ國家ノ目的ヲ達スルタメ發スル所ニシテ大權及法律ヲ執行シ又ハ公共ノ安寧秩序ヲ保持シ及臣民ノ幸福ヲ增進スルカタメニスル者ナリ

行政命令ハ法律又ハ大權命令ニ對シ憲法上固有ノ範圍ヲ有スルニアラサルヲ以テ法律ト命令ト互ニ抵觸スルコトヲ免レサルナリ此場合ニ於テハ命令常ニ法律ニ一歩ヲ讓ルモノナリ是レ行政命令ノ大權命令ト相異ナル要點ナリ

大權命令及ヒ緊急命令ハ行政官府ニ委任シテ之ヲ規定セシムルコト憲法ノ許サヽル處ナルモ此種ノ行政命令ハ行政官府ニ委任シテ行フコトヲ得ルナリ是レ憲法ニ明文アルニヨリテ明ナリ若シ明文ナキニ於テハ種々ナル論議發生スルナルヘシト雖ヒ此種ノ行政命令ハ行政

官府ニ委任セシムルヲ正當ナリトス何トナレハ社會ナルモノハ單純ナル個人ノ集合ニ非スシテ複雜ナル組織ノ上ニ建設セラレタルモノナルヲ以テ歷史ノ變遷又ハ經濟ノ必要ニヨリ

社會ハ

或ハ家族制ニ依リ

或ハ階級制ニ依リ

又或ハ地方團結制ニ依リ

層テ重ヲテ構成セラレ全躰公同ノ目的ノ下ニ各局部自己ノ利害ヲ異ニスルモノナリ故ニ國家ノ權力ノ働キハ常ニ一ヲ以テ全躰ノ準則ヲ指スコト能ハス是レ人ニヨリ又地方ニヨリ便宜ノ處分ヲナサシムルノ必要アルヲ以テ行政命令ハ行政府ニ委任シテ行ハシムルヲ尤モ宜シキヲ得タルモノト謂フヘキナリ

此他尙ホ法律ノ委任ニヨル命令アリトナス學說アリト雖モ是レ不可ナリ之ヲ君主ノ命令トシテ論セシカ君主ハ法律ノ委任ナク命令ヲ發

スルヿヲ得ヘク別ニ委任ニヨルヲ要セサルモノナリ又之ヲ行政官府ノ命令トシテ論センカ行政府ハ元來命令權ナキモノナレハ勿論法律又ハ勅令ノ委任ニヨルニアラザレハ自カラ命令スルヲ得サルコト明ナリ只此委任ニ一般ト特定トノ區別アルニ過キス

君主モ行政府モ其發スル命令ハ各自己ノ權限內ニ於テ發スルモノニシテ臣民相互ノ間ニ於ケル如ク他人ノ代理人トシテ命令ヲ發スルコトアルコトナシ之ヲ君主ニ付テ云ヘハ益々明ナリ何トナレハ君主ハ唯一國權ノ本軆タルカ故ニ自己ニ命令ヲ發スルノ外他人ニ代ルヿハ想像スルヿ能ハサルナリ此場合ニ於テ君主ハ法律ノ主格ニ代ルモノナリト云フハ立法ノ主軆ト行政ノ主軆トヲ區別スルノ主義ニシテ國權唯一ノ國性ニ反ス然ラハ行政府ハ數多アルカ故ニ一ノ行政府カ他ノ行政府ニ代ルコトハ之ヲナシ能フ處ナルヲ以テ他ノ行政府ニ代リ又ハ立法者ニ代リ委任ノ命令ヲ發スルコトヲ得ルナリト雖𪜈是レ又誤謬タルヲ免レス何トナレハ官府ト官府トノ間ニハ臣民相互ノ間ニ

於ケルカ如ク代理委任ノ關係ナキカ故ニ一見委任ノ形式ヲ有スルトスルモ是レ決シテ然ルニアラスシテ之ニ依テ發スル命令ハ尚ホ自己ノ職務内ノ命令タルヿヲ失ハサルモノナリ

右委任ノコトニ關シテハ憲法ノ議論トメ近時大ナル問題ニ屬スト雖モ稍々本論ノ範圍ヲ超越スルノ恐アルカ故ニ此邊ニテ止メントス

以上述ヘタル法律ナル廣義ニ於ケルモノヲ表ヲ以テ示セハ

- 法律(廣義)
  - 法律(狹義)
  - 憲法
  - 命令
    - 大權命令
    - 法律ニ代ルノ命令
    - 行政命令

第三　公法及私法

凡ソ法律ノ分類ヲナスニ方リテハ先ツ其分類ノ標準ヲ示スヲ以テ順序トナス

然レトモ余ハ便宜上先ツ分類ヲ擧ケ然ル後分類ノ標準ヲ示サン

公法私法ノ區別ハ法律規定ノ性質如何ニ依テ分ルヽモノタリ即チ一ノ法律カ

公ノ關係ヲ規定スルモノナルカ將タ私ノ關係ヲ規定スルモノナルヤニ依リテ公法ト私法トヲ區別ス然レトモ此公私ノ區別ノ根據ニ付テハ又學者ノ所說其軌ヲ一ニセス

學說ノ一

第一　利益ヲ根據トスル區別

即チ公法トハ公ノ利益ニ關スル法律ニシテ私法トハ私ノ利益ニ關スル法律ナリト爲セリ此學說ヲ主張セル學者ニシテ最モ古キ者ヲ羅馬ノウルピアン氏トス氏ハ曰ク「公法トハ團軆即チ羅馬ノ國事ニ關スル法律ヲ云ヒ私法トハ一個人ノ私益ニ關スル法律ヲ云フ」ト近世ニ於テハブルンスデルンブルヒノ諸氏之ヲ採用ス

此說ニ依リ公法私法ノ區別ヲ爲セハ例ヘハ國家ト犯罪者君主ト國會警察署ト人民若クハ裁判所ト訴訟當事者トノ關係町村ト國家ノ關係ノ如キヲ規定シタルモノハ公法ナリ蓋シ其公ノ利益ニ關スルモノニシテ犯罪者アレハ國家ノ利益ヲ害シタルモノナレハナリ又賣買若クハ貸借等ノ關係ヲ規定スルモノハ私法ナリ蓋シ一個人カ貨物ヲ買ヒテ代價ヲ拂フト拂ハサ

ルカ如キハ私ノ利益ニ關シテ公ノ利益ニ關セサルモノナレハナリ

然レトモ此區別ハ果シテ正當ナリヤ否詳言スレハ利益ナルモノハ明カニ公私ノ區別ヲ爲スコトヲ得ルモノ乎例ヘハ憲法ハ公法ナリヤ私法ナリヤトノ問題ヲ提出セハ何人モ其公法タルヲ即答スルニ躊躇セサル可シ然ルニ憲法ニハ國家自躰ノ動作ヲ規定スルト同時ニ又人民ノ關係ヲ規定セリ見ヨ帝國憲法ニハ其二章ニ於テ臣民ノ權利義務ニ關スル規定ヲ爲セルニ非スヤ今人民ハ法律ノ範圍內ニ於テ居住及移轉ノ自由ヲ有スト規定セハ特別ノ法律ヲ以テスルニ非サレハ吾人ハ居住及移轉ノ自由ヲ奪ハル、コトナシ從テ此規定ノ私益ニ關スルヤ勿論ナリトス尤モ特別ノ法律ヲ以テ居住及移轉ノ自由ヲ奪フハ是レ公益ニ關スルヲ以テナリ然ラハ憲法ハ公益ニ關スル規定ヲナシタルト共ニ併セテ私益ニ關スル規定ヲモナシタルモノナルヲ以テ公法ニシテ併セテ私法ナリト云ハサルヘカラス又賣買及貸借ニ關スル法律ハ之ヲ私益ニ關スルモノトシテ通常私法ト爲スト雖モ賣主カ物品ヲ引渡サス買主カ代金ヲ支拂ハス若クハ借主カ借金ヲ辨濟セサルトキハ其經濟社會ヲ紊亂シ從テ公益ヲ害スルコト猶ホ犯罪者ノ公益ヲ害スルニ相異ナルコトナシ破產法ノ必要ナルカ如キハ以テ其公益ニ關スルコトヲ察知スルニ餘アリト謂ハサル可カラス其他夫妻ノ關係親子ノ關係ノ如キモ一面ニ於テハ公益ニ關シ一面ニ於テハ私益ニ關スルモノタリ然ラハ民法商法ノ如キハ一方ニ於テ私法タルノ性質ヲ有スルト共ニ他方ニ於テ公法タルノ性質ヲ有スルニアラスヤ是故ニ公益私益ヲ區別スルノ標準ハ到底明確ナル能ハス加之一個人ノ利益ハ即チ國家ノ利益タリ國家ノ利益ハ一個人ノ利益ヲ集合シタルモノタルニ過キス一個人ハ損害ヲ被ムリテ國家カ利益ヲ受クルト云フカ如キハ到底想像ス可キニ非サルナリ或ハ國家ノ利益トスル所ニシテ一個人カ損害ヲ被ムルノ觀ヲ呈スルコトナキニ非ス例ヘハ竊盜ヲ爲ス者アルトキハ國家ハ其利益ヲ保維スルカ爲メニ其犯罪ヲ處罰シテ牢獄ニ監禁ス然ルトキハ犯罪者ノ利益ヲ害スルカ如ク又國家ノ經濟上ノ利益ヲ害スルカ如シ然レトモ斯ノ如キハ亦犯罪者ノ利益ニ外ナラス亦國家ノ利益ニ外ナラス何トナレハ他人カ自己ノ所

有物ヲ竊取スルトキハ國家ハ亦其犯罪者ヲ處罰シ依テ以テ吾人ハ枕ヲ高フシテ安眠スルコトヲ得レハナリ犯罪者ハ此法ニヨリ他人ヨリ身體財産ヲ害サレサルノ利益ヲ有シ國家之ニヨリテ秩序ヲ亂サレサルノ利益ヲ有ス是ヲ如何シソ國家ノ利益ニシテ併セテ人民ノ利益ニ非スト云フヿヲ得ソヤ英國ノオースチン氏及獨逸ノイエーリング氏ハ公益ト私益トヲ區別スルノ必要ナク從テ公法私法ノ區別ノ不明ナルコトヲ論セリ或ハ折衷説ヲ爲ス者ナリ即チ「公法トハ直接ニ公ノ利益ニ關シ私法トハ直接ニ私ノ利益ニ關ス」ト云ヒ又ハ「公法トハ主トシテ公ノ利益ニ關シ私法トハ主トシテ私ノ利益ニ關ス」ト云フ然レトモ其所謂直接又ハ主トシテトノ範圍亦確ナル能ハス要スルニ此説ハ採用スルニ足ラサルナリ

第二　應用ヲ根據トスル區別

即チ公法トハ其應用ヲ一個人ノ左右ニ委セシメサル法律ニシテ私法トハ其應用ヲ一個人ノ左右ニ一任スルコトヲ得ル法律ナリト爲セリ換言スレハ公法上ノ權利ハ國家ノ左右ニ一任ス可ク一個人ハ之ヲ左右スルコトヲ

得ス例ヘハ余カ殺傷セラレタルニ當リ余ハ其加害者ヲ宥免セントスルモ國家ハ尚ホ其代表者タル檢事ヲシテ之ヲ訴ヘシムルカ如シ之ニ反シ私法上ノ權利ハ之ヲ一個人ノ左右ニ一任ス例ヘハ賣買ノ塲合ニ於テ賣主ハ代金請求ノ權利ヲ拋棄シ又買主ハ物件引渡請求ノ權利ヲ拋棄スルコトヲ得ルカ如シ要スルニ權利者カ其權利ヲ侵害セラレタル效果ヲ生セシムルト否トニ付キ全ク其自由ナルモノヲ私法ト爲シ法律上必ス其權利侵害ノ效果ヲ生セシムルモノヲ公法トナス

此說ノ主張者ヲ獨逸ノヘルシュネル氏トス然レ𪜈此說ハ法律ノ種類ノ分別トナラス何トナレハ賠償ノ權利ヲ拋棄スルコトヲ得ルト否トニ拘ハラス權利侵害ノ不法行爲タルハ一ナリ唯タ其ノ效果ヲ生セシムルト否トノ差異アルノミ故ニ此ノ區別ハ原因ト結果トノ間ノ關係ヲ標準トセントスルモノニシテ其謬妄タルヤ言ヲ俟タサレハナリ啻ニ法律上ヨリ觀察シテ權利侵害ノ等シク不法行爲ナルノミナラス公法上ノ權利ト雖モ亦拋棄スルコトヲ得ルモノ多シ最モ顯著ナル例トシテデルンブルヒ氏等ノ擧示スル

所ニ依レハ君主ノ位ハ之ヲ抛棄スルコトヲ得又選擧權及被選擧權ハ之ヲ抛棄スルコトヲ得ト實ニ然リ此等ノ權利ノ抛棄スルコトヲ得ルハ何人モ疑團ヲ挾マサル所タリ而シテ共ニ是レ公法上ノ權利ニ外ナラス夫ノ刑法上ノ親告罪ニ於ケル被害者及其親族ノ告訴權ノ如キモ亦公法上ノ權利ニシテ而モ抛棄スルヿヲ得ルモノナリイエーリング氏ハ此標準ノ不可ナル所以ヲ論駁シテ曰ク「私權ノ侵害ト戰爭スルハ啻ニ權利者カ自己ニ對スル義務ナルノミナラス併セテ共同躰ニ對スル義務ナリ此戰爭ニ依テ法律ノ尊嚴ヲ保維シ且ツ其法律ヲ制定シタル社會ノ秩序ヲ維持スルヲ得故ニ一個人ハ自己ノ權利ヲ保護スルト同時ニ共同躰ノ秩序ヲ保全スルモノタリ即チ私權ハ公權ト關聯シテ相離ル可カラサルモノナリ」ト然ルニデルンブルヒ氏ハ設例ヲ以テ之ヲ反駁セリ其言ノ大要ヲ摘メハ例ヘハ旅人カ宿泊料ヲ旅店ニ支拂ヒテ出立シタルニ幾十百里ヲ過キテ始メテ僅々ノ過剩金ヲ取戻サヽリシコトヲ覺リ之カ爲メニ更ニ數多ノ旅費ヲ供シテ歸來シ其取戻ヲ裁判所ニ出訴セリトセンニ是レ其權利ナリ然レトモ實際上ニ於テ

其ノ三

ハ却テ損失スルモノト謂ハサル可カラス斯ル場合ニ外國ノ鉄道ニ駕シ若クハ外國ノ滊船ニ乘リテ旅費ヲ外國ニ歸セシムルカ如キハ即チ國家ノ財産ヲ消費スルモノニシテ賞賛ス可キコトニ非スト言フニ在リ然レトモ余ハ此デルンブルヒ氏ノ所説ノ奇怪ナルヲ疑ハサルヲ得ス何トナレハ氏ハイエーリング氏ノ論據ヲ誤リ權利ノ問題ニ對シテ利益ノ解答ヲ與ヘタルモノナレハナリ殊ニ賞賛ス可キコトニ非スト云フ如キハ甚タ曖昧ナル言語ト謂ハサルヘカラス

第三　規定ノ關係ヲ根據トスル區別

即チ公法トハ國家ト人民トノ關係ヲ規定スル法律ニシテ私法トハ人民相互ノ間ノ關係ヲ規定スル法律ナリト爲セリ要スルニ法律規定ノ關係上國家カ加ハルヤ否ニ依リテ公法私法ノ區別ヲナス

此説ハ英國ノホルランド獨逸ノブルンチュリー佛國ノブラツエフィデレノ諸氏之ヲ採用ス然レトモ此標準ノ果シテ正鵠ヲ得タルヤ否ニ付テハ亦疑團ナキヲ得ス第一ニ或關係ハ果シテ人民相互ノ關係ナルヤ否明瞭ナラス或

ハ人民相互ノ關係ニシテ又國家ニ關係スルコトアリ例ヘハ民事訴訟法ノ規定ノ事項ノ如シ第二ニ國家ト人民トノ關係ニシテ人民相互ノ關係ナルコトアリ例ヘハ選擧法規定ノ事項ノ如シ夫ノ公債ノ關係ノ如キモ國家ト人民トノ關係ナルモ之ニ關スル法律ハ私法タルヲ免カレス故ニ余ハ此標準ヲ信スルコト能ハス

又之ト類似ノ一說アリ曰ク「人民カ國家ノ一員トシテ資格ヲ有スルコトヲ規定スルハ公法ニシテ人民カ社會ノ一員トシテ權利ヲ有スルコトヲ規定スルハ私法ナリ」ト即チ人民ノ一員カ國家ヲ基礎トシテ資格ヲ有スルヤ又ハ社會ヲ基礎トシテ權利ヲ有スルヤニ付キ法律ヲ公法ト私法トニ區別スルニ在リ然レトモ人民ハ必ス國家アリテ始メテ權利ヲ有スルモノトス蓋シ國內法ト云フ狹義ノ法律ナル點ヨリ見レハ國家アリテ此ニ法律アリ法律アリテ始メテ權利アルモノナレハナリ故ニ社會ノ法律ナルモノアルコトナク從テ社會ノ一員トシテ權利ヲ有スルコトナシ若夫レ社會ノ一員トシテ權利ヲ有スルコトヲ規定スル法律アリト言ハヽ是レ國家以外ニ法律

テ認ムルモノト云ハサルヘカラス之ヲ國際ニ應用スレハ國際關係ナクシテ國際法アリト云フニ等シ天下豈ニ斯ノ如キ理アランヤ

其ノ四

第四　權利ノ歸屬ヲ根據トスル區別

即チ公法トハ國家ニ屬スル權利ヲ規定スル法律ニシテ私法トハ人民ニ屬スル權利ヲ規定スル法律ナリトナセリ

此標準モ亦正當ナルモノニアラス例ヘハ吾人カ他人ニ毆打セラレタルトキハ告訴ヲナスノ權利ヲ有ス而シテ此權利ハ公法ノ關係ニ外ナラサルナリ故ニ人民ニ屬スル權利ヲ規定スルモノモ亦公法ノ關係アルモノタリ又國家ノ有スル權利ナルモ私法ノ關係ナルコトアリ例ヘハ公債ヲ募集シ又ハ官林ヲ拂下ルノ權利ノ如シ之レ不當ノ見解タラサルヲ得ス

其ノ五

第五　權利ヲ根據トスル區別

即チ公法トハ公ノ權利ヲ規定シタル法律ニシテ私法トハ私ノ權利ヲ規定シタル法律ナリトナセリ

是レ利益ヲ標準トシ公法私法ノ區別ヲナスモノト同シク如何ナルモノカ

最良標準其六

公權ニシテ如何ナルモノカ私權ナルヤヲ定メサレハ只此標準ノミニテハ公法私法ノ區別ヲナスコトヲ得サルナリ

又例ヘ公權及私權ノ區別判然タルトキト雖モ公權ヲ規定スル法律ヲ公法ト云ヒ私權ニ關スルヲ以テ私法ナリト云フハ甚タ意味ナキノ區別ナリトス蓋シ公權ト私權トハ大躰ニ於テ權利ノ分類トシテ認メラルヽカ故ニ彼私權カ即チ國權ノ作用ニ關スルモノヲ除外セサルヘカラサルニ至ル是レ何ソ斯ノ如キコトアランヤ

上來公法私法ノ區別ニ關スル諸種ノ標準ヲ掲載シタリト雖モ未タ一般ニ正確ノ説タルモノナシ然レモ左ニ説述セントスル規定ノ實躰ヲ根據トスル學説ニ至リテハ少シク正確ナルニ似タリ故ニ著者ハ先ツ其標準ニヨルヲ以テ正當ナリトス

第六　規定ノ實體ヲ根據トスルノ區別

此説ニヨレハ公法ハ權力關係ヲ規定スル法律ニシテ私法ハ權利關係ヲ規定セル法律ナリト謂フニアリ而シテ所謂權力關係トハ服從ノ關係ヲ意味

スルモノニシテ權利關係トハ平等ナル關係ヲ意味スルモノナリ
然ラハ權力關係ト權利關係トハ何ニヨリテ發生スル者ナルヤト云フニ是レ人カ社會ニ於ケル關係ト社會生活上ノ狀態トニヨリ區別セラル、モノナリ而シテ公法私法ノ區別ヲ此標準ニヨリ說明セントシタルモノハゾームレーニング等ノ諸學者ナリトス
抑モ人類ノ社會ニ於ケル關係ヲ觀察スル時ハ各人平等ニ交際スルノ關係ト權力ニ服從スル關係トニ分別セラル、モノナリ蓋シ社會ナルモノハ人類自然ノ天性ニ基キ生シタルモノニシテ社會ハ權力ニヨリ人類ヲ統治シ以テ秩序ノ維持ト公同ノ利益トヲ計畫スルモノナリ從テ人類ノ生活ニハ一方ニ於テハ各人平等ノ關係ヲ生シ又他方ニ於テハ社會ノ權力ト不平等ノ關係ヲ惹起スルモノナリトス而シテ法律ナルモノハ凡テ人類カ社會ノ生活ヲ計リ生存ヲ保タンカタメ必要ナル者ナルヲ以テ又人ノ社會ニ於ケル關係ノ異ナルニヨリ二樣ニ法律ヲ區別スルコトヲ得ルモノナリ是レ公法私法ヲ生スルノ一原因ナリ

又人ノ社會ニ於ケル狀態ヨリ之ヲ觀察スレハ人ハ社會的動物ナルカ故ニ絕對ニ個人自主ノ生活ヲナスモノニアラス又絕對ニ社會ノ目的ノミノタメ自己ノ目的ト意思トヲ有セサルニアラス人カ自主ノ目的主躰トシテハ平等ナリ故ニ各人自主ノ目的主體タル關係ヲ規定シタル法律ハ即チ私法ニシテ反之人カ社會ノ一分子トシテ生活スル關係ニ於テハ不平等ナリ故ニ社會ト人類トノ權力關係ヲ規定シタル法律ヲ公法ト云フ

斯ノ如ク公法及私法ノ區別ハ人ノ社會ニ存スル關係ト其生活ノ狀態トニヨリ分別スルコトヲ得ト雖モ是レ只理想上ノ分類タルニ過キスシテ法律ニ二個アリト云フニアラサルナリ故ニ二者ハ互ニ密接ニシテ不可分的ノモノナリ

此他公法ハ社會ノ設立ニカヽリ私法ハ人民ノ合意ニヨリ成立シタルモノナリト謂フモノアリ此說ヲ採ルモノハ日耳曼ノ古法學者ニシテ近世殆ント之ヲ主張スルモノナシト雖モ左ニ此等ノ學者ノ所說ノ大畧ヲ示セハ凡テ法律ナルモノハ人民ノ總意ノ表白セラレタルモノニ外ナラス而シテ私法ハ國家成立ニ先

シ人類ノ合意ニヨリ設ケラルヽモノナレモ公法ハ稍々社會カ複雜トナリ國家ノ發生シタル後國家カ一般人類ノ總意ヲ標準トシテ制定スルモノナリト謂ヘリ此說ハ今日ヨリ見レハ勿論誤謬ナリト雖モ之ヲ當時ノ社會ニ遡リテ考フルニ於テハ又右ニ謂ヘル如キ現象ノ存在シタルモノナルカ故ニ一括ニ之ヲ批難スルコト能ハサルナリ只タ此說ハ一個ノ法律發達ノ歷史トシテ見ルコトヲ得ヘシ

然レ𪜈大ニ注意ヲ要スヘキ點ハ公法私法ノ區別ハ著者ノ見解ヲ以テセハ一個ノ獨立セル法典ノ區別ニアラスシテ實質ノ區別ナルコトヲ注意セサルヘカラサルナリ左レ𪜈主トシテ公法的性質ヲ有スル憲法及行政法ニ付キ少シク其法理ヲ說明スヘシ

第一　憲法

憲法トハ國家統治ノ大法ニシテ國權ノ主體ト其行用ノ大綱トヲ規定シタル者ナリ而シテ其形式ハ成文ノ法典タルト然ラサルトヲ問ハス國アレバ必ス存在スルモノナリ然ルニ大日本帝國憲法ハ唯一主權者ノ制定セラルヽ所ニシテ他ニ比ヲ見サルモノナリ彼歐洲ニ行ハルヽ君主ト人民トノ間ニ

或ル合意ノ一種類ニアラサルナリ是レ特ニ明言スルヲ要セサルコトナリト雖モ外國ニ往々此例アルヲ以テ誤謬ニ陥ラサランコトヲ期スルタメナリ
而シテ憲法ノ規定スル所ハ統治權ノ大綱ニ止マルモノナルカ故ニ時機ニ臨ミ變ニ應スルノ施政ハ法律又ハ命令ニヨリテ定ムルナリ何トナレハ國家ハ之ニヨリ統治主權ノ行用ヲ一定ノ軌道ニヨラシメ以テ臣民ノ權利及財産ノ完全ヲ保護セントスルニアルナリ然レモ憲法ト雖モ法令ト同シク二者共ニ國家ノ命令タルニ於テ相異ナラサルヲ以テ民衆ハ其何レニ對スル場合ト雖モ之ニ遵守セサルヘカラサルモノナリ

第一　主權ノ本體

大日本帝國ハ一人ノ君主之ヲ統治スルナリ君主ハ即チ統治權ノ主體タリ故ニ國土及臣民ハ之レカ客體タルモノナリ
或ハ君主ト臣民トノ關係ヲ憲法ニヨリ發生スルモノトナスモノアリ然レモ是レ歐洲ノ特別ナル歷史ヲ有スル邦國ニ於テノミ謂フヘクシテ我國ニ輸入スル能ハサルモノナリ何トナレハ彼ノ國ニ於テハ等シク君主ト云フト雖モ其實然

ルニアラスシテ其民衆ノ有スル權力ヲ行使スルニ過キサル一個ノ統治機關タルニ外ナラス其統治機關トナルト否トハ一ニ其國ノ憲法ニヨルモノナリ總テ君主ナル地位ヲ特定ノ人カ有スルハ憲法ニヨルト云フ所以ナリ

我國ハ此主義ニヨリテ成立セスシテ君主ハ即チ固有ノ力ニヨリテ君主タリ臣民ハ又其固有ノ本性ニ於テ服從者タルモノナリ故ニ憲法ノ廢止ハ彼ノ民主國ニ於テハ君民ノ解除タルヘキモ我邦ニ於テハ單ニ立憲政體カ專制政治ト變シタルニ過キス日本帝國ハ依然トメ主權ハ尙ホ君主ニ存スルモノナリ

故ニ君主ハ憲法ニヨリ　治ヲ　行使スルモ統治權ノ本源ハ此法律ニヨリ生シタルニアラサルコトハ喋々ヲ要セサルトコロナリ

論者或ハ政體ノ變更ヲ名ケテ國家ノ更代ト云フト雖モ是レ國躰ト政躰トノ區別ヲ明ニセサルモノヽ言ノミ立憲政體ハ變シテ專制政治トナルモ主權ノ本躰ニ異動ナキ以上ハ之ヲ國家ノ更代ト云フヘカラス之ヲ歷史ニ徵スルモ我邦ハ古代ヨリ今日ニ至ル政體ノ變遷ハ度々視ル處ナリト雖モ主權ハ始終唯一ノ君主ニ存續スルカ故ニ依然トメ日本國家タルコトヲ失ハサルナリ

斯ノ如ク政體ノ變遷ハ國家ノ生存ニ毫末ノ影響ヲ及ホサストモ雖モ主權ハ須臾モ皇位ト相離ルヘカラサルヲ以テ我國ノ存否ハ唯一君主ノ存在ト相始終ス故ニ皇位亡フレハ帝國亡フルナリ皇位亡ヒテ帝國存在スルコト能ハサルハ即チ我國體ニシテ萬國ニ其比ヲ見サルトコロナリ

皇位ハ萬世一系ノ皇統之ヲ繼承ス有形上ノ天皇ノ崩御ト皇位ノ亡フルコトヽハ之ヲ區別スヘシ我帝國ハ永久ニ存在シテ滅亡ノ期ナシト雖モ天皇ハ常ニ更代ス法理上君主ハ死セスト云フハ皇位不滅ノコトヲ云フニアリテ有形上ノ君主ヲ意味スルモノニアラス故ニ有形上ノ天皇崩御スル時ハ皇太子即チ天皇トシ皇緒ヲ繼ク之ヲ皇位ノ承繼ト云フ

統治權ハ君主之ヲ有シ之ヲ行フヲ原則トス然レモ天皇未成年者タルトキ又ハ久シキニ涉ル故障アルトキハ攝政ヲシテ之ニ代ラシメ之ヲ行フモノナリ此場合ト雖モ主權ノ本體ハ天皇ニアリテ攝政ニアラス天皇ト攝政トハ互ニ統治權ノ本體ト行用トヲナスモノナリ而シテ如何ナルモノカ其職ニ方ルヤト云フニ我國ニ於テモ昔時ハ往々臣民ニシテ攝政トナリタルモノコレアリト雖モ現今

ニテハ左ノ順序ニヨリテ一ニ皇族ノ義務トシテ定マレリ

第一　皇太子皇太孫

第二　親王及王

第三　皇后

第四　皇太后

第五　太皇太后

第六　內親王及女王

第二　主權ノ客體

主權ノ客體トハ直接ニ主權ノ作用ヲ受クルモノヽ謂ヒニシテ國土及臣民ノ二者ヲ謂フ

國土及臣民ハ國家ヲ構成スル分子ニシテ絕對ニ主權ノ作用ニ服從セサルヘカラサルナリ是レ國家タル主體ト客體タル臣民トノ間ニ缺クヘカラサル要素ナリトス詳言スレハ國土ト臣民トハ其本質ニ於テ君主ニ服從スヘキモノナリ彼ノ國權ハ人民ニアリ又ハ人民ヨリ成ル國會ニアリト謂フノ制ハ我國ノ體裁ニ

アラサルナリ又君主ハ人民ノミヲ統治スルニアラス又國土ノミニ對スルニアラスシテ國土又臣民ノ二者ニ行ハルヽモノナリ是レ中古ニ行ハレタル對人的主權若クハ人民ヲ土地ノ附屬物ト見ナス領土的主權ト相異ナル所ナリ

之ヲ分析スレハ主權ハ

(一)國土ト臣民トニ行ハルヽモノナリ　國土ノ上ニ行ハルヽ主權ヲ形容シテ領地主權ト云フ此領地主權ノ結果ハ內ニ對シテ其上ニアル總テノ人及ヒ物ニ權力ヲ行使スルコトヲ得ヘク又外部ニ對シテハ其範圍ニ他國ノ主權ノ入ルコトヲ防止スルモノナリ

(二)臣民ト國土トノ二者ニ行ハルヽモノナリ　臣民ハ獨立シテ統治權ノ客體タルコトヲ得ルハ近世ノ學問ノ進步ノ結果ナリトス前ニモ述ヘタルカ如ク中古ニ於テハ國權ハ一ニ土地ニ對スルニ止マリテ人民ハ之レカ附屬物トシテ其適用ヲ受ケタルモノナリ

斯ノ如ク今日ニ於テハ臣民ハ獨立シテ國權ノ客體ナルヲ以テ何國ニアルモ我國ノ臣民ハ尙ホ我臣民トシテ之ヲ統治スルモノナリ又臣民ハ常ニ本

國主權ニ服從スルモノニシテ外國ニアルトキト雖モ毫モ此義務ノ中止スルコトナシ是レ本國臣民ト外國人トノ間ニ大ニ區別アル唯一ノ理由タラスンハアラス

歐洲ニ於テハ人民ノ集合ヲ主權ノ本體ナリト認ムルモノアリト雖モ此説ハ我國ト相反スル所ナリ蓋シ此説ハ歐洲ノ或ル國ニ於ケル特別ノ歷史ニ基ヒスルモノニシテ强チ排斥スルニ及ハスト雖モ飜譯學者ノ流弊トシテ耳目ニ新ラシキ學説ハ其當否ノ如何ヲ問ハス之ヲ輸入シテ民主國等ノ觀念ヲ以テ我國體ヲ辯セントスルモノアルヲ以テ一言玆ニ之ヲ辯スルモノナリ

第三　統治機關

統治機關トハ君主ノ大權ヲ行フタメ設定シタルモノニシテ一定ノ職務ト一定ノ自然人ヨリ成立スルモノナリ統治機關ハ國家ノ目的ヲ達センカタメ活動スルモノニシテ機關其モノヽ獨立ノ目的アルニアラス故ニ其目的ヲ達センカタメ行使スル處ノ權能モ又國家ノ有スル處ニシテ機關ニ人格アルニアラス又機

關ハ國家ニ附屬シタル以外ニ職務ヲ有セサルカ故ニ法令ニ牴觸セサルコトヲ理由トシ之ヲ主張スルコトヲ得サルナリ今此機關ヲ憲法上ヨリ區別スレハ

第一　帝國議會

第二　政府及裁判所

ノ二個ニ別ツコトヲ得帝國議會トハ貴族院衆議院ノ兩院ヨリ成立スルモノニシテ法律及豫算ノ決議ヲナスモノナリ

貴族院トハ皇族華族及ヒ勅任セラレタル議員ノ三種ヨリ成リ衆議院ハ人民ノ公選ヨリナレル代議士ヨリ成ルモノナリ

政府トハ各省大臣以下ノ行政官府ヲ云フモノニシテ諸種ノ行政事務ヲ掌ルモノナリ而シテ此官府ニハ中央官ト地方官トノ別アリト雖ヒ共ニ國家ノ政府タルニ於テ同一ナリ就中各省大臣ハ憲法上ノ職務トシテ天皇ヲ輔弼シ法律勅令其他凡テノ國務ニ關スル詔書ニ副署スルモノナリ

裁判所トハ國法ヲ正スヲ以テ其目的トスルモノニシテ或ハ刑罰ヲ判斷シ或ハ權利ヲ審議シ以テ民生ノ安固ヲ保全スルモノナリ而シテ裁判所カ司法權ヲ行

フニハ獨立ノ裁判官天皇ノ名ニ於テ法律ニ依リ之ヲナスモノニシテ行政府ノ職權ノ行使ト其形式ニ於テ異ナル處アリ是レ盖シ古代司法ト行政トノ區別ヲナスコトナク凡テ行政官ノ行フ處タルヨリ司法ハ社會便宜ノタメニ法理ノ純正ヲ失フヲ以テ其公正ヲ保全スルカタメ之ヲ行政ヨリ獨立セシメ且ツ其實効ヲ奏セシメンカタメ斯ノ如ク規定シタルモノナリ

議會政府裁判所ノ外樞密院及會計検査院等ノ官府アリ樞密院トハ即チ樞密院官制ノ定ムル處ニヨリ　天皇ノ諮詢ニ應ヘ重要ノ國務ヲ審議スルモノニシテ天皇ノ至高ノ顧問府タルモノナリ但シ外部ニ對シテ國權ヲ行フニアラサルノ黜ニ於テ行政官ト區別セラルヽナリ

會計検査院ハ天皇ニ直隷シ各省大臣ニ對シ獨立ノ地位ヲ有シ官金ノ收支官有物及國債ニ關スル計算ヲ検査確定シテ會計ヲ検査スルモノナリ

第四　統治ノ作用

統治權ノ作用ヲ論スルニハ種々ナル方法アリト雖モ之ヲ統治權ノ効力ノ差異ニヨリ分テハ

第一　法規

二　處分

是ナリ

或ハ職掌ノ點ヨリ之ヲ分類シテ大權立法司法及行政トナスモノアリ然レ𪜈是レ却リテ錯雜ナルカ故ニ法理ノ解說トシテハ右ノ區別ニヨルコヲ至當ナリト信ス今此分類ニヨリ說明スレハ

法規トハ廣義ニ所謂法律ノ意味ニシテ命令及狹義ノ法律ヲ包含スルモノナリ故ニ法律ハ勿論大權命令法律ニ代ルノ命令及ヒ行政命令ヲ總稱スルモノト知ルヘシ處分トハ反之單ニ特定ノ人ニ對スル特定ノ命令ニシテ他ヲ羈束スルコト能ハサルモノナリ

法規タルト處分タルトヲ問ハス共ニ唯一國家ノ命令ニシテ凡テ直接間接ニ人民ニ對スルモノナリ此簡單ナル法理ハ法律全躰ヲ支配スルノ法則ニシテ如何ナル複雜ノ事項ト雖𪜈之ニヨラサルコトナキナリ

法規ヲ發スルノ權ハ君主及行政官府ノ有スル處ナリ然レ𪜈此權ノ君主ニアル

ト行政府ニアルトハ其ノ權原ニ於テ相同シカラス即チ前段ニ於テ屢々說明シタルカ如ク天皇ノ立法權ハ固有絕對ニ有スル處ニシテ憲法ハ只之ヲ明言シタルモノニ外ナラスト雖モ行政官ノ發令權ハ反之天皇ノ委任ニヨリテ之ヲ有スルニ過キサルナリ而シテ天皇ノ發スル法規ハ

法律(狹義)
大權命令
緊急命令
行政命令

ノ四個ニシテ行政官府ノ發スルモノハ單ニ右ノ

行政命令

ノミナリ法律大權命令及ヒ緊急命令行政命令ノ如何ハ曩ニ述ヘタル所ナルヲ以テ更ニ講述スルヲナサス然レモ如何ナルコトハ必ス法律ヲ以テ規定スルコトヲ要スルヤ又如何ナルコトハ必ス命令ヲ以テ規定スルコトヲ要スルヤニ付キ少シク之ヲ論セント欲ス即チ是レ立法及大權專項ノ問題ナリ歐洲ニ於テハ

此コトニ就キ種々議論アリト雖モ我國ニ於テハ明カニ憲法ニ明文アリ則チ立法事項ニ屬スヘキモノハ

(一)戒嚴ノ要件及効力

(二)日本臣民タルノ要件

(三)兵役及納税ノ義務

(四)居住移轉ノ自由

(五)逮捕監禁審問處罰

(六)家宅內ノ自

(七)信書ノ自由

(八)所有權ノ侵害ヲナス場合

(九)言論著作印行集會及結社ノ自由

(十)裁判所ノ構成

(十一)裁判官タルモノヽ資格

等ニシテ大權事項ニ屬スヘキモノハ

憲法第一章中ニ規定セル多クノ塲合ニシテ二者共ニ相侵サヽルヲ憲法ノ精神トナス

以下行政法ニ就キ大畧ヲ述ヘントス

第二　行政法

行政法ノ定義ニ就テハ種々ナル學說アリト雖𪜈著者ノ所信ヲ說述スレハ即チ行政トハ行政官府ノ組織並ニ其權限及ヒ行政官府カ其職務ヲ行使スルニ關スル法規ノ全躰ヲ總稱スルモノナリ

故ニ此定義ニヨレハ

(一)行政法ハ行政官府ノ組織權限ヲ定ムルモノナリ

組織トハ構成ト云フニ仝シ權限トハ主觀的ニ謂ヘハ職務ナリ行政官府ハ之ニヨリテ編成セラレ外部ニ對メ活動スルコトヲ得ルモノナリ而シテ此組織ヲ定ムルニ二法アリ單獨制及ヒ合議制即チ是ナリ單獨制トハ一人其ノ職ニ當ルヲ云ヒ合議制トハ數人合議シテ職務ヲ行フモノナリ而シテ此單獨制ト云ヒ合議制ト云ヒ各々長短アリテ何レヲ可トシ何レヲ否トスルコト能ハサルナリ盖シ迅速ト敏活ヲ貴フ官府ノ組織ハ通常單獨制ニヨル

モノニシテ裁判所ノ如キ事務ノ鄭重ヲ要スヘキモノハ合議制ニヨルヲ常トス

權限ヲ定ムルニモ二法アリ一ハ土地區劃制ニシテ他ハ事務分配制ナリ此區別モ官府ノ性質如何ニヨリ或ハ土地區劃制ニヨリ或ハ事務分配制ニヨルヲ適當トナス例ヘハ各省ノ如キ全國ニ普通ナル事務ヲ處理スヘキ官府ハ土地區劃制ニヨルコト能ハサルカ故ニ事務分配制ニヨルモ府縣及ヒ郡ノ如キ下級官府ハ土地區劃制ニヨルヲ適當トナスナリ

(二)行政法ハ行政官府ノ職權ノ行使ニ關スル法規ヲモ定ムルモノナリ職權ノ行使ニ關スル法規トハ行政官府カ自己ノ職務ヲ行フニ付キ準則トスヘキ法則ヲ云フモノニシテ是レ又タ行政法ノ一部ヲナスモノナリ之ヲ例ヘハ訴願法等ノ如シ

或ル學者ハ行政法ヲ以テ治者被治者ノ關係ヲ定メタル法則ナリト云フト雖モ是レ廣漠タル説明ニシテ未タ正確ナル定義ト謂フヘカラサルナリ但シ行政ノ要ハ又茲ニアルヲ以テ其一部ヲ明ニシタルモノトシテ見ルコト

ヲ得ヘシ

第一行政

行政トハ主權カ官府ヲ經テ臣民ニ對スル命令ニシテ法律命令ノ規定ニ抵觸セサル限リニ於テ自由ノ活動ヲナスコトヲ得ルモノナリ

故ニ主權直接ノ行動ハ臣民ニ對スルモ行政ヲナサス又官府ノ行フ職務タリト雖モ其職務カ國權ノ行使ニシテ外部ニ對スルニアラサレハ行政ニアラサルナリ而シテ行政カ法律命令ノ規定ニ抵觸セサル範圍ニ於テ自由ノ活動ヲナスニ於テ司法ト相異ナル要點ナリ

行政カ法令ノ規定ニ抵觸セサルコトヲ條件トシテ自由ノ活動ヲナスト云フハ固有ノ權力ニヨリテ活動スルニアラスシテ法律又ハ大權ニヨリ委任セラレタル範圍ニ限ルモノナリ是レ機關ナル性質ニ一般ナルカ故ニ更ニ之ヲ明言セサル所以ナリ今更ニ行政カ司法ト如何ナル點ニ於テ區別アルカニ付キ一言センニ此區別ニ付テハ古來學者ノ見解一ナラスシテ甚タ困難ナル問題ナリト雖モ著者ノ所信ヲ說述スレハ二者均シク法ノ適用ヲ司ルニ於テ區別ナシト雖モ目的

ニ於テハ多少ノ區別アリ

即チ行政ハ法ノ適用其モノヲ直接ノ目的トスルニアラスシテ他ニ公安公益ヲ計畫スルニアリト雖モ司法ノ直接ノ目的ハ國法ノ侵害ヲ維持スルニアリ又行政ハ法ノ適用ノミニ止ラスシテ便宜ノ處分ヲナシ又ハ自己ニ於テ命令ヲ發スルコトアレモ司法ハ誠意以テ法ノ適用ヲ掌リ毫モ公益便宜ノ處分ヲナスコト能ハサルナリ而シテ又司法ハ自己ニ立法スルコトヲ得サルナリ其他職務ヲ行フ手續ニ付テ謂フモ司法ハ必ス法律ヲ以テ定メタル手續ニヨラサルヘカラサルモノナリ

第二行政組織

行政組織ニ二樣アリ一ハ全國ヲ分割シテ各自主ノ政ヲナスモノニシテ他ハ凡テ國家ノ直接組織ニシテ其事ニ當ラシムルモノナリ前者ハ我國ニ於ケル維新以前ノ行政組織ニシテ近世ノ自治ト殆ント相似タル點アリ只今日ノ自治ハ維新以前ノ各藩ト權限ノ點ニ於テ廣狹ノ差アルト其組織ノ異ナルトニ於テ同シカラサルナリ詳言スレハ各藩ハ個人組織ニシテ今日ノ自治ハ團體組織ナリ又

各藩ノ權限ハ今日ノ自治ヨリ大ナル權限ヲ有シタルナリ然レ圧之ヲ稱シテ自治制ト謂フニ於テ毫モ差支アラサルナリ

維新以前ニ於ケル藩制ハ斯ノ如ク個人組織ニナレル自治ニシテ其權限タルヤ甚タ廣大ナルカ故ニ中央政府ハ只之ヲ統督スルニ過キサリシナリ反之國家凡テノ行政事務ヲ其直接ノ官府ニ委任シテ之ヲ行フハ明治ノ初年ヨリ廿年ニ至ル迄ノ行政組織ニシテ官府ニ中央ト地方ノ區別アリト雖圧均シク國家ノ官府ニシテ純然タル統治機關ナルモノナリ

然レ圧近世又漸ク地方團躰ノ自治ナルモノヲ認メ之ヲ中央畫一ノ制ニ配合シ以テ極端ナル制度ニヨラス之ヲ現今我國ノ行政組織トナス蓋シ社會ナル現象ハ單純ナル個人ノ集合ヨリ成ルモノニアラスシテ各部各直接ノ利害ヲ有スルヲ以テ國權ノ統一ハ之ヲ主義トスルモ國家ノ獨立ヲ保全スルノ範圍內ニ於テ團躰ノ自治ヲ認許シタルモノナリ

第三　中央行政ノ組織

中央行政トハ次ニ述ヘントスル自治行政ニ對シテ用ヒントスルノ語ナリ

中央行政トハ國家直接ノ行政ナリ國家直接ノ行政トハ國家カ官府ヲ設備シテ之ニヨリ自カラ施行スルモノヲ謂フナリ彼ノ職權ノ一地方ニ及フヤ又全國ニ及フヤハ中央行政ノ如何ニ毫モ影響ヲ與ヘザルモノナリ況ンヤ官府ニ上級下級ノ區別ヲヤ故ニ府縣知事及郡長ノ如キ其事務ニ於テ土地ニ制限アリテ一地方ニ區劃セラルヽト雖ヒ中央官府タルニ於テ差支アラサルナリ

自治ナルモノハ地方ヲ限リ行政スルモノナレヒ其行政スル所ハ自己ノ事務トシテ行フモノニシテ府縣知事ノ行フ所以ト其性質ヲ異ニスルモノナリ之ヲ區別シテ誤ルコトアルヘカラス

中央行政ハ各省大臣事務ニヨリ各々分擔シテ全國ニ之ヲ施行スルモノナリ地方官ハ各省大臣ノ下級官吏トシテ土地ニヨリ又ハ事務ニヨリ區別セラレタル一定ノ範圍ニ之ヲ行フ左ニ中央行政ノ編成如何ヲ畧述センニ

(甲)各省大臣　各省大臣ハ國家最高ノ官吏トメ入リテハ　天皇ノ諮詢ニ應ヘ出テヽハ各省ニ長官タルモノナリ大臣カ　天皇ヲ輔弼スルノ職務ハ憲法上ノ職掌ナルカ故ニ之ヲ説述セス各省大臣ハ單獨官府トメ官制ニ

ヨリ定マリタル行政事務ヲ掌ルモノナリ
各省ハ之ヲ分ツテ九省トナス
外部
內務
大藏
陸軍
海
司法
文部
農商務
遞信
外務ハ外務大臣ノ司ル事務ニシテ一國ト他國トノ交渉及ヒ外國ニ於ケル帝國商事ノ保護ヲナスモノナリ內務ハ內務大臣ノ掌トル處ニシテ地方行政議員撰擧警察監獄衞生社寺出版戶籍及其他救濟等ニ關スル事務

ヲ行フモノニシテ大藏ハ國家ノ財政ヲ總管シ兼テ地方團躰ノ財政ヲ監督スルモノナリ陸軍及海軍ハ各々軍事ニ關スルコトヲ掌リ司法ハ檢察事務ヲ指揮シ恩赦復權ニ關スルコトヲ掌リ文部ハ敎育學問ニ關シ農商務ハ農業工業及商業其他水産山林原野及鑛山發明意匠地質等ニ關シ遞信ハ鉄道郵便電信船舶航海等ニ關スルコトヲ行フモノナリ

中央行政ハ斯ノ如ク各省大臣各事務ヲ分ツテ之ヲ行フト雖𪜈行政ノ統一ヲ計ルタメ元首ノ外内閣ナルモノヲ設備シテ其職ニ方ラシム而シテ此内閣ハ各省大臣及ヒ各省大臣以外ノ大臣ヲ以テ組織シ以テ重要ナル國務ヲ決議ス内閣總理大臣即チ之レカ長官タリ

(乙)地方官　地方官ヲ分ツテ府縣知事及郡長トナス府縣知事ハ郡長ノ上級官ニシテ共ニ國務ヲ一定ノ區域内ニ施行スルモノナリ而シテ其組織ハ知事モ郡長モ單獨制ナルモノナリ

府縣知事及郡長等ハ地方官ニシテ各省大臣ノ監督訓令ノ下ニ立ツト雖𪜈各省大臣ヨリ派遣シタル事務官ニアラス獨立シテ中央ノ官府タルモ

ノナリ而シテ地方官ノ事務ハ種類ニ分配セスシテ土地ノ區劃ニヨルヲ以テ其施行スヘキ處ハ甚廣キモノナリ例ヘハ議員ノ撰擧警察監獄衛生戸籍救濟農業工業商業等ニ關スルモノ是ナリ

第四　自治行政ノ組織

自治行政トハ國家カ團躰ニ委任シテ行ハシムル行政ナリ抑モ團體ナルモノハ法律ノ擬制ニヨリ人格ヲ生スルモノニシテ自己ニ自己ノ公共事務ヲ處理スルハ其目的ノ實行ニシテ國家ノ目的ト相合スルモノナリ然レ𪜈其事務ノ範圍ハ維新前ニ於ケル各藩ニ比シ甚タ狹隘ナルモノナリトス是レ國權ノ統一ヲ主義トスル近世ノ思想ニ於テ廣大ナル權能ヲ認メサルモノナリ

既ニ述ヘタルカ如ク維新以前ノ藩制ハ全國ヲ分割シテ一定ノ人ニ各自主ノ權能ヲ認メタリト雖𪜈現行ノ自治ハ反之團躰其者ニ自主ノ權能ヲ附與シタルモノナリ是レ蓋シ前制ニヨル時ハ權力亂用ノ弊アリテ社會ノ發達ニ防害ヲ與フルヲ以テナリ故ニ昔時ノ自主ハ自然人ニアリト雖𪜈今日ノ自主ハ團體ニアリテ法律ニヨリ其職務ヲ制限ス而シテ其團體ニハ上級下級ノ區別アリテ地方行政

ノ編成ヲナシ上級ヨリ下級ニ向ッテ依然タル秩序アルコト恰カモ官制ニ於ケルカ如シ

(一)府縣　府縣ハ地方團體ノ最上級ニ位スルモノナリ而シテ其構成ハ郡市ヲ總合シテ成ル然レ𪜈府縣ハ特立ノ人格ヲ有シ自己ニ權利ト義務ヲ負擔スルコトヲ得ルモノタリ

府縣ハ其行政ヲ行フカ爲メ必要ナル費用ヲ市町村ニ分配シテ之ヲ徵收ス而シテ其形式ハ府縣稅ナル名稱ニ於テ之ヲナスモノナリ府縣稅ハ地方稅、營業稅、雜種稅、家屋稅又ハ戶數割等ナリ

府縣ハ內務大臣ノ監督ニ屬シ府縣知事ニヨリ其自治ノ行政事務ヲ行フモノナリ但シ府縣會及府縣參事會ナル機關ヲ有シ府縣ノ行政ノ重要ナルモノヲ議決ス而シテ其府縣會ハ公選ノ議員ヨリナリ府縣參事會ハ知事及高等官名譽職參事會員ヲ以テ組織スルモノナリ

(二)郡　郡ハ中級ノ地方團體ニシテ其構成ハ町村ノ總合ヨリ成ルモノナリ然レ𪜈郡ハ町村ノ聯合ニアラス獨立シテ人格ヲ有スルナリ

郡ハ其費用ヲ直接ニ人民ヨリ徵收スルニアラス町村ニ命令シテ之ヲ負擔セシムルナリ是レ郡ノ經濟カ府縣又ハ市町村ト異ナル所ナリ

郡ハ第一次ニ府縣知事ノ監督ヲ受ケ其二次ニ內務大臣ノ監督ヲ受ク

郡ハ郡會及郡參事會ナル機關ヲ有シ郡ノ行政ノ重要ナルモノヲ議决シ郡長ニヨリ之ヲ外部ニ執行ス而メ其組織ハ郡會ハ郡內町村ニ於テ撰擧シタル議員及大地主ニ於テ互撰シタル議員ヲ以テ之ヲ作リ郡參事會ハ郡長及名譽職參事會員四名ヲ以テ構成スルモノナリ

(三)市町村　市町村ハ下級ノ地方團躰ニシテ一定ノ土地ト多數ノ住民トヲ其構成ノ要素トナスモノナリ而シテ市町村モ一ノ人格ヲナスモノナルカ故ニ住民ヲ離レ獨立存在スルモノニシテ權利ト義務トヲ負擔スルコトヲ得ルナリ而シテ市町村ハ府縣又ハ郡ト異ナリ自治ノ範圍極メテ廣キモノナリ又其費用ハ直接ニ住民ニ賦課シテ之ヲ徵收ス之ヲ市町村稅ト云フ市町村稅ハ國稅及府縣稅ノ附加稅ヲ課スルヲ通例トス

市町村ハ其職ヲ行フタメ左ノ機關ヲ有ス

(一)市町村會

市町村會ハ公選ノ代議士ヨリ成ルモノニシテ其司ル處ハ條例ノ發布歳入出豫算及ハ町村稅手數料其他營造物ノ管理等ニ關スル決議ニシテ凡テ市町村行政ノ重要ナル事務ナリ

(二)市參事會及町村長

市參事會ハ市長助役及名譽職參事會員ノ三種ヨリ成リ町村長ハ一人ノ町村長單獨其職ニ方リ市町村會ノ議決ノ執行及ヒ市町村事務ノ全躰ヲ行フモノトス

第四成文法不文法

第四　成文法　不文法

成文法不文法ノ區別ハ法律ヲ制定發布スル者ノ意思ト其法律ノ形式トノ如何ニ依テ分カルルモノナリ

或學者ハ成文法不文法ノ區別ヲ以テ單ニ形式上ノ區別トナス即チ一ハ文書ニ記載セラルヽモノニシテ一ハ否ラサルモノナリト爲セリ然レトモ余ハ形式上ノ區別ノミヲ以テ成文法不文法ノ區別ノ標準ト爲スニ足ラサル所ナルヲ信ス

何トナレハ成文法カ文書ニ記載セラルヽハ勿論ナリト雖モ不文法モ亦文書ニ記載セラルヽコトナキニ非ス即チ慣習法ニシテ文書ニ記載セラレタルモノアリ又判決例ノ如キハ大率記載セラレサルモノナケレハナリ故ニ余ハ一方ニ於テ形式上ノ區別ヲ認ムルト同時ニ他方ニ於テハ又制定者ノ意思ヲ以テ此區別ノ標準ト爲サシト欲ス即チ制定者カ法律ト爲スノ意思ヲ以テ發布シタルモノハ成文法タリ之ニ反シ判決例ノ如キハ之ヲ法律ト爲スノ意思ヲ以テ記載スルモノニ非ス唯タ世人ヲシテ遺忘セシメサランカ爲メ之ヲ記錄スルモノニ過キス要スルニ成文法ハ法律ヲ制定發布スルニ方リ之ヲ法律ト爲スノ意思ヲ以テ記載セラレタルモノニシテ不文法ハ重モニ記載セラレサルモノニシテ假令記載セラルヽモ之ヲ法律ト爲スノ意思ヲ以テ記載セラレタルモノニ非サルナリ

法律ハ一般ニ不文法ヨリ成文法ニ進ムノ傾向ヲ有ス上古ニ在テハ成文法ナルモノ存スルコトナシ我國ニ於テ成文法トシテ發布セラレタルハ聖德太子ノ十七箇條憲法ヲ始トシ續テ大寶律令養老律令ノ制定アリ北條氏ノ時代ニハ建武式目アリ戰國時代ニハ武田信玄家法大內家壁書長曾我部百箇條等アリテ是レ

皆成文法タリ徳川氏ノ時代ニ至テハ新律綱領改定律例等アリ現今ニ於テハ刑法刑事訴訟法民事訴訟法民法會社法等ノ成文法アリ英國ノ法律ハ概ネ不文法ヲ以テ成リ唯タ單行法トシテ制定セラレタル成文法アルノミ之ニ反シテ佛國ノ法律ハ總テ成文法ナリト言フモ諺言ニ非ス世間或ハ成文法ニ非サレハ法律ニ非スト信スル者アリト雖モ不文法モ亦法律タルヲ妨ケス試ニ上古成文法ノ存セサリシ時代ニハ法律ナルモノ在ラサリシヤヲ問フニ誰カ其然ルヲ答フル者アランヤ此時代ニ於テモ尙ホ殺人者ヲ罰シ盜犯者ヲ罪シタリ其之ヲ罰シ之ヲ罪スルモノ亦法律ニ非スシテ何ソヤ成文法ト不文法トヲ比較對照スルニ二者各一長一短アリテ存ス不文法ニ於テハ法律ヲ條文ニ記載スルコトナキカ故ニ一ノ犯罪者若クハ一事件アルニ當リ其狀情ニ依リテ自由ニ斟酌ヲ爲スコトヲ得ヘク例ヘハ親ノ讐ヲ報ヒンカ爲メニ人ヲ殺シタル者又ハ虐遇ヲ受ケタルヲ怨ンシテ人ヲ殺シタル者ノ如キハ幾分ノ輕減ヲ與ヘタルカ如シ是レ其長所ナリ之ニ反シテ成文法ニ於テハ罪名刑名一ニ條文ニ明記スルカ故ニ狀情ニ依リテ斟酌ヲ加ヘントスルモ到底條文ノ範圍ヲ脫出シテ之ヲ酷罰シ又ハ減輕スル

コト能ハス從テ罪ト刑トノ權衡ヲ得ルコト能ハサルカ如キ場合ナシトセス是レ其短所ナリ然ルニ不文法ハソロモンノ如キ大岡越前守ノ如キ明判官ヲ得レハ其適用素ヨリ宜ヲ得テ罪ト刑トノ權衡ヲ得ルニ完カル可シト雖モ一般ノ狀態トシテハ常ニ愛憎偏頗ヲ免カレス是レ其短所ニ非スシテ何ソ之ニ反シ成文法ノ下ニ於テハ如何ニ愛憎偏頗ヲ逞ウセントスルモ條文ノ明記アリテ之ヲ伸縮變改スルコトヲ得ス從テ人民ハ其生命自由財産ノ安固ヲ保護スルヿヲ得是レ其長所ナラサランヤ夫レ斯ノ如クナルヲ以テ不文法ハ往々ニシテ裁判官ノ器械トナリ玩弄物ト爲リ易シ故ニ社會ノ進歩スルニ從ヒ其弊害ヲ除去センカ爲メニ漸ク成文法ヲ制定スルニ至レリ法典編纂論ノ如キモ亦成文法主義ノ進歩シタルモノニ過キス

前述ノ如ク成文法ハ不文法ニ比シ吾人ノ生命自由財産ヲ安固ナラシムルコトヲ得ルモノナルカ故ニ法律ハ漸ク不文法時代ヨリ成文法時代ニ進行セリ余ハ更ニ言ハントス法律ハ非法典時代ヨリ法典時代ニ進ムモノナリト法典時代ヨリ更ニ進ンテ如何ナル變遷ヲ爲ス可キヤハ今日ニ於テ未タ之ヲ知了スルコト

能ハス法典編纂ノ利害ハ前既ニ縷述シタルカ故ニ再ヒ贅言ヲ費サヽルヘシ而シテ單行法ト法典トノ間ニハ如何ナル區別アリヤト云フニ未タ其區別ヲ明カニシタル者ナシ從テ純然タル區別ノ標準ヲ發見スルコト能ハス唯タ學者ハ法典ハ法律ノ全般ニ通スル規定ヲ集メタルモノナリト云フノ外未タ適切ノ標準ヲ發見スルコト能ハサルナリ

學者或ハ成文法ト不文法トノ區別ヲ成シテ曰ク成文法ハ國家カ直接ニ制定シタルモノナリ之ニ反シ不文法ハ人民ノ慣習ヨリ發生シタルモノナリト是唯タ實際上ノ有樣ヲ言顯シタルニ過キス二者其効力ニ至リテハ別ニ差異アルコトナシ何トナレハ成文法ハ國家ガ直接ニ人民ニ命令シタルモノタリ不文法ハ人民ノ慣習ニ基クト雖モ亦國家カ認了シテ間接ニ人民ニ命令シタルモノタレハナリ唯タ一ノ効力上ノ差異トシテ見ル可キハ成文法ヲ以テ不文法ヲ廢止變更スルコトヲ得レトモ不文法ヲ以テ成文法ヲ廢止變更スルコト能ハサルコト是ナリ

是ヨリ一國家ニ於ケル成文法不文法ノ關係並ニ一國ト他國トノ間ニ於ケル成

文法不文法ノ關係ヲ畧述セント欲ス

一國内ニ於ケル成文法カ變シテ不文法トナルコトアリ此ノ變動ハ多ク革命時代若シクハ法律革新時代ニ行ハル夫ノ北米合衆國カ英國ヨリ獨立シタルトキ從來成文法タリシ英法ハ變シテ不文法ト爲レリ蓋シ英國ハ北米合衆國ノ獨立ニヨリテ同國ニ主權ヲ失ヒタルカ故ニ從テ其法律ハ遵奉ノ効力ヲ失ヒタリ然レトモ從來久シク施行シ來リタルコト慣習トナリテ默々ノ間ニ之ヲ實行シ自ラ不文法ト爲リタレハナリ佛國ノ如キハ屢々革命アリ王政變シテ共和國トナリ再ヒ變シテ王政ニ復シ三タヒ變シテ共和制トナル其間ニハ毎ニ前述セル北米合衆國ト同一ノ結果ヲ生シタリ法律革新ノトキニ於テモ亦之ト同一ノ結果ヲ生スルモノトス

次ニ國内ニ於ケル不文法カ變シテ成文法ト爲ルコトアリ是レ多クノ場合ニ見ル所ニシテ從來慣習ニヨリテ認了シタルモノヲ主權者ノ意思ニ基キ之ヲ法律トシテ發布スルナリ換言スレハ從來單ニ慣習ヲ認了シタルニ過キサルモノヲ更ニ法律ト爲スノ意思ヲ以テ之ヲ發布スルナリ或ハ不文法ハ成文法ト爲ラサ

ルモノナリト云フノ學者アリト雖圧此見解ヤ竟ニ誤謬タルヲ免カレス不文法カ成文ノ形式ヲ具ヘ且ツ之ヲ法律トナスノ意思ヲ以テ制定セラルヽ片ハ則チ成文法トナスニ於テ何ノ支障カアランヤ人或ハ又不文法ハ更ニ之ヲ成文法ト爲スノ必要ナシト論スル者アリ是亦正當ノ見解ニアラス何トナレハ前ニ一言シタルカ如ク成文法ヲ以テ不文法ヲ變廢スルコトヲ得レトモ不文法ヲ以テ成文法ヲ變廢スルコトヲ得スト云フ二者効力上ノ差異アルカ故ニ不文法ヲシテ他ノ不文法ニ勝タシムルノ効力ヲ得セシメンカ爲メニ變シテ成文法トナスノ必要アルナリ

又一國ノ成文法カ他國ノ不文法ト爲ルコトアリ例ヘハ羅馬法カ英佛獨等ノ諸國ニ承繼セラレタルカ如シ即チ羅馬法ハ同國ノ成文法ナリト雖圧英佛獨ノ諸國カ之ヲ認了シ慣習トシテ之ヲ行ヒタルナリ我國ニ於テモ明治ノ初年ニ於テ成文アレハ成文ニ從ヒ成文ナケレハ慣習ニ從ヒ慣習ナケレハ條理ニ從フトノ法律出テタリ而シテ其條理ニ從フトハ何ソ從來ノ慣習トシテ成文若クハ慣習ナキトキハ裁判官ハ概子佛法ニ從ヒタリ往古ニ於ケル大寶律令及養老律令ノ

第五强行法任意法

如キモ隋唐ノ法律ヲ援用シテ之ヲ裁斷シタルモノナリ是レ外國ノ法律ヲ條理若クハ慣習トシテ自國ニ行フモノト謂フ可シ然レトモ一般ノ原則トシテ一國ノ法律ハ即チ其國內ニ限リテ行ハル可キモノニシテ他國ニ迄行ハル可キモノニ非ス法例第三條ニ「人ノ身分及ヒ能力ハ其本國法ニ從フ（第一項）親屬ノ關係及ヒ其關係ヨリ生スル權利義務ニ付テモ亦同シ（第二項）」ト規定シ又第四條ハ「動產不動產ハ其所在地ノ法律ニ從フ（第一項）然レトモ相續及遺贈ニ付テハ被相續人及ヒ遺贈者ノ本國法ニ從フ（第二項）ト規定セリ此等ノ規定ニ依レハ一國ノ法律カ他國ニ行ハルヽカ如キ觀アリト雖モ是レ素ト法文ノ規定其宜ヲ得サルニ基クモノニシテ法理上決シテ斯ノ如キコトナシ從テ一國ノ裁判官ハ他國ノ法律ヲ知了セサル可カラサルカ如キ義務ナキモノタリ

終ニ一國ノ不文法カ他國ノ成文法ト爲ルコトアリ是レ亦前段ニ述ヘタル一國ノ成文法カ他國ノ不文法ト爲ル場合ト同一ナリ此コトニ付テハ尚ホ後段第六節ニ至リテ說明スヘシ

第五　强行法　任意法

任意法トハ一定ノ範圍ヲ定メテ各人ノ其範圍中ニ入ルト否トヲ自由トシ若シ其範圍ニ入リタルトキハ必ス法律ノ適用ヲ受ケサルヘカラストスルモノヲ云フ即チ法律ニ一定ノ範圍ヲ定メ其中ニ入ルト否トハ各人ノ自由意思ニ任スルモノニ非ス苟モ其一定ノ範圍中ニ入レハ必ス其適用ヲ受ケサル可カラサルモノトス換言セハ各人ヲシテ法律ノ適用ヲ受クルト否トノ自由ヲ得セシムルハ任意法ニシテ否ラサルモノハ強行法ナリ又法律ノ性質上各人ノ自由意思ニ任セス禁止シタルコトハ之ヲ爲スコトヲ得ス命令シタルコトハ之ヲ爲サヽルコトヲ得サルモノハ是レ素ヨリ強行法ナリトス民法商法ノ大部分ハ任意法ナリ例ヘハ契約ヲナスト否トハ各人ノ自由タリ婚姻ノ如キ商取引ノ如キ皆然ラサルハナシ故ニ此等ノ事項ニ關スル法律ヲ任意法ト云フ可シ然レトモ一タヒ契約ヲナシ若シクハ商取引ヲナシタルトキハ必ス各法律ノ適用ヲ受ケサルヘカラス即チ契約ニ於ケル諸約者ハ義務履行ノ責ニ任シ婚姻ニヨリテ夫妻トナリタル者ハ或ハ養料ヲ給シ或ハ服從ヲ爲スノ義務ヲ負ヒ又商取引ニ於ケル賣主ハ物品引渡ノ義務ニ任シ其反對ニ買主ハ代價支拂ノ義務ヲ負フ可キモノトス

之ニ反シ刑法ノ規定ノ如キ又兵役若クハ納稅ノ義務ノ如キハ如何ナル理由アルヲ問ハス吾人ハ總テ其規定ニ服從セサル可カラス例ヘハ母カ疾病ニ罹ムモ子ハ兵役ヲ免カレス又火災ニ罹ルモ租稅ヲ納ムルノ義務ヲ免カレス故ニ此等ノ法律ハ是レ性質上ノ强行法ナリト云フ可シ左レハ多クノ强行法ハ公法ト一致シ又多クノ任意法ハ私法ト一致スルナリ

强行法ヲ細別スレハ二種トナスヲ得ヘシ命令法及禁令法即チ是ナリデルンブルヒ氏曰ク「命令ヲ含ムモノハ命令ニシテ禁令ヲ含ムモノハ禁令法ナリ」ト以下氏ノ著書ニヨリ說明センニウルピアン氏ノ說ニ依レハ禁令法ニ依リテ支配セラルヽト命令法ニ依リテ支配セラルヽトノ間ニ差異アリ即チ禁令法ニ違背スル行爲ハ槪ネ無効ナリ是レ獨リ民法上ノミナラス刑法其他ノ法律ニ於テモ亦然リ而シテ此禁令法ニ違背スル行爲ニ對スル制裁ニ付テハ四個ノ區別アリ即チ左ノ如シ

第一　其行爲ヲ無効トスル塲合

例ヘハ終生婚姻ヲ爲サヽル可シト約スルカ如キハ公益ニ反スルヲ以テ無

効タリ又終生他人ノ使役ニ服スルヲ約スルハ是レ奴隷ヲ約スルモノナルヲ以テ無効タルカ如シ

第二　行爲ヲ無効トスルノミナラス併セテ之ニ刑罰ヲ科スル場合

例ヘハ一千八百五十年ノ獨逸法ニ於テ高利貸ヲ禁止シ高利貸ヲナシタルトキハ其行爲ヲ無効トスルノミナラス併セテ刑罰ヲ科スルコトヽ爲セシカ如シ

第三　其行爲ヲ無効トセサルモ刑罰ヲ科スル場合

例ヘハ羅馬法ニ於テ寡婦カ亡夫ノ喪中ニ婚姻シタルトキハ其婚姻ヲ無効トセサルモ之ニ刑罰ヲ科シタルカ如シ

第四　其行爲ヲ無効トセス又之ニ刑罰ヲ科セサルモ或方法ニ依テ其行爲ヲ妨害スル場合

例ヘハ羅馬ノレッキスシンシヤナル法律ニ於テ贈與ヲ許スニ付テ或一定ノ額ヲ定メ其以上ノ贈與ヲ禁止シタリ然レトモ其一定ノ金額以上ヲ贈與スルモ敢テ其行爲ヲ無効トスルニ非ス又刑罰ヲ科スルコトナシ唯之ヲ受ク

ル者即要約者ニ法律上ノ救濟ヲ與ヘサルコト、ナシタルカ如シ

斯ノ如ク法律ノ効力上ヨリ觀察シテ法律ヲ强行法及任意法ノ二種ト爲スコトヲ得ヘシト雖モ或學者ハ之ヲ分チテ禁令法命令法及許容法ノ三種ト爲セリ佛國ノフラヂユ、フォデレエ氏ノ如キハ是レ其一人ナリ然レトモ余ハ許容法ナル區別ヲ設クルノ不必要ナルヲ信スルモノナリ何トナレハ禁令ニモアラス命令ニモアラサルモノ即チ許容法トハ法文ニ何々スルコトヲ得又ハ何々スルモ妨ナシト記載スルモノニシテ斯ノ如キ規定ヲ設クルコト、セハ吾人ノ爲シ得ヘキ行爲ハ總テ之ヲ記載セサル可カラサルニ至レハナリ是レ蓋不必要ノモノニシテ特ニ分類トシテ揭クルノ要ナシ然レトモ之ヲ以テ法律ニ斯ノ如キコトヲ規定スルコトヲ得スト謂フニアラス只法理ノ解說トシテハ甚タ有要ニアラサルカ故ニ之ニ特別ノ名稱ヲ付セサルナリ其他法律カ一般人民ノ意思ヲ推測シテ人民カ反對ノ意思ヲ表示セサルトキニ之ニヨラシムル規定アリ之ヲ推測法ト云フ然レトモ是レ又許容法ト同シク別段必要ノモノニアラサルヲ以テ詳細ナル說明ヲ與ヘス

第六 國內法 國際法

國內法トハ法律ニ規定スル關係ノ國內ニ限ルモノヲ云ヒ國際法トハ法律ニ規定スル關係ノ國外ニ及フモノヲ云フ故ニ國內法ハ外國ト關係ヲ有セザルモノニシテ國際法ハ其關係一國以上ニ交渉スルモノナリ

國內法ニ於テ公法私法ノ區別ヲ設ケアルガ如ク國際法ニモ亦タ公法私法ノ區別ヲ設クルモノアリ然レ𪜈國內法ニ於ケル公法私法ノ區別ト國際法ニ於ケル公法私法ノ區別トハ其標準ヲ異ニスルモノナリ即チ國內法ニ於ケル公法私法ノ區別ノ標準ハ第三節ニ於テ述ベタルガ如シト雖𪜈國際法上ノ公法ハ其關係必ズ國家ニ及フモノナリ之ニ反シテ國際法上ノ私法ハ一國ノ人民ト他國ノ人民トノ關係ヲ規定シタルモノニシテ其關係國家ニ交渉セサルモノナリ例ヘバ甲國ノ人民ガ乙國ノ人民ニ對シテ犯罪ヲナシタルガ如キ或ハ一國ト他國ト公使ヲ取替スカ如キハ國際公法上ノ關係ナリ何トナレバ公使ヲ取替スガ如キハ勿論甲國人ガ乙國人ニ對シテ犯罪ヲ為セルガ如キモ雙法ノ國家ヲ經由セザル可カラサル問題ナレバナリ又甲國ノ人民ガ乙國ノ人民ト婚姻ヲ為シ或ハ養子

縁組ヲナスガ如キハ國際私法上ノ關係ナリ何トナレバ此等ノ事件ニ付テハ國家ヲ經由スルノ必要ナケレバナリ

然ルニ國際刑法ニ付テハ一種特別ノ學説アリテ存スルモノナリ即チ之ヲ以テ私法ニ屬ス可キモノト爲スモノアリ而シテ之ヲ以テ私法ト爲ス者ニ付テモ亦タ左ノ二説アリ

第一説　第一説ハ曰ク國際刑法ハ一國ノ一私人ト他國ノ一私人トノ關係ヲ規定スルモノナルガ故ニ是レ私法ニ屬スルモノナリト然レ𪜈一國ノ一私人ト他國ノ一私人トノ關係ハ總テ私法ノ關係ナラザルヿヲ知ラバ此説ノ誤レルコト推シテ知ル可キナリ

第二説　第二説ニ於テハ國際刑法タルモノハ裁判管轄ニ關スル規定ナルガ故ニ是レ私法ニ屬スルモノナリト然レ𪜈凡ソ裁判管轄ハ悉ク私法ニ屬スルモノニ非ズ裁判管轄ニハ公法ニ屬スルモノト私法ニ屬スルモノトノ二種アルモノトス而シテ公法ニ關スル裁判管轄ハ勿論公法ニ屬スルモノトス左レバ元來公法タル刑法ニ關スル裁判管轄ノ規定モ亦タ之ヲ國際法上ニ於テモ公

法ト謂ハサル可カラス

或ハ國際法ヲ分テ國際國法國際刑法國際刑事訴訟法及國際民法國際民事訴訟法ノ五種トナスモノアリ然レ𪜈國際法ヲ分テ國際公法及國際私法ノ二種ト為セバ凡ソ國際法ハ皆其中ニ包含セラルヽモノナリ

余ハ總テノ法律ヲ大別シテ國內法ト國際法トノ二種トナスベキ者ナリトノ說ヲ把持スルモノナリ前三節ニ講シタル公法及私法ノ區別成文法及不文法ノ區別強行法及任意法ノ區別又後三節ニ述フ可キ主法及助法ノ區別固有法及繼受法ノ區別通法及特法ノ區別ハ獨リ國內法ノ區別ノミナラズ併セテ國際法ノ區別タリ故ニ此等ノ區別ハ之ヲ國內法及國際法中ノ細別トナスヲ可ナリト信ス

右ノ如ク余ハ國際法ヲ以テ法律ノ區別トナスハ即チ國際法ヲ以テ法律ト為スノ結果ナリ然ルニ國際法ハ法律ニ非ストノ學說アリ此說ニヨレハ國際法ヲ以テ法律ノ區別ト為ス可カラザルヤ勿論ナリ故ニ余ハ大體上國際法ノ法律ナル理由ヲ論述セント欲ス其詳細ニ至リテハ讀者宜シク國際法ヲ學ブノ時ニ硏究ス可キモノナリ

國際法ヲ以テ法律ニ非ズト爲スモノヽ根據トスルモノ三個アリ第一國際法ニハ强行力ナシ第二國際法ニハ立法者ナシ第三國際法ニハ裁判所ナシトノ〓即チ是ナリ余ハ此三點ヲ駁擊シテ以テ自己ノ說ノ正當ナル所以ヲ確メント欲ス第一ニ强力ナキガ故ニ國際法ハ法律ニ非ズト爲スハ英國ノオースチン氏及獨逸ノイエーリング氏等トスイエーリング氏ハ其著書權利競爭論ニ於テ之ヲ詳論セリ又トマシユー及ライネバル等ノ諸氏ハ國際法ハ主權者ナキガ故ニ法律ニ非ズト云ヘリイエーリングノ言ニヨレバ强行力ハ只ニ法律ヲ實行スルニ必要ナルノミナラズ又法律ノ要素ナリト爲サヽル可カラズト然レ𪜈强行力ナキモ亦タ法律タルヲ妨ケズ且ツ國內法ニモ强行力ナキ者アリ而メ國際法ニ於テモ强行力アル者アルニヨリ余ハ國際法ヲ以テ法律ト爲スニ躊躇セザルナリ例バ宮中ニ儀式アル時ニハ出頭ス可シト云ツ法律アリトセンニ是レ國內法ニ外ナラズト雖𪜈强行力ヲ有スル法律ニ非ス又捕獲審檢所ニ於テ戰時禁制品ヲ積載セル船舶ヲ沒收スルガ如キハ國際法ニヨルモノナルモ亦强行力ヲ有スルガ如シ前ニ說述セシガ如ク法律ニ著シク强行力ヲ表明スルアリ然レ𪜈社會ノ進

歩スルニ從ヒ强行力漸ク其ノ跡ヲ沒スルニ至ルローレンス及メインノ二氏ハ謂ラク人ノ法律ニ服從スルハ强行ヲ畏ル丶ニ非ズ正義ヲ重ンシ又社會ノ秩序ヲ紊亂セザランガ爲メナリト例バ吾人ガ他人ヲ殺傷セザルハ其正義ニ反シ且ツ社會ノ秩序ヲ紊亂スルヲ以テナリ刑罰ノ制裁ヲ恐レテ殺傷セサルニ非サルカ如シ要スルニ法律ニハ强行力ヲ表明スルコトアリ而シテ强行力ナキモ亦法律タルヲ妨ゲズ況ンヤ國際法ニモ强行力ヲ有スルモノアルニ於テヲヤ國際法ノ法律タル毫モ疑ヲ容レサル所ナリ

第二ニ論者ハ國際法ニハ立法者ナキガ故ニ法律ニ非ズト論スト雖𪜈各國ノ會議ニ於テ國際法ノ原則ヲ定ムル所ヲ見レバ各國ノ會議ハ即チ國際法ノ立法者タリ然ラバ即チ國際法ニモ立法者アルニ非スヤ加之立法者ナキモ尙ホ法律タルヲ害セズ例バ古代ノ法律ハ皆立法者ヨリ生セズシテ裁判所ヨリ生シタルモノナリ某行爲ヲ行フモノハ某ノ刑ニ處スト立法シクルモノナキモ某ノ行爲ヲ行ヒタルモノアルㇳキハ君主ハ突如トシテ人ヲ殺シタルモノヲ死刑ニ處ス而シテ此ノ如キ尙ホ且ツ法律タリ然ラバ國際法ノ法律タルコト以上ノ二點ヨリ見

テモ何人カ首肯セサルモノアランヤ

第三ニ國際法ニ裁判所ナキガ故ニ法律ニ非スト云フト雖モ國際法ニモ捕獲審檢所ナル裁判所ノ設ケアリ又露西亞ノ曾テ我國ト白露トノ裁判ヲナシタルガ如キ是レ亦露西亞ガ國際上ノ裁判所ト爲リタルモノト云ハサル可カラス加之國内法ニ於テモ亦曾テ裁判所ナキ時代アリテ而カモ尚ホ法律アリタルコトハ史ヲ讀ムモノヽ普ネク知ル所ナリ

第七　主法　助法

主法助法ノ區別ノ始祖ヲ英國ノベンザム氏トス所謂主法トハ權利義務ノ關係ヲ定ムル法律ヲ云フ又助法トハ主法ヲ實行スルニ當リ如何ナル方法ヲ用ヒ如何ナル手續ニ依ルヤヲ定ムル法律ヲ云フ例バ吾人ハ住居ノ自由ヲ侵サレスト規定シタルモノハ是レ吾人ノ權利義務ニ關スル規定ナルガ故ニ主法タリ又吾人ガ住所ノ自由ヲ侵サレタル片ハ如何ナル方法ニ從ヒ如何ナル手續ニ依リテ救濟ヲ受クルヤヲ規定シタルモノハ是レ主法ヲ實行スルニ關スル規定ナルガ故ニ助法タルガ如シ

獨逸ノ學者ハ主法助法ト云ハスシテ實體法形式法ト稱ス蓋シ英國學者ガ主法助法ノ名ヲ下シタルハ一ハ權義其者ヲ規定スル主タル法律ニシテ一ハ其主法ヲ助ケテ實際ニ行フヲ得セシムル法律ナリト云フノ觀念ニ基キ又獨逸學者ガ實體法形式法ノ名稱ヲ下シタルハ一ハ權義ノ實質ヲ規定スル法律ニシテ一ハ權義ヲ實行スル形式ヲ規定スル法律ナリトノ觀念ニ基クモノナリ故ニ二者名稱ヲ異ニスト雖モ其意義ニ於テ亦異ナル所ナシ

之ヲ一般ノ法律ニ徵スルニ憲法民法商法刑法ノ如キハ主法ニシテ議院法衆議院議員選擧法民事訴訟法刑事訴訟法ノ如キハ助法ナリ蓋シ前者ハ權義其者ニ關スル法律ニシテ後者ハ權義ヲ實行スル方法手續ニ關スル法律ナレバナリ然レモ一ノ助法ハ必シモ總般ノ主法ニ對シテ助法タルニ非ズ概ネ其特別ニ關係ヲ有スルモノニ對シテ助法タルナリ即チ憲法ヲ主法トスルﾄｷハ之ニ對シテ議院法及衆議院議員選擧法ハ助法タリ民法及商法ヲ主法トスルﾄｷハ民事訴訟法ハ助法タリ又刑法ニ對シテハ刑事訴訟法ハ助法タリ夫ノ公文式ノ如キハ幾分カ助法ノ分子ヲ包含シ而シテ助法ノ點タル總般ノ法律ニ對シテ助法タリ故ニ

助法ハ之ヲ區別シテ總般ノ法律ニ對スル助法ト特別ノ法律ニ對スル助法トノ二種ト爲スコトヲ得可シ

主法ト助法トハ判然之ヲ區別スルコトヲ得ズ一ノ法律ガ主法ナリトセバ其中ニハ毫モ方法手續ニ關スル規定ヲ爲サヽルヤヲ究ムルニ必スシモ然ラズ權利義務ヲ規定シ併セテ其實行方法手續ヲ規定スルモノ多シ理論上ニ於テハ之ヲ主法助法混淆ノ法律ト謂ハサル可カラス然リト雖𪜈憲法民法商法刑法ノ如キハ主トシテ權義其者ヲ規定スルカ故ニ之ヲ主法トス可ク又議院法衆議院議員選擧法民事訴訟法刑事訴訟法ノ如キハ主トシテ權義ヲ實行スル方法及手續ヲ規定スルカ故ニ之ヲ助法トス可シ要スルニ一ノ法律ノ主法タルカ將タ助法タリヤハ其規定ノ權義其者ニ關スル分量多キカ又ハ之ヲ實行スル方法手續ニ關スルナキヤニ依リテ決定ス可キモノトス

或ハ曰ク人民カ主法ヲ遵奉セサル𪜈之ニ制裁ヲ附スルコトヲ規定スルモノハ助法ナリ即チ主法ニハ國家カ人民ニ對シテ其遵奉スル可キ規定ヲ設クルモノニシテ助法ニハ人民カ國家ニ對シテ或法律ヲ遵奉セサル場合ニ之ニ制裁ヲ加

フルコトヲ規定スルモノナリト然レトモ此助法ノ見解ヤ甚タ狹隘ニ失スルモノト謂ハサル可カラス何トナレハ助法ハ勿論制裁ヲ規定スルモノナレ𪜈又其他ノ規定ヲモ加フルコトアリ例ハ上訴若クハ故障ヲ爲スニハ何日ノ期間內ニ於テス可シト規定スルカ如キハ制裁ニ關スル規定ニ非サルモ亦手續ニ關スルモノナルが故ニ之ヲ助法ト謂フ可キカ如シ

第八　固有法　繼受法

固有法トハ自國ノ風俗人情地勢氣候慣習等ニ因リテ發達シ制定セラレタルモノニシテ毫モ外國法ノ分子ヲ交ヘス又之ヲ模範トスルコトナキ法律ヲ云フ又繼受法トハ外國法律ヲ模範トシテ自國ニ施行スル法律ヲ云フ而シテ苟モ外國法律ヲ模範トシタル以上ハ其實質ヲ採ルモ又其形式ヲ採ルモ等シク之ヲ繼受法ト云フ可シ殊ニ外國法律ヲ飜譯セルカ如キモ又繼受法ニ外ナラス例ハ白耳義及巴威里カ佛國ノ那翁法典ヲ飜譯シテ發布セルカ如キハ實質ト形式トヲ合セテ採用セルモノニシテ且ツ法律ヲ解釋スルニ當リテ疑義ヲ生シ若クハ不明ノ點ナルトキ佛國法典ヲ參照ス可シト定メタルモ又是レ繼受法ニ外ナラサルカ

如シ

歐洲諸國ニ於ケル現時ノ法律ハ概ネ繼受法ナリ凡テ何レノ邦國ト雖モ國有法ノミヲ以テ法律トナスモノ殆ント是レ無シ交通ノ未ダ開ケサリシ時代又鎖國主義ヲ固有スル邦國ニ於テハ或ハ固有法ノミヲ以テ法律ト爲スコトナキニ非ル可シト雖モ少シク交通開ケ又鎖國ノ主義ヲ去リテ開國ノ主義ヲ採リタルトキハ必スヤ外國法ノ分子ヲ輸入シ來ルヲ免レズ支那ノ如キハ或ハ固有法ヲ以テ自國ノ法律ヲ組成スルモノニ庶幾カラン然レモ採長補短ハ各國ノ努メテ爲ス可キ所一ニ自國ノ法律ニ戀々トシテ他國ノ法律ノ長ヲ採ルコトヲ知ラサルカ如キハ未タ文明ノ域ニ進マサルノ國ト稱ス可シ

我國ニ於テ聖德太子ノ十七箇條憲法ハ外國法ニ模範ヲ採ルヤ否ヤ明カナラスト雖モ大寶律令及養老律令ハ隋唐ノ法律ヲ摸倣セルモノナルヲ以テ支那法律ノ繼受法ナリ德川時代ノ法律ハ明律ニ摸倣シ明治ノ初年ニ於ケル新律綱領改定律例ハ明淸律ヲ摸倣シタルヲ以テ是レ又支那法律ノ繼受法ニ外ナラス又現行刑法ハ佛國刑法ヲ摸倣セルヲ以テ佛國法ノ繼受法タリ現行民事訴訟法ハ獨

逸民事訴訟法ヲ摸倣セルヲ以テ獨乙法ノ繼受法タリ是レ獨リ我國ニ於テ然ルノミナラズ現今歐洲ニ行ハルヽ法律ハ概シテ羅馬法及宗敎法ノ繼受ナリ佛獨伊墺等ノ法律ハ羅馬法ノ繼受法タリ西班牙ノ法律ハ宗敎法ノ繼受法タルナリ蓋シ交通漸ク開ケテ外國法ノ便宜ナルコトヲ知ラバ是ヲ摸倣スルコト自然ノ勢ナレバナリ

一國ノ法律ハ必シモ固有法ナリ又繼受法ナリト區別セサル可カラサルモノニ非ス固有法ノ中ニモ幾分カ繼受法ヲ含ミ繼受法ノ中ニモ幾分カ固有法ヲ含ムモノアリ純粹ナル固有法ナルモノ殆ントナキト同時ニ純粹ナル繼受法ナルモノモ殆ントアルコトナシ此固有法及繼受法ノ區別ハ獨リ國内法ノ分類ノミナラズ併セテ人種法ノ分類トナルモノナリ即チ一ノ人種ノ法律カ他ノ人種ニ繼受セラルヽコトアリ又一ノ法系ノ法律カ他ノ法系ニ繼受セラルヽコトアリ一ノ人種ニ固有法アリ一ノ法系ニ固有法アルハ勿論ノ事ニシテ別ニ辨明ヲ要セス

一ノ法律ガ他ノ法律ヲ繼受シタリトノ點ヨリ繼受セラレタル法律ト繼受シタ

ル法律トヲ區分シテ母法ト子法トノ別ヲ生シ繼受セラレタル法律ヲ母法ト云ヒ繼受シタル法律ヲ子法ト云フサレバ我現行刑法ハ子法ニシテ佛國刑法ハ母法タリ現今歐洲ニ行ハル、民法ハ子法ニシテ羅馬法ハ母法タリ而シテ此母法子法ノ關係ハ遠キニ遡リ又低キニ就クコトヲ得例ヘバ新民法ハ英獨伊「モンテネグロ」等ノ法律ニ模範ヲ採リタルガ故ニ新民法ハ子法タリ是等ノ諸國ノ法律ハ母法タリ然ルニ此等諸國ノ法律ハ羅馬法及宗敎法ヲ繼受セルモノナルガ故ニ是等諸國ノ法律ハ子法タリ羅馬法及宗敎法ハ母法タリ隨テ新民法ハ直接ニ羅馬法及宗敎法ヲ繼受セサルモ間接ニ是等ノ法律ヲ繼受セルカ故ニ又是等ノ法律ハ母法タリ新民法ハ子法タリト云フヲ得可シ即チ子法母法ノ關係ハ通常直接ニ繼受ノ關係ヲ有スル法律ヲ指稱スト雖トモ間接ニ繼受ノ關係ヲ有スル法律モ亦タ是ヲ母法子法ト呼稱シ得可キモノトス

母法ト子法トノ區別ノ實益

母法ト子法トヲ區別スル實益ハ即チ子法ハ元來母法ヲ繼受セルモノナルガ故ニ子法ヲ解釋スルニ當リテ疑義若クバ不明ノ點アルトキハ遡リテ母法ノ精神ヲ討尋スル點ニアルナリ

第九通法特法

(イ)土地ニヨル通法特法

第九　通法　特法

通法特法ノ區別ハ法律ノ行ハルル範圍ニヨリテ分ルヽモノナリ即チ汎ク一般ニ行ハルヽモノヲ通法ト云ヒ單ニ或ル一定ノ範圍内ノミニ行ハルヽヲ特法ト云フ例バ日本全國ニ行ハルヽモノハ通法ニシテ臺灣ノミニ行ハルヽモノハ特法タリ又日本人民一般ニ行ハルヽ民法刑法ノ如キハ通法ニシテ華族ノミニ行ハルヽ華族世襲財産法ハ特法タルカ如シ

此區別ハ左ノ三個ノ標準ニヨリテ之ヲ區別スルヿヲ得

第一　土地ヲ基礎トスル通法特法

第二　人ヲ基礎トスル通法特法

第三　法律關係ヲ基礎トスル通法特法

以上逐次之ヲ分説ス可シ

第一　土地ヲ基礎トスル通法特法

此區別ハ法律ノ行ハルヽ土地ノ區域ニヨリテ立ル處ナリ即チ國内全般ニ行ハルヽモノハ通法ニシテ一縣若クバ一町村内ニ行ハルヽ者ハ特法タリ例ハ

(ロ)人ニヨル通法特法

日本全國ニ行ハルヽ民法刑法ノ如キハ通法ニシテ一府縣ノミニ行ハルヽ警察令ノ如キハ特法タルカ如シ北海道沖繩ニ行ハルヽ法律ニハ特法頗ル多シ獨逸帝國憲法ハ獨逸全般ニ行ハルヽ法律ナルガ故ニ通法ニシテ普魯士民法「ウユルデンブルヒ」民法ト云フガ如キハ普魯士「ウユルデンブルヒ」ノミニ行ハルヽ者ナルガ故ニ特法ナリ或ハ一國ノ法律ト他國ノ法律ト相一致スルヲ見テ之ヲ通法ナリト云フモノアリ例バ北米合衆國ガ一千七百年代ニ英國ノ覊絆ヲ放レテ特立シタルモ尙ホ英國法ヲ實際ニ施行セルヲ以テ其法律ヲ通法ト云フガ如ク「アルサス」「ローレン」ガ佛國ヨリ分離シタルモ尙ホ佛國ノ法律ガ行ハレタルガ故ニ其法律ヲ通法ナリト云フカ如シ然レモ此見解タルヤ遂ニ誤謬タルヲ免レズ何トナレバ元來法律ナルモノハ其國內ニ施行スル目的ヲ以テ設定若クバ認了スルモノニシテ通法特法ノ區別ハ一ノ權力ノ下ニ行ハルル法律ノ區別タリ一國ノ法律ト他國ノ法律トガ偶然一致スルカ如キハ單ニ一ノ事實タルニ過キスシテ決シテ通法特法ノ關係ヲ爲スモノニアラス

第二　人ヲ基礎トスル通法特法

此區別ハ法律ノ行ハルヽ人ノ區域ニヨリテ立テタルモノナリ即チ國內一般ノ人ニ行ハルヽモノハ通法ニシテ單ニ或ル特殊ノ人ニ行ハルヽモノハ特法ナリ而シテ特殊ノ人ニ對シテ特法ノ行ハルヽ所以ハ人ノ資格地位職業及履歷等ニ基クモノトス例バ華族ニ對シ華族世襲財產法ノ行ハルヽハ其特殊ノ地位ヲ有スルガ爲メナリ又陸海軍人ニ對シテ懲戒令ノ行ハルヽハ是等ノモノヽ特殊ノ資格アルカ爲メナリ又質屋若クバ古着商ニ對シテ特別ノ取締條例ノ行ハルヽハ其特殊ノ職業ヲ有スルカ爲メナルカ如シ

通法特法トハ之ヲ嚴格ニ區別スルヿヲ得ス即チ通法ニモ特法ノ分子ヲ包含スルコトアリ例バ民法中ニ瘋癲白痴者ニ關スル規定ヲ設ケ刑法中ニ瘖啞者ニ關スル規定ヲ設クルガ如シ然レ𪜈特法ニハ通法ノ分子ヲ含マサルヲ以テ原則トス

特法ヲ細別シテ二種トナシ或ル人ヲ利益スル法律ヲ利得特法ト云ヒ或人ニ不利ヲ與フル法律ヲ不利特法ト云フ例バ特許法ハ利得特法ニシテ古着商ガ贓物ヲ買ヒ受ケ新聞記者カ治安妨害ノ議論ヲ公ニスルニ當リ其營業ヲ停止

（ハ）法律關係ニヨル通法特法

スルヿヲ規定シタル法律ハ不利特法ナルカ如シ此區別ハ不當ニ非ザルモ余ハ此區別ヲ設クル實益ナキト信ズ一般ニ通法特法ヲ區別スルノ實益ハ尙ホ後ニ説明スル所アルヘシ

第三　法律關係ヲ基礎トスル通法特法

此區別ハ各法律カ規定スル所ノ法律關係ニヨリテ立テタルモノ即チ一般ノ法律關係ヲ規定シタルモノハ通法ニシテ或ル特殊ノ法律關係ヲ規定シタルモノハ特法ナリ例ハ民法中ノ契約ニ關スル規定ハ一般ノ契約ニ適用セラルヽカ故ニ通法ニシテ商法ハ單ニ商事ニ關スル規定ナルカ故ニ特法ナルカ如シ然レ𪜈商法中ニモ或ル法律ニ對シテ通法ナルモノアリ例バ商事通則カ會社法手形法等ニ對シテ通法ナルカ如シ亦タ民法中ニモ特法ヲ包含スルモノアリ例バ相續法婚姻等ノ如シ故ニ此區別ハ絶對的ノモノニ非スシテ相對的ノモノナリ即チ或通法ニ對シテ特法ナルモ他ノ特法ヨリ見レバ通法ナルコトアルモノナリ

以上三箇ノ區別ハ必シモ劃然其範圍ヲ異ニスルモノニ非ス土地ニ關スル通法

特法ニシテ人ニ關スル通法特法ナルコトアリ人ニ關スル通法特法ニシテ法律關係ニ關スル通法特法ナルコトアリ亦此三者ヲ兼ヌルコトアリ例ハ在臺灣人ノ兵役ヲ免スル法律ハ土地ニ關スル特法ニシテ其人ニ關スル特法タリ又或特種ノ人ニ租稅ヲ課スルノ法律ハ人ニ關スルト同時ニ法律關係ニ關スル特法ナリ又各府縣カ湯屋古物商等ヲ取締ル法律ハ土地及人並ニ法律關係ニ關スル特法タルカ如シ斯ノ如ク錯雜混合セルモノナルカ故ニ一ノ特法ハ他ノ特法ニ入ラストラフコト能ハサルナリ

以下通法及特法ノ變遷ヲ述ヘンニ通法ノ變シテ特法トナルコトアリ又特法ノ變シテ通法トナルコトアリ即チ或ル土地又ハ或人若クハ或ル法律關係ニ關シテ特法ヲ施行スル必要ナキニ至ル時ハ特法ハ茲ニ消滅シテ通法トナルナリ例ヘハ土地ニ關スル特法トシテ北海道在住ノ人民ノ兵役ヲ免スル法律ヲ廢止シ又人ニ關スル特法トシテ穢多ニ關スル法律ヲ廢止シ又法律關係ニ關スル法律トシテハ賭博行使ニ關スル法律ヲ廢止スルカ如シ夫ノ佛國ニ於テハ王制變シテ共和政躰トナルニ至リ貴族ナルモノヽ廢滅セルカ故ニ從テ貴族ニ關スル法

律ヲ發止シタリ又從來或ル資格ヲ有シタルカ爲メニ或ル特法ノ支配ヲ受ケタルモノカ其資格ヲ喪失シタル時ハ特法ノ支配ヲ離レテ通法ノ支配ヲ受クルニ至ルナリ次ニ通法變シテ特法トナルハ從來一般ニ施行シタル法律ヲ爾後特殊ノ資格若クハ職業ヲ有スル者ニ施行スルコトヽナス場合又ハ特別ノ發明例ヘハ滊車人力車ノ發明アリタルトキ之ニ關シ特法ヲ設定スルカ如キニ生スルモノナリトス

要スルニ通法ト特法トハ社會ノ變遷スルニ隨ヒ變遷スルモノニシテ各時代ニヨリテ各相異ナルモノナリローマ法ニ於テハ初ハ奴隷ニ人格ヲ與ヘス又家族ハ財產ヲ所有スルノ權利ナカリキ然ルニ其後ニ至リ家族ハ戰場ニ於テ取得セル財產ヲ所有スルコトヲ得ルモノトシ更ニ特別ノ技能ニヨリテ取得セル財產ヲ特有セシメタリ而シテ一般ノ狀態トシテ社會ノ進步スルニ隨ヒ特法愈々多キヲ致スノ傾アリ

通法特法區別ノ實益

然ラハ通法ト特法トヲ區別スルノ實益果シテ何レニアルヤト云フニ要スルニ二者ノ效力ノ優劣如何ニアリ一般ノ原則トシテハ特法ハ通法ニ優ルノ效力ヲ

有スルモノトス例ヘハ日本臣民ハ兵役ニ服スル義務アルコトヲ規定セル通法ト不具者ノ兵役ヲ免カルヽコトヲ規定セル特法トアルトキハ不具者ハ日本臣民タルニ拘ハラス特法ノ效力トシテ此義務ヲ免カルヽコヲ得ルカ如シ是レ蓋シ特法ノ特法タル本來ノ性質ニ基因スルモノナリ而シテ其本來ノ性質トハ何ソヤト云フニ抑モ國家カ特法ナルモノヲ制定スルハ通法ニ對シ例外ヲナサシムルモノナルヲ以テ若シ特法カ通法ニ勝ルコトヲ得ストセハ又タ特別制定ノ本旨ニ合セサルモノナリ然レ𪜈开ハ單ニ通法ト特法トカ同一ノ形式若クハ特法ガ通法ヨリ形式的ノ法力强キトキニアラサレハ適用スルコト能ハサルモノナリ例ヘハ憲法ノ規定ト他ノ法律ノ規定ト抵觸スルトキハ憲法ノ規定法律ニ勝ルモノナルカ如シ

法理學完

明治三十二年三月廿九日印刷
明治三十二年四月一日發行

法理學並製
定價金卅五錢

著者　丸山長渡

發行者　大橋新太郎
東京市日本橋區本町三丁目八番地

印刷者　愛敬利世
東京市牛込區市ケ谷加賀町一丁目十二番地

印刷所　株式會社秀英舍第一工場
東京市牛込區市ケ谷加賀町一丁目十二番地

發兌元　東京市日本橋區本町三丁目
博文館

法學士 梶原仲治君著　〔三月三十日發行〕

帝國百科全書廿六編

民事訴訟法釋義

訴訟の勝敗は、主張の曲直に於けるよりも、手續に通ぜると否とに關すること大なり。訴訟の手續法たるの故を以て、其攻究を怠るものの如きは、未だ法理を語るに足らざるなり。著者は多年大學に在りて、此學の研鑽に身を委ねたるの人、複雜の規定を說くに簡淨の筆を以てし、議論明確、序次整然民事訴訟法規定する所の手續は、巻を展べて知るを得べし。由來訴訟法は學者の最も說くに艱むの書、而かも說き去りて斯の如くに明晣なるものは、世間未だ之れあらざるなり希くば陸續愛讀を賜へ。

全壹冊洋裝菊判美本
並製……〔正價金卅五錢 郵稅八錢
上製……〔正價金五拾錢 郵稅拾貳錢

法學士 上田豐君著

帝國百科全書拾壹編

民法釋義
親族編 相續編

凡そ法令中、吾人に最も緊切なるものを民法と爲し、民法中吾人に最も緊切なるものを親族編及相續編と爲す。蓋し前者は吾人生前の身分及親族關係を規定し、後者は吾人死後の財産の處分を規定するものなればなり。而して此二編、今や此書に依て解說せらる、解說者は、多年其研鑽に思考を費したる上田法學士なり說明簡淨、條理井然法律の眞意と立法の精神とは兩々發揮せられて紙上に躍如たり、民法の法意を知り、其保護に漏れざらんと欲するの士は、座右に之を缺くべからざるなり。

全壹冊洋裝菊判美本
並製……〔正價金卅五錢 郵稅八錢
上製……〔正價金五拾錢 郵稅拾貳錢

法學士 熊谷直太君著

法律汎論

目次

◎法律概論◎法律學○法律學の性質○法學と法術○法學の種類◎國家○主權○主權者及び抽象的國家○法律の概念○法律の意義○法律の淵源○法律の制定○法律の公布○法律の廢止變更○法律の解釋○法律の適用○法律の制裁○法律の効力○法律の類別◎權利及義務○緒論○權利○義務○權利義務の種類○權利に關する重要なる觀念◎各論◎公法○緒言○憲法○行政法◎刑法○訴訟法◎私法○緒言○民法(緒論、總則、物權、債權、親族、相續)○商法(緒論、總則、會社、商行爲、手形、海商)

全壹冊洋裝菊判美本
紙數三百貳拾餘頁
並製 正價金三十五錢 郵稅八錢
上製 正價金五十錢 郵稅拾貳錢

四

通俗百科全書第七編

在法科大學 桐生政次君著

通俗法學汎論

社會の生活と個人の生活とは、動もすれば輙ち抵觸す。これ希臘大哲アリストテレス以來、諸學者の認めて以て解釋に苦む處、而して法律の存在は、即ち之を解し得て餘あり。法律は洵に社會の生活と個人の生活とを調和する一大要件なり。故に法律の何者たるを知らざる者は、世に處して、其生を樂むこと安全なる能はず。然れども諸般の法規を悉く知らむとするは、笑ふべき一の理想たるに過ぎず。此を以て吾人は此等無數の法規に通ずる比較的僅少にして、而して單純なる思想を得るを以て滿足せざる可らず。是れ法學汎論の目的なり。此書は此目的を最も通俗に記述し、勉めて一般國民の法律的思想を養はんことを期せり。大方の諸子、願くは一本を購ふて、これを坐右に置け、これ國民たる義務にあらずや。

全壹冊洋裝菊判
紙數三百廿餘頁
正價金廿五錢
郵稅六錢

法律新刊要書

法學士中山文次郎君著

不動産登記法正解

全一冊　正價卅五錢　郵稅六錢

不動産登記法は登記法に代て不動産に關する權利の防護を爲すものなりと雖も、形式内容全く舊法と其撰を異にし、且新に設けられたる規定少しとせず、而して皆高遠なる學理を含み、學者の解說を待つにあらざれば知るに苦むもの多し、著者明快犀利の筆を以て之を說くこと周到而して說く所は則ち明晰、論ずる所は則ち確實まことに正解の名に背かざるなり

洋裝菊判　紙數二百餘頁

法學士宮田四八君校閱○乾敬一君著

不動産登記申請實用

全一冊　近刊

不動産登記法の不動産に關する權利の防護に必要なるは今言ふを待たず、而して著者は斯學の學理に精通し、加ふるに多年事務に從事したるの人なり、或は之を學理の上より論究し或は之を實務上より說き縱橫論議して又た餘蘊なし、而も其文は通俗平易にして卷末には又其正文竝に申請の書式を掲げたり。

洋裝袖珍　紙數二百餘頁

改正商法

（附屬諸法令）

全一冊　正價拾錢　郵稅二錢

本書は今回發布になりたる改正商法と其施行細則及び之に關係を有する諸法令を輯成せしものにして全文六號字より成れる、袖珍の美本なり。而して校正嚴密、體裁優美、用紙良好にして携帶披閱兩つながら至便なり、請ふ愛讀あらんことを。

洋裝袖珍　紙數百七十頁

東京博文館發行

法理學　　日本立法資料全集　別巻 1209

平成30年11月20日　　復刻版第1刷発行

著　者　丸　山　長　渡

発行者　今　井　　貴
　　　　渡　辺　左　近

発行所　信　山　社　出　版
〒113-0033 東京都文京区本郷6-2-9-102
モンテベルデ第2東大正門前
電　話 03（3818）1019
FAX 03（3818）0344
郵便振替 00140-2-367777（信山社販売）
Printed in Japan.

制作／(株)信山社，印刷・製本／松澤印刷・日進堂

ISBN 978-4-7972-7326-7 C3332

別巻　巻数順一覧【950～981巻】

巻数	書　名	編・著者	ISBN	本体価格
950	実地応用町村制質疑録	野田藤吉郎、國吉拓郎	ISBN978-4-7972-6656-6	22,000円
951	市町村議員必携	川瀬周次、田中迪三	ISBN978-4-7972-6657-3	40,000円
952	増補 町村制執務備考 全	増澤鐵、飯島篤雄	ISBN978-4-7972-6658-0	46,000円
953	郡区町村編制法 府県会規則 地方税規則 三法綱論	小笠原美治	ISBN978-4-7972-6659-7	28,000円
954	郡区町村編制 府県会規則 地方税規則 新法例纂 追加地方諸要則	柳澤武運三	ISBN978-4-7972-6660-3	21,000円
955	地方革新講話	西内天行	ISBN978-4-7972-6921-5	40,000円
956	市町村名辞典	杉野耕三郎	ISBN978-4-7972-6922-2	38,000円
957	市町村吏員提要〔第三版〕	田邊好一	ISBN978-4-7972-6923-9	60,000円
958	帝国市町村便覧	大西林五郎	ISBN978-4-7972-6924-6	57,000円
959	最近検定 市町村名鑑 附 官国幣社 及 諸学校所在地一覧	藤澤衛彦、伊東順彦、増田穆、関惣右衛門	ISBN978-4-7972-6925-3	64,000円
960	鼇頭対照 市町村制解釈 附 理由書 及 参考諸布達	伊藤寿	ISBN978-4-7972-6926-0	40,000円
961	市町村制釈義 完　附 市町村制理由	水越成章	ISBN978-4-7972-6927-7	36,000円
962	府県郡市町村 模範治績　附 耕地整理法 産業組合法 附属法令	荻野千之助	ISBN978-4-7972-6928-4	74,000円
963	市町村大字読方名彙〔大正十四年度版〕	小川琢治	ISBN978-4-7972-6929-1	60,000円
964	町村会議員選挙要覧	津田東璋	ISBN978-4-7972-6930-7	34,000円
965	市制町村制 及 府県制　附 普通選挙法	法律研究会	ISBN978-4-7972-6931-4	30,000円
966	市制町村制註釈 完　附 市制町村制理由〔明治21年初版〕	角田真平、山田正賢	ISBN978-4-7972-6932-1	46,000円
967	市町村制詳解 全　附 市町村制理由	元田肇、加藤政之助、日鼻豊作	ISBN978-4-7972-6933-8	47,000円
968	区町村会議要覧 全	阪田辨之助	ISBN978-4-7972-6934-5	28,000円
969	実用 町村制市制事務提要	河邨貞山、島村文耕	ISBN978-4-7972-6935-2	46,000円
970	新旧対照 市制町村制正文〔第三版〕	自治館編輯局	ISBN978-4-7972-6936-9	28,000円
971	細密調査 市町村便覧（三府 四十三県 北海道 樺太 台湾 朝鮮 関東州）　附 分類官公衙公私学校銀行所在地一覧表	白山榮一郎、森田公美	ISBN978-4-7972-6937-6	88,000円
972	正文 市制町村制 並 附属法規	法曹閣	ISBN978-4-7972-6938-3	21,000円
973	台湾朝鮮関東州 全国市町村便覧 各学校所在地〔第一分冊〕	長谷川好太郎	ISBN978-4-7972-6939-0	58,000円
974	台湾朝鮮関東州 全国市町村便覧 各学校所在地〔第二分冊〕	長谷川好太郎	ISBN978-4-7972-6940-6	58,000円
975	合巻 佛蘭西邑法・和蘭邑法・皇国郡区町村編成法	箕作麟祥、大井憲太郎、神田孝平	ISBN978-4-7972-6941-3	28,000円
976	自治之模範	江木翼	ISBN978-4-7972-6942-0	60,000円
977	地方制度実例総覧〔明治36年初版〕	金田謙	ISBN978-4-7972-6943-7	48,000円
978	市町村民 自治読本	武藤榮治郎	ISBN978-4-7972-6944-4	22,000円
979	町村制詳解　附 市制及町村制理由	相澤富蔵	ISBN978-4-7972-6945-1	28,000円
980	改正 市町村制 並 附属法規	楠綾雄	ISBN978-4-7972-6946-8	28,000円
981	改正 市制 及 町村制〔訂正10版〕	山野金蔵	ISBN978-4-7972-6947-5	28,000円

巻数	書　名	編・著者	ISBN	本体価格
915	改正 新旧対照市町村一覧	鍾美堂	ISBN978-4-7972-6621-4	78,000 円
916	東京市会先例彙輯	後藤新平、桐島像一、八田五三	ISBN978-4-7972-6622-1	65,000 円
917	改正 地方制度解説〔第六版〕	狭間茂	ISBN978-4-7972-6623-8	67,000 円
918	改正 地方制度通義	荒川五郎	ISBN978-4-7972-6624-5	75,000 円
919	町村制市制全書 完	中嶋廣蔵	ISBN978-4-7972-6625-2	80,000 円
920	自治新制 市町村会法要談 全	田中重策	ISBN978-4-7972-6626-9	22,000 円
921	郡市町村吏員 収税実務要書	荻野千之助	ISBN978-4-7972-6627-6	21,000 円
922	町村至宝	桂虎次郎	ISBN978-4-7972-6628-3	36,000 円
923	地方制度通 全	上山満之進	ISBN978-4-7972-6629-0	60,000 円
924	帝国議会府県会郡会市町村会議員必携 附関係法規 第1分冊	太田峯三郎、林田亀太郎、小原新三	ISBN978-4-7972-6630-6	46,000 円
925	帝国議会府県会郡会市町村会議員必携 附関係法規 第2分冊	太田峯三郎、林田亀太郎、小原新三	ISBN978-4-7972-6631-3	62,000 円
926	市町村是	野田千太郎	ISBN978-4-7972-6632-0	21,000 円
927	市町村執務要覧 全 第1分冊	大成館編輯局	ISBN978-4-7972-6633-7	60,000 円
928	市町村執務要覧 全 第2分冊	大成館編輯局	ISBN978-4-7972-6634-4	58,000 円
929	府県会規則大全　附 裁定録	朝倉達三、若林友之	ISBN978-4-7972-6635-1	28,000 円
930	地方自治の手引	前田宇治郎	ISBN978-4-7972-6636-8	28,000 円
931	改正 市制町村制と衆議院議員選挙法	服部喜太郎	ISBN978-4-7972-6637-5	28,000 円
932	市町村国税事務取扱手続	広島財務研究会	ISBN978-4-7972-6638-2	34,000 円
933	地方自治制要義 全	末松偕一郎	ISBN978-4-7972-6639-9	57,000 円
934	市町村特別税之栞	三邊長治、水谷平吉	ISBN978-4-7972-6640-5	24,000 円
935	英国地方制度 及 税法	良保両氏、水野遵	ISBN978-4-7972-6641-2	34,000 円
936	英国地方制度 及 税法	髙橋達	ISBN978-4-7972-6642-9	20,000 円
937	日本法典全書 第一編 府県制郡制註釈	上條慎蔵、坪谷善四郎	ISBN978-4-7972-6643-6	58,000 円
938	判例挿入 自治法規全集 全	池田繁太郎	ISBN978-4-7972-6644-3	82,000 円
939	比較研究 自治之精髄	水野錬太郎	ISBN978-4-7972-6645-0	22,000 円
940	傍訓註釈 市制町村制 並ニ 理由書〔第三版〕	筒井時治	ISBN978-4-7972-6646-7	46,000 円
941	以呂波引町村便覧	田山宗堯	ISBN978-4-7972-6647-4	37,000 円
942	町村制執務要録 全	鷹巣清二郎	ISBN978-4-7972-6648-1	46,000 円
943	地方自治 及 振興策	床次竹二郎	ISBN978-4-7972-6649-8	30,000 円
944	地方自治講話	田中四郎左衛門	ISBN978-4-7972-6650-4	36,000 円
945	地方施設改良 訓諭演説集〔第六版〕	鹽川玉江	ISBN978-4-7972-6651-1	40,000 円
946	帝国地方自治団体発達史〔第三版〕	佐藤亀齢	ISBN978-4-7972-6652-8	48,000 円
947	農村自治	小橋一太	ISBN978-4-7972-6653-5	34,000 円
948	国税 地方税 市町村税 滞納処分法問答	竹尾高堅	ISBN978-4-7972-6654-2	28,000 円
949	市町村役場実用 完	福井淳	ISBN978-4-7972-6655-9	40,000 円

巻数	書　名	編・著者	ISBN	本体価格
878	明治史第六編 政黨史	博文館編輯局	ISBN978-4-7972-7180-5	42,000円
879	日本政黨發達史 全〔第一分冊〕	上野熊藏	ISBN978-4-7972-7181-2	50,000円
880	日本政黨發達史 全〔第二分冊〕	上野熊藏	ISBN978-4-7972-7182-9	50,000円
881	政党論	梶原保人	ISBN978-4-7972-7184-3	30,000円
882	獨逸新民法商法正文	古川五郎、山口弘一	ISBN978-4-7972-7185-0	90,000円
883	日本民法鼇頭對比獨逸民法	荒波正隆	ISBN978-4-7972-7186-7	40,000円
884	泰西立憲國政治攬要	荒井泰治	ISBN978-4-7972-7187-4	30,000円
885	改正衆議院議員選擧法釋義 全	福岡伯、横田左仲	ISBN978-4-7972-7188-1	42,000円
886	改正衆議院議員選擧法釋義 附 改正貴族院令,治安維持法	犀川長作、犀川久平	ISBN978-4-7972-7189-8	33,000円
887	公民必携 選擧法規ト判決例	大浦兼武、平沼騏一郎、木下友三郎、清水澄、三浦數平	ISBN978-4-7972-7190-4	96,000円
888	衆議院議員選擧法輯覽	司法省刑事局	ISBN978-4-7972-7191-1	53,000円
889	行政司法選擧判例總覽—行政救濟と其手續—	澤田竹治郎・川崎秀男	ISBN978-4-7972-7192-8	72,000円
890	日本親族相續法義解 全	髙橋捨六・堀田馬三	ISBN978-4-7972-7193-5	45,000円
891	普通選擧文書集成	山中秀男・岩本溫良	ISBN978-4-7972-7194-2	85,000円
892	普選の勝者 代議士月旦	大石末吉	ISBN978-4-7972-7195-9	60,000円
893	刑法註釋 卷一～卷四(上卷)	村田保	ISBN978-4-7972-7196-6	58,000円
894	刑法註釋 卷五～卷八(下卷)	村田保	ISBN978-4-7972-7197-3	50,000円
895	治罪法註釋 卷一～卷四(上卷)	村田保	ISBN978-4-7972-7198-0	50,000円
896	治罪法註釋 卷五～卷八(下卷)	村田保	ISBN978-4-7972-7198-0	50,000円
897	議會選擧法	カール・ブラウニアス、國政研究科會	ISBN978-4-7972-7201-7	42,000円
901	鼇頭註釈 町村制　附 理由 全	八乙女盛次、片野続	ISBN978-4-7972-6607-8	28,000円
902	改正 市制町村制　附 改正要義	田山宗堯	ISBN978-4-7972-6608-5	28,000円
903	増補訂正 町村制詳解〔第十五版〕	長峰安三郎、三浦通太、野田千太郎	ISBN978-4-7972-6609-2	52,000円
904	市制町村制 並 理由書　附 直接間接税類別及実施手続	高崎修助	ISBN978-4-7972-6610-8	20,000円
905	町村制要義	河野正義	ISBN978-4-7972-6611-5	28,000円
906	改正 市制町村制義解〔帝國地方行政学会〕	川村芳次	ISBN978-4-7972-6612-2	60,000円
907	市制町村制 及 関係法令〔第三版〕	野田千太郎	ISBN978-4-7972-6613-9	35,000円
908	市町村新旧対照一覧	中村芳松	ISBN978-4-7972-6614-6	38,000円
909	改正 府県郡制問答講義	木内英雄	ISBN978-4-7972-6615-3	28,000円
910	地方自治提要 全　附 諸届願書式 日用規則抄録	木村時義、吉武則久	ISBN978-4-7972-6616-0	56,000円
911	訂正増補 市町村制問答詳解　附 理由及追輯	福井淳	ISBN978-4-7972-6617-7	70,000円
912	改正 府県制郡制註釈〔第三版〕	福井淳	ISBN978-4-7972-6618-4	34,000円
913	地方制度実例総覧〔第七版〕	自治館編輯局	ISBN978-4-7972-6619-1	78,000円
914	英国地方政治論	ジョージ・チャールズ・ブロドリック、久米金彌	ISBN978-4-7972-6620-7	30,000円

別巻　巻数順一覧【843～877巻】

巻数	書　名	編・著者	ISBN	本体価格
843	法律汎論	熊谷直太	ISBN978-4-7972-7141-6	40,000円
844	英國國會選擧訴願判決例 全	オマリー、ハードカッスル、サンタース	ISBN978-4-7972-7142-3	80,000円
845	衆議院議員選擧法改正理由書 完	内務省	ISBN978-4-7972-7143-0	40,000円
846	戇齋法律論文集	森作太郎	ISBN978-4-7972-7144-7	45,000円
847	雨山遺稾	渡邉輝之助	ISBN978-4-7972-7145-4	70,000円
848	法曹紙屑籠	鷺城逸史	ISBN978-4-7972-7146-1	54,000円
849	法例彙纂 民法之部 第一篇	史官	ISBN978-4-7972-7147-8	66,000円
850	法例彙纂 民法之部 第二篇〔第一分冊〕	史官	ISBN978-4-7972-7148-5	55,000円
851	法例彙纂 民法之部 第二篇〔第二分冊〕	史官	ISBN978-4-7972-7149-2	75,000円
852	法例彙纂 商法之部〔第一分冊〕	史官	ISBN978-4-7972-7150-8	70,000円
853	法例彙纂 商法之部〔第二分冊〕	史官	ISBN978-4-7972-7151-5	75,000円
854	法例彙纂 訴訟法之部〔第一分冊〕	史官	ISBN978-4-7972-7152-2	60,000円
855	法例彙纂 訴訟法之部〔第二分冊〕	史官	ISBN978-4-7972-7153-9	48,000円
856	法例彙纂 懲罰則之部	史官	ISBN978-4-7972-7154-6	58,000円
857	法例彙纂 第二版 民法之部〔第一分冊〕	史官	ISBN978-4-7972-7155-3	70,000円
858	法例彙纂 第二版 民法之部〔第二分冊〕	史官	ISBN978-4-7972-7156-0	70,000円
859	法例彙纂 第二版 商法之部・訴訟法之部〔第一分冊〕	太政官記録掛	ISBN978-4-7972-7157-7	72,000円
860	法例彙纂 第二版 商法之部・訴訟法之部〔第二分冊〕	太政官記録掛	ISBN978-4-7972-7158-4	40,000円
861	法令彙纂 第三版 民法之部〔第一分冊〕	太政官記録掛	ISBN978-4-7972-7159-1	54,000円
862	法令彙纂 第三版 民法之部〔第ニ分冊〕	太政官記録掛	ISBN978-4-7972-7160-7	54,000円
863	現行法律規則全書（上）	小笠原美治、井田鐘次郎	ISBN978-4-7972-7162-1	50,000円
864	現行法律規則全書（下）	小笠原美治、井田鐘次郎	ISBN978-4-7972-7163-8	53,000円
865	國民法制通論 上卷・下卷	仁保龜松	ISBN978-4-7972-7165-2	56,000円
866	刑法註釋	磯部四郎、小笠原美治	ISBN978-4-7972-7166-9	85,000円
867	治罪法註釋	磯部四郎、小笠原美治	ISBN978-4-7972-7167-6	70,000円
868	政法哲學 前編	ハーバート・スペンサー、濱野定四郎、渡邊治	ISBN978-4-7972-7168-3	45,000円
869	政法哲學 後編	ハーバート・スペンサー、濱野定四郎、渡邊治	ISBN978-4-7972-7169-0	45,000円
870	佛國商法復説 第壹篇自第壹卷至第七卷	リウヒエール、商法編纂局	ISBN978-4-7972-7171-3	75,000円
871	佛國商法復説 第壹篇第八卷	リウヒエール、商法編纂局	ISBN978-4-7972-7172-0	45,000円
872	佛國商法復説 自第二篇至第四篇	リウヒエール、商法編纂局	ISBN978-4-7972-7173-7	70,000円
873	佛國商法復説 書式之部	リウヒエール、商法編纂局	ISBN978-4-7972-7174-4	40,000円
874	代言試驗問題擬判録 全 附録明治法律學校民刑問題及答案	熊野敏三、宮城浩蔵 河野和三郎、岡義男	ISBN978-4-7972-7176-8	35,000円
875	各國官吏試驗法類集 上・下	内閣	ISBN978-4-7972-7177-5	54,000円
876	商業規篇	矢野亨	ISBN978-4-7972-7178-2	53,000円
877	民法実用法典 全	福田一覺	ISBN978-4-7972-7179-9	45,000円

巻数	書　名	編・著者	ISBN	本体価格
810	訓點法國律例 民律 上卷	鄭永寧	ISBN978-4-7972-7105-8	50,000円
811	訓點法國律例 民律 中卷	鄭永寧	ISBN978-4-7972-7106-5	50,000円
812	訓點法國律例 民律 下卷	鄭永寧	ISBN978-4-7972-7107-2	60,000円
813	訓點法國律例 民律指掌	鄭永寧	ISBN978-4-7972-7108-9	58,000円
814	訓點法國律例 貿易定律・園林則律	鄭永寧	ISBN978-4-7972-7109-6	60,000円
815	民事訴訟法 完	本多康直	ISBN978-4-7972-7111-9	65,000円
816	物権法(第一部)完	西川一男	ISBN978-4-7972-7112-6	45,000円
817	物権法(第二部)完	馬場愿治	ISBN978-4-7972-7113-3	35,000円
818	商法五十課 全	アーサー・B・クラーク、本多孫四郎	ISBN978-4-7972-7115-7	38,000円
819	英米商法律原論 契約之部及流通券之部	岡山兼吉、淺井勝	ISBN978-4-7972-7116-4	38,000円
820	英國組合法 完	サー・フレデリック・ポロック、榊原幾久若	ISBN978-4-7972-7117-1	30,000円
821	自治論 一名人民ノ自由 巻之上・巻之下	リーバー、林董	ISBN978-4-7972-7118-8	55,000円
822	自治論纂 全一册	獨逸學協會	ISBN978-4-7972-7119-5	50,000円
823	憲法彙纂	古屋宗作、鹿島秀麿	ISBN978-4-7972-7120-1	35,000円
824	國會汎論	ブルンチュリー、石津可輔、讃井逸三	ISBN978-4-7972-7121-8	30,000円
825	威氏法學通論	エスクバック、渡邊輝之助、神山亨太郎	ISBN978-4-7972-7122-5	35,000円
826	萬國憲法 全	高田早苗、坪谷善四郎	ISBN978-4-7972-7123-2	50,000円
827	綱目代議政體	J・S・ミル、上田充	ISBN978-4-7972-7124-9	40,000円
828	法學通論	山田喜之助	ISBN978-4-7972-7125-6	30,000円
829	法學通論 完	島田俊雄、溝上與三郎	ISBN978-4-7972-7126-3	35,000円
830	自由之權利 一名自由之理 全	J・S・ミル、高橋正次郎	ISBN978-4-7972-7127-0	38,000円
831	歐洲代議政體起原史 第一册・第二册／代議政體原論 完	ギゾー、漆間眞學、藤田四郎、アンドリー、山口松五郎	ISBN978-4-7972-7128-7	100,000円
832	代議政體 全	J・S・ミル、前橋孝義	ISBN978-4-7972-7129-4	55,000円
833	民約論	J・J・ルソー、田中弘義、服部徳	ISBN978-4-7972-7130-0	40,000円
834	歐米政黨沿革史總論	藤田四郎	ISBN978-4-7972-7131-7	30,000円
835	内外政黨事情・日本政黨事情 完	中村義三、大久保常吉	ISBN978-4-7972-7132-4	35,000円
836	議會及政黨論	菊池學而	ISBN978-4-7972-7133-1	35,000円
837	各國之政黨 全〔第1分冊〕	外務省政務局	ISBN978-4-7972-7134-8	70,000円
838	各國之政黨 全〔第2分冊〕	外務省政務局	ISBN978-4-7972-7135-5	60,000円
839	大日本政黨史 全	若林淸、尾崎行雄、箕浦勝人、加藤恒忠	ISBN978-4-7972-7137-9	63,000円
840	民約論	ルソー、藤田浪人	ISBN978-4-7972-7138-6	30,000円
841	人權宣告辯妄・政治眞論一名主權辯妄	ベンサム、草野宣隆、藤田四郎	ISBN978-4-7972-7139-3	40,000円
842	法制講義 全	赤司鷹一郎	ISBN978-4-7972-7140-9	30,000円

別巻　巻数順一覧【776 ～ 809 巻】

巻数	書　名	編・著者	ISBN	本体価格
776	改正 府県制郡制釈義〔第三版〕	坪谷善四郎	ISBN978-4-7972-6602-3	35,000 円
777	新旧対照 市制町村制 及 理由〔第九版〕	荒川五郎	ISBN978-4-7972-6603-0	28,000 円
778	改正 市町村制講義	法典研究会	ISBN978-4-7972-6604-7	38,000 円
779	改正 市制町村制講義 附 施行諸規則 及 市町村事務摘要	樋山廣業	ISBN978-4-7972-6605-4	58,000 円
780	改正 市制町村制義解	行政法研究会、藤田謙堂	ISBN978-4-7972-6606-1	60,000 円
781	今時獨逸帝國要典 前篇	C・モレイン、今村有隣	ISBN978-4-7972-6425-8	45,000 円
782	各國上院紀要	元老院	ISBN978-4-7972-6426-5	35,000 円
783	泰西國法論	シモン・ビッセリング、津田真一郎	ISBN978-4-7972-6427-2	40,000 円
784	律例權衡便覽 自第一冊至第五冊	村田保	ISBN978-4-7972-6428-9	100,000 円
785	檢察事務要件彙纂	平松照忠	ISBN978-4-7972-6429-6	45,000 円
786	治罪法比鑑 完	福鎌芳隆	ISBN978-4-7972-6430-2	65,000 円
787	治罪法註解	立野胤政	ISBN978-4-7972-6431-9	56,000 円
788	佛國民法契約篇講義 全	玉乃世履、磯部四郎	ISBN978-4-7972-6432-6	40,000 円
789	民法疏義 物權之部	鶴丈一郎、手塚太郎	ISBN978-4-7972-6433-3	90,000 円
790	民法疏義 人權之部	鶴丈一郎	ISBN978-4-7972-6434-0	100,000 円
791	民法疏義 取得篇	鶴丈一郎	ISBN978-4-7972-6435-7	80,000 円
792	民法疏義 擔保篇	鶴丈一郎	ISBN978-4-7972-6436-4	90,000 円
793	民法疏義 證據篇	鶴丈一郎	ISBN978-4-7972-6437-1	50,000 円
794	法學通論	奥田義人	ISBN978-4-7972-6439-5	100,000 円
795	法律ト宗教トノ關係	名尾玄乘	ISBN978-4-7972-6440-1	55,000 円
796	英國國會政治	アルフユース・トッド、スペンサー・ヲルポール、林田龜太郎、岸清一	ISBN978-4-7972-6441-8	65,000 円
797	比較國會論	齊藤隆夫	ISBN978-4-7972-6442-5	30,000 円
798	改正衆議院議員選擧法論	島田俊雄	ISBN978-4-7972-6443-2	30,000 円
799	改正衆議院議員選擧法釋義	林田龜太郎	ISBN978-4-7972-6444-9	50,000 円
800	改正衆議院議員選擧法正解	武田貞之助、井上密	ISBN978-4-7972-6445-6	30,000 円
801	佛國法律提要 全	箕作麟祥、大井憲太郎	ISBN978-4-7972-6446-3	100,000 円
802	佛國政典	ドラクルチー、大井憲太郎、箕作麟祥	ISBN978-4-7972-6447-0	120,000 円
803	社會行政法論 全	H・リョースレル、江木衷	ISBN978-4-7972-6448-7	100,000 円
804	英國財産法講義	三宅恒徳	ISBN978-4-7972-6449-4	60,000 円
805	國家論 全	ブルンチュリー、平田東助、平塚定二郎	ISBN978-4-7972-7100-3	50,000 円
806	日本議會現法 完	增尾種時	ISBN978-4-7972-7101-0	45,000 円
807	法學通論 一名法學初歩 全	P・ナミュール、河地金代、河村善益、薩埵正邦	ISBN978-4-7972-7102-7	53,000 円
808	訓點法國律例 刑名定範 卷一卷二 完	鄭永寧	ISBN978-4-7972-7103-4	40,000 円
809	訓點法國律例 刑律從卷 一至卷四 完	鄭永寧	ISBN978-4-7972-7104-1	30,000 円

別巻　巻数順一覧【741 ～ 775 巻】

巻数	書　名	編・著者	ISBN	本体価格
741	改正 市町村制詳解	相馬昌三、菊池武夫	ISBN978-4-7972-6491-3	38,000 円
742	註釈の市制と町村制　附 普通選挙法	法律研究会	ISBN978-4-7972-6492-0	60,000 円
743	新旧対照 市制町村制 並 附属法規〔改訂二十七版〕	良書普及会	ISBN978-4-7972-6493-7	36,000 円
744	改訂増補 市制町村制実例総覧 第１分冊	田中廣太郎、良書普及会	ISBN978-4-7972-6494-4	60,000 円
745	改訂増補 市制町村制実例総覧 第２分冊	田中廣太郎、良書普及会	ISBN978-4-7972-6495-1	68,000 円
746	実例判例 市制町村制釈義〔昭和十年改正版〕	梶康郎	ISBN978-4-7972-6496-8	57,000 円
747	市制町村制義解　附 理由〔第五版〕	櫻井一久	ISBN978-4-7972-6497-5	47,000 円
748	実地応用町村制問答〔第二版〕	市町村雑誌社	ISBN978-4-7972-6498-2	46,000 円
749	傍訓註釈 日本市制町村制 及 理由書	柳澤武運三	ISBN978-4-7972-6575-0	28,000 円
750	鼇頭註釈 市町村制俗解　附 理由書〔増補第五版〕	清水亮三	ISBN978-4-7972-6576-7	28,000 円
751	市町村制質問録	片貝正晉	ISBN978-4-7972-6577-4	28,000 円
752	実用詳解町村制 全	夏目洗蔵	ISBN978-4-7972-6578-1	28,000 円
753	新旧対照 改正 市制町村制新釈　附 施行細則及執務條規	佐藤貞雄	ISBN978-4-7972-6579-8	42,000 円
754	市制町村制講義	樋山廣業	ISBN978-4-7972-6580-4	46,000 円
755	改正 市制町村制講義〔第十版〕	秋野沆	ISBN978-4-7972-6581-1	42,000 円
756	註釈の市制と町村制 市制町村制施行令他関連法収録〔昭和4年4月版〕	法律研究会	ISBN978-4-7972-6582-8	58,000 円
757	実例判例 市制町村制釈義〔第四版〕	梶康郎	ISBN978-4-7972-6583-5	48,000 円
758	改正 市制町村制解説	狭間茂、土谷覺太郎	ISBN978-4-7972-6584-2	59,000 円
759	市町村制註解 完	若林市太郎	ISBN978-4-7972-6585-9	22,000 円
760	町村制実用 完	新田貞橘、鶴田嘉内	ISBN978-4-7972-6586-6	56,000 円
761	町村制精解 完　附 理由 及 問答録	中目孝太郎、磯谷郡爾、高田早苗、両角彦六、高木守三郎	ISBN978-4-7972-6587-3	35,000 円
762	改正 町村制詳解〔第十三版〕	長峰安三郎、三浦通太、野田千太郎	ISBN978-4-7972-6588-0	54,000 円
763	加除自在 参照条文　附 市制町村制　附 関係法規	矢島和三郎	ISBN978-4-7972-6589-7	60,000 円
764	改正版 市制町村制並ニ府県制及ビ重要関係法令	法制堂出版	ISBN978-4-7972-6590-3	39,000 円
765	改正版 註釈の市制と町村制 最近の改正を含む	法制堂出版	ISBN978-4-7972-6591-0	58,000 円
766	鼇頭註釈 市町村制俗解　附 理由書〔第二版〕	清水亮三	ISBN978-4-7972-6592-7	25,000 円
767	理由挿入 市町村制俗解〔第三版増補訂正〕	上村秀昇	ISBN978-4-7972-6593-4	28,000 円
768	府県制郡制註釈	田島彦四郎	ISBN978-4-7972-6594-1	40,000 円
769	市制町村制傍訓 完　附 市制町村制理由〔第四版〕	内山正如	ISBN978-4-7972-6595-8	18,000 円
770	市制町村制釈義	壁谷可六、上野太一郎	ISBN978-4-7972-6596-5	38,000 円
771	市制町村制詳解 全　附 理由書	杉谷庸	ISBN978-4-7972-6597-2	21,000 円
772	鼇頭傍訓 市制町村制註釈 及 理由書	山内正利	ISBN978-4-7972-6598-9	28,000 円
773	町村制要覧 全	浅井元、古谷省三郎	ISBN978-4-7972-6599-6	38,000 円
774	府県制郡制釈義 全〔第三版〕	栗本勇之助、森惣之祐	ISBN978-4-7972-6600-9	35,000 円
775	市制町村制釈義	坪谷善四郎	ISBN978-4-7972-6601-6	39,000 円